French Grammar Practice

for

Ambitious Learners

Beginner's Edition II,

Tenses and Complex Sentences

M. Rodary

Impressum

The content of this book has been produced to the author's best knowledge and ability. Even so, mistakes and lack of clarity may exist. The author does not guarantee correctness, completeness or quality and cannot be held responsible for damages of any kind that may be caused by using this book and its content.

To make suggestions or report errors please use the **contact form of the website**.

https://ambitiouslearners.jimdo.com

French Grammar Practice for Ambitious Learners – Beginner's Edition II, Tenses and Complex Sentences
ISBN 978-3-948122-02-7
Copyright © 2018 by Miriam Rodary; all rights reserved.
2019 for the present edition
(Details see last page)

Table of Contents

Preface: Is this the right book for you?

This book is meant for beginners who have started to learn verb tenses and moods and want to practise on their own or for people who want to reactivate their skills step by step. Although it is a follow-up to *Beginner's Edition I, Basics*, it can be used independently, as required basic knowlegde such as the passé composé gets refreshed.

This book offers:

=> tenses, moods, complex sentences and other more advanced topics;
=> step-by-step explanations;
=> exercises with solution keys;
=> gradually increasing difficulty in each chapter; and
=> translations of the examples and vocabulary for each exercise.

An exercise for each learning step:

The level of difficulty of exercises in this book increases slowly in each chapter. **Choose which exercises suit your level!**
A. = Basic explanations, easy exercises.
B. = Explanations and exercises building on those in A., a bit more difficult.
C. = Even more difficult.
And so on.

Are you just starting out or do you have large gaps in your knowledge?

This book covers more advanced topics. You may want to take a look first at the book *French Grammar Practice for Ambitious Learners – Beginner's Edition I, Basics*. Your bookseller should have a free preview of the first few pages of the book for you to decide which one best suits your needs.

Are you an advanced learner?

The Beginner's Edition books follow a step-by-step approach. If you are an advanced learner and would prefer a one-volume book which offers a condensed yet complete overview of French grammar, take a look at *French Grammar Practice for Ambitious Learners – Advanced Learner's Edition*. It contains a proficiency test to determine which topic to improve first, an overview of the fundamentals, additional paragraphs to extend your knowledge and lots of exercises along with their solutions.

Was this book useful to you? Then support it by writing a review!

Reviews are important for people who are interested in buying books. They also are very important for books to reach new readers. If this book was useful to you, consider writing a recommendation at your online retailer or wherever you see appropriate. Verbal recommendations to friends also are welcome. Thank you for your support!

Already available in this series of books:

French Grammar Practice for Ambitious Learners – Beginner's Edition I, Basics
This book offers beginner level knowledge explained step by step, exercises with solution keys, a gradual increase in difficulty in each chapter and translations of the examples and vocabulary for each exercise. For real beginners or for a fresh start.

French Grammar Practice for Ambitious Learners – Advanced Learner's Edition
This large volume offers a proficiency test, a complete overview of the basics, additional paragraphs to extend your knowledge and lots of exercises along with their solutions.

In progress:

A large table of verbs for quick reference and a book to acquire and practise basic vocabulary.

=> When books are available, they will be listed at **https://ambitiouslearners.jimdo.co**m, where you also can sign up to be on a mailing list to get notified about new releases.

1. Past

A. Imparfait: form

The imparfait is an important past tense.

> *Example:*
> Quand Pierre **était** petit, il n'**aimait** pas les épinards.
> *(When Pierre was little, he didn't like spinach.)*

A1. How to derive the regular forms

Like the présent, the imparfait is made of a **stem** and an **ending**. It is a simple tense, not a compound one (see B1., 13). Do you remember the verb forms of the présent? You can derive the regular forms of the imparfait from them.

Stem: 1st person pl. (présent)
+
Endings: -ais, -ais, -ait, -ions, -iez, -aient

This is how you do it:

Step 1: Conjugate your verb in the présent until you reach "nous".

> *Example: finir (présent)*

je finis	**nous finissons**
tu finis	(vous finissez)
il/elle/on finit	(ils/elles finissent)

Step 2: Remove the ending of the présent; this way you get the stem you will need for the imparfait.

> *Example:*
> **finiss-**

Step 3: Attach the suitable ending of the imparfait.

> *Example: finir (imparfait)*
> je finiss**ais**
> tu finiss**ais**
> il/elle/on finiss**ait**
> nous finiss**ions**
> vous finiss**iez**
> ils/elles finiss**aient**

Exercise A1.
(a) Derive the imparfait of "avoir" in three steps:
(1) Conjugate the présent of the verb.
(2) Determine the stem of the imparfait.
(3) Conjugate the imparfait of the verb. (solution p. 35)

This derivation works for almost every verb:

faire:	nous **fais**ons	=> je **fais**ais
aller:	nous **all**ons	=> j'**all**ais
regarder:	nous **regard**ons	=> je **regard**ais
entendre:	nous **entend**ons	=> j'**entend**ais
sortir:	nous **sort**ons	=> je **sort**ais
réussir:	nous **réussiss**ons	=> je **réussiss**ais
acheter:	nous **achet**ons	=> j'**achet**ais
appeler:	nous **appel**ons	=> j'**appel**ais
préférer:	nous **préfér**ons	=> je **préfér**ais
envoyer:	nous **envoy**ons	=> j'**envoy**ais
prendre:	nous **pren**ons	=> je **pren**ais
venir:	nous **ven**ons	=> je **ven**ais
boire:	nous **buv**ons	=> je **buv**ais
croire:	nous **croy**ons	=> je **croy**ais

etc.

Vocabulary:
finir qc. *(to end, to finish s.th.)*, avoir qc. *(to have s.th.)*, faire qc. *(to do s.th.)*,
aller *(to go)*, regarder qn./qc. *(to look at s.o./s.th., to watch)*, entendre qn./qc. *(to
hear s.o./s.th.)*, sortir *(to go out)*, réussir qc. *(to succeed in s.th.)*, acheter qc. à qn.
(to buy s.o. s.th.), appeler qn. *(to call s.o.)*, préférer qc. *(to prefer s.th., to like s.th.
better)*, envoyer qn./qc. *(to send s.o./s.th.)*, prendre qc. *(to take s.th.)*, venir *(to
come)*, boire qc. *(to drink s.th.)*, croire qn. *(to believe s.o.)*

Exercise A1. (b)
Conjugate the verbs (a) in the présent and (b) in the imparfait. (solution p. 35)

Note: There is a table of verbs in the appendix for you to learn even more verbs.

1. faire
2. aller
3. écouter
4. répondre
5. dormir

6. agir
7. écrire
8. vouloir
9. devoir
10. envoyer

Vocabulary:
écouter qn./qc. *(to listen to s.o./s.th.)*, répondre à qn./qc. *(to reply to s.o., to answer)*, dormir *(to sleep)*, agir *(to act)*, écrire qc. à qn. *(to write s.o. s.th.)*, vouloir qc. *(to want s.th.)*, devoir faire qc. *(to have to do s.th.)*, envoyer qc. à qn. *(to send s.o. s.th.)*

A2. Irregular forms and peculiarities

These are the only irregular forms:

être	**falloir**	**pleuvoir**
j'étais		
tu étais		
il était	il fallait	il pleuvait
nous étions		
vous étiez		
ils étaient		

Vocabulary: être *(to be)*, falloir => il faut qc., *(one needs s.th., it takes s.th. to ...;* il faut faire qc. = *one needs to do s.th., it is necessary to do s.th.)*, pleuvoir *(to rain)*

Verbs ending in -ger or -cer need an e or ç respectively to maintain the right pronunciation (only before a, o and u):

manger: nous mang**e**ons	**commencer**: nous commen**ç**ons
je mang**eais**	je commen**çais**
tu mang**eais**	tu commen**çais**
il mang**eait**	il commen**çait**
nous mang**ions** (*!*)	nous commen**cions** (*!*)
vous mang**iez** (*!*)	vous commen**ciez** (*!*)
ils mang**eaient**	ils commen**çaient**

Vocabulary: manger qc. *(to eat s.th.)*, commencer qc. *(to start s.th.)*

Exercise A2.
Put the verb in the imparfait. (solution p. 36)

1. Aujourd'hui, le train <u>est</u> en retard. => Hier, le train...
2. Au petit déjeuner, Victor <u>mange</u> un croissant et il <u>boit</u> du café. Nous, nous <u>mangeons</u> du pain complet.
3. Quand les routes <u>sont</u> gelées, il <u>faut</u> faire attention.
4. *Une conversation au téléphone:* «Nous <u>voulons</u> faire du ski, mais il <u>pleut</u>.» «Ah bon? Chez nous, il <u>neige</u>.»
5. Je ne <u>commence</u> jamais mes devoirs avant sept heures. Vous les <u>commencez</u> quand, vous?
6. Qu'est-ce qu'il <u>veut</u>, ce type? Il <u>vend</u> des assurances? C'est louche!
7. M. Lenormand <u>sait</u> faire la cuisine. Mais il <u>connaît</u> aussi beaucoup de bons restaurants ...
8. Cet explorateur <u>voit</u> des choses extraordinaires tous les jours.
9. Mme Crozet <u>met</u> toujours des chapeaux ridicules. Elle <u>tient</u> un magasin de mode.
10. Nous <u>sommes</u> contents de notre nouvelle voiture.

Vocabulary:
aujourd'hui *(today)*, être en retard *(to be late)*, hier *(yesterday)*, le petit déjeuner *(the breakfast)*, le pain complet *(wholemeal bread)*, quand *(when)*, la route *(the road)*, gelé *(frozen)*, faire attention *(to be careful)*, faire du ski *(to ski)*, mais *(but)*, neiger *(to snow)*, ne... jamais *(never)*, les devoirs *(m.; the homework)*, avant sept heures *(before seven o'clock)*, ce type *(coll.; this guy)*, vendre qc. *(to sell s.th.)*, une assurance *(an insurance)*, c'est louche *(this is suspicious)*, faire la cuisine *(to cook)*, beaucoup de ... *(many, much ...)*, bon /f. bonne *(good)*, un explorateur /f. -trice *(an explorer)*, la chose *(the thing)*, tous les jours *(every day)*, toujours *(always)*, le chapeau /pl. -x *(the hat)*, ridicule *(ridiculous)*, tenir un magasin *(to run a shop)*, être content de qc. *(to be pleased with s.th.)*, la voiture *(the car)*

B. Brush up: passé composé

The passé composé is a past tense you probably already know at this point. The usage of the imparfait and the passé composé is closely linked. You must keep in mind the **agreement of the participe passé,** which is relevant to every compound tense you have yet to learn.

Note: The purpose of this chapter is for you to brush up on your knowledge – use it or skip it according to your needs. This is a brief review of what is explained step by step in Beginner's Edition I.

B1. Participe passé and auxiliary verbs

The passé composé (passé = *past*, composé = *compound*) consists, like most compound tenses, of a conjugated auxiliary verb (avoir or être) and a participle, the participe passé.

avoir/être + participe passé

With the passé composé, the auxiliary is in the présent.
Example:

j'ai + regardé
je suis + arrivé(e)

The participe passé can be derived like this:

Regular forms:

Verbs in -er:	regarder => j'ai regardé	**(-er => -é)**
Verbs in -dre:	entendre => j'ai entendu	**(-re => -u)**
Verbs in -ir:	sortir => je suis sorti	**(-ir => -i)**

Many frequently used verbs are irregular though, so you have to learn them.

Some irregular forms:

avoir:	j'ai **eu**	*I had, I got*
être:	j'ai **été**	*I was*
faire:	j'ai **fait**	*I did*

prendre:	j'ai **pris**	*I took*
mettre:	j'ai **mis**	*I put*
venir:	je suis **venu(e)**	*I came*
tenir:	j'ai **tenu**	*I held*
dire:	j'ai **dit**	*I said*
écrire:	j'ai **écrit**	*I wrote*
lire:	j'ai **lu**	*I read*
devoir:	j'ai **dû**	*I had to*
vouloir:	j'ai **voulu**	*I wanted*
pouvoir:	j'ai **pu**	*I could*
savoir:	j'ai **su**	*I knew*
voir:	j'ai **vu**	I saw
connaître:	j'ai **connu**	I got to know
boire:	j'ai **bu**	I drank
plaire:	j'ai **plu**	I pleased
croire:	j'ai **cru**	I believed
naître:	je suis **né(e)**	I was born
mourir:	je suis **mort(e)**	I died (I'm dead)
falloir:	il a **fallu**	it was necessary

(table of verbs p. 254)

Auxiliary verbs:

Almost all verbs require **avoir** as the auxiliary. Memorize the few verbs that require **être**.

Verbs with être:

aller *(to go)*	<=>	venir *(to come)*
entrer *(to enter)*	<=>	sortir *(to leave /go out)*
partir *(to go away)*	<=>	arriver *(to arrive)*
monter *(to go up)*	<=>	descendre *(to go down)*
naître *(to be born)*	<=>	mourir *(to die)*
rester *(to stay, to remain)*		
tomber *(to fall)*		
devenir *(to become)*		
revenir *(to come back /again)*		
rentrer *(to return, to go back home)*		
retourner *(to return, to go back)*		

All reflexive verbs require être as well:

Examples: se lever *(to get up, to stand up)*, s'habiller *(to dress, to get dressed)*, ...
Note: See the passive (chapter 5, p. 84).

Examples:

	avoir	**être**
je/j'	ai regardé	suis venu(e)
tu	as regardé	es venu(e)
il/elle/on	a regardé	est venu(e,s)
nous	avons regardé	sommes venu(e)s
vous	avez regardé	êtes venu(e,s)
ils/elles	ont regardé	sont venu(e)s

Example for a reflexive verb:
se lever => Je me suis levé(e). *(I got up.)*

Exercise B1.
Add the verb in the passé composé. (solution p. 37)

1. Ce matin, M. Arnaud _____ (aller) s'acheter une nouvelle paire de chaussures.
2. Il _____ (prendre) son portefeuille, il _____ (mettre) son manteau et il _____ (sortir).
3. Quand il _____ (monter) dans la voiture, son portefeuille _____ (tomber) par terre. M. Arnaud _____ (ne rien remarquer).
4. Il _____ (partir) en ville où il _____ (garer) sa voiture sur la place publique.
5. Il en _____ (descendre) et il _____ (entrer) dans le magasin.
6. M. Arnaud _____ (regarder) les chaussures sur les étagères. Un vendeur _____ (s'approcher) et lui _____ (dire): «Vous _____ (trouver) quelque chose qui vous _____ (plaire)?»
7. Oui. Une belle paire de bottes. Mais quand M. Arnaud _____ (vouloir) payer... pas de portefeuille!
8. Résultat: Les bottes _____ (devoir) rester au magasin. Et M. Arnaud, très inquiet, _____ (être) voir la police.
9. Quand il _____ (retourner) à la maison, il _____ (commencer) à sortir de la voiture. Il _____ (poser) un pied dehors.
10. Et, sous son pied, il _____ (sentir) quelque chose. Bien sûr, quand il _____ (regarder), il _____ (trouver) son portefeuille.

Vocabulary:
ce matin *(this morning)*, s'acheter qc. *(to buy s.th. for oneself)*, la paire de chaussures *(the pair of shoes)*, le portefeuille *(the wallet)*, mettre qc. *(here: to put on s.th.)*, le manteau /pl. -x *(the coat)*, quand *(when)*, dans *(in, into)*, la voiture *(the car)*, par terre *(on the ground; la terre = earth, the soil)*, ne... rien *(nothing)*,

remarquer qc. *(to notice s.th.)*, partir en ville *(to go into town)*, garer une voiture *(to park a car)*, la place publique *(the square)*, le magasin *(the shop)*, une étagère *(a shelf)*, le vendeur /f. -euse *(the shop assistant, the salesperson)*, s'approcher de qn./qc. *(to come up to s.o., to approach)*, quelque chose *(something)*, plaire à qn. *(to please s.o.; ça me plaît = I like it/this)*, une botte *(a boot)*, une paire de bottes *(a pair of boots)*, payer qc. *(to pay s.th.)*, le résultat *(the result)*, inquiet/f. inquiète *(worried)*, commencer à faire qc. *(to start to do s.th.)*, le pied *(the foot)*, dehors *(outside)*, sous *(under)*, sentir qc. *(to feel s.th.)*, bien sûr *(of course)*

B2. Agreement of the participe passé

(a) With "être"

A participe passé with "être" **agrees in gender and number with its subject**:

feminine: + **e**
plural: + **s***
(* Not if the participe passé already ends in -s, e.g., pris, mis.)

Examples:
m.pl.: **Les garçons** sont venus. *(The boys came.)*
f.sg.: **Isabelle** est tombée. *(Isabelle fell.)*
f.pl.: **Les filles** sont parti**es** en voyage. *(The girls left for a trip.)*
m. and f. mixed: **Julien et Isabelle** sont partis. *(Julien and Isabelle went away.)*

Note: For reflexive verbs, see (c)!

Exercise B2. (a)
Add the verb in the passé composé. (solution p. 37)

1. Ginette _____ (aller) au zoo avec Marcel.
2. Ils _____ (rester) un moment devant la cage des panthères (f.). Puis, Ginette _____ (entrer) dans le resto du zoo pour s'acheter une glace.
3. Marcel _____ (ne pas venir) avec elle parce que d'autres amis à lui _____ (arriver), Nina et Luc.
4. Marcel a discuté avec eux, et quand Ginette _____ (sortir) du resto, il a fait les présentations. Ils ont continué la visite à quatre.
5. Quand la nuit _____ (tomber), ils _____ (partir).

Vocabulary:
devant *(in front of, before)*, la panthère *(the panther)*, puis *(then)*, le resto *(coll. abbreviation of restaurant)*, une glace *(an ice cream)*, parce que *(because)*,

d'autres amis à lui *(other friends of his)*, faire les présentations *(to make introductions;* présenter qn. à qn. = *to introduce s.o. to s.o.)*, à quatre *(here: together, the four of them)*, la nuit tombe *(night is falling)*

(b) With "avoir"

A participe passé with "avoir" normally is **invariable**.
> *Example:*
> Amélie a mangé une salade. *(Amélie ate a salad.)*

However, if there is a **direct object BEFORE the verb**, the participe passé has to **agree with it**. A direct object before the verb may be a direct object pronoun (me, te, le/la, nous, vous, les; chapter 11 B1., 156), the relative pronoun "que" (chapter 12 A1., 173), the interrogative adjective "quel + noun" and its pronoun "lequel" (chapter 10, 141), the question "combien de + noun" *(how much /how many)* and the interjection "que de + noun" *(what a lot of ..!)*.

Examples:

Direct object pronoun:
J'ai mangé les biscuits (m.). => Je **les** ai mangé**s**.
(I ate the biscuits. => I ate them.)

Relative pronoun que:
La fille que j'ai rencontré**e** hier s'appelle Madeleine.
(The girl I met yesterday is called Madeleine.)

Quel + noun:
Quelles questions est-ce que le prof a posé**es**?
(Which questions did the teacher ask?)

Lequel:
Regarde ces livres. **Lesquels** est-ce que tu as lus?
(Look at these books. Which ones did you read?)

Combien de + noun:
Combien de fautes as-tu fait**es**?
(How many mistakes did you make?)

Exercise B2. (b)
Replace the marked object with a direct object pronoun. Do not forget the agreement of the participe passé. (solution p. 37)

> *Pronouns:* me, te, le/la, nous, vous, les
> *Example:* Tu as trouvé <u>la clé</u>. => Tu l'as trouvé<u>e</u>.

1. C'est moi qui ai mangé <u>la banane</u>.
2. Patrick a lavé <u>ses chaussettes</u> (f.).
3. Nous n'avons pas lu <u>ces livres</u> (m.).
4. Christine a cassé <u>ses lunettes</u> (f.).

Vocabulary:
la chaussette *(the sock)*, casser qc. *(to break s.th.)*, les lunettes *(f.pl.; the glasses)*

=> Do the exercises 11 B1. (156), 12 A1. (173) and, if you already know "lequel", 10 C. (150).

(c) With reflexive verbs

Although reflexive verbs require the auxiliary "être", their agreement is governed by the same rules as that of verbs which require "avoir".
As a result you have to determine whether or not the reflexive pronoun (me, te, se, nous, vous, se) in a given sentence is a direct objet.

This is how you do it:

Step 1: Remember the verb in its non-reflexive form along with its complements, that is, the objects it can have.

> *Example 1*: **se laver** *(to wash oneself)*
>
> laver **qn./qc.** *(to wash s.o./s.th.)*
> => Amélie **s'**est lavé**e.** *(Amélie washed herself.)*
> => "s'" is a direct object: agreement.
>
> *Example 2*: **se parler** *(to talk/speak to each other)*
>
> parler **à qn.** *(to talk to s.o.)*
> => Ils **se** sont parlé. *(They talked to each other.)*
> => "se" is an indirect object: no agreement.

Note:
If there is no non-reflexive form of a verb, the pronoun is always a direct object, with the following exception:

Step 2: If the verb in a given sentence already has a different direct object, then the reflexive pronoun is automatically indirect.

Example:
Elles **se** sont lavées. *(They washed themselves.)*
=> "se" is direct
Elles se sont lavé **les cheveux**.
(They washed their hair.)
=> "les cheveux" is the direct object
=> "se" has to be indirect

Exercise B2. (c)
Does the participe passé have to agree? (solution p. 37)

1. Mme Dubreuil a gagné___ au loto.
2. Françoise est monté___ dans un taxi.
3. La tarte que j'ai acheté___ chez le pâtissier est excellente.
4. Brigitte? Je l'ai vu___ ce matin.
5. Nous avons trouvé___ une BD intéressante.
6. Maman s'est réveillé___ à six heures.
7. Vous vous êtes lavé___ les mains?
8. Combien de croissants est-ce que tu as acheté___?
9. Quelles idées est-ce que vous avez trouvé___?
10. Les filles sont parti___ en voyage.

Vocabulary:
gagner qc. *(to win s.th.)*, la tarte *(the tart, the pie)*, acheter qc. *(to buy s.th.)*, le pâtissier /f. -ière *(the pastry cook; here: his shop)*, ce matin *(this morning)*, une BD *(a comic strip)*, se réveiller *(to awake)*, se laver *(to wash oneself)*, la main *(the hand)*, trouver qc. *(to find s.th.)*, partir en voyage *(to go on a trip)*

B3. Intransitive verbs with transitive usage

! Read on only if you have mastered B1. and B2. *!*

The verbs with "être" **descendre, monter, sortir, rentrer and retourner** are "intransitive", i.e., **they do not take an object**.

> transitive = takes a direct object
> intransitive = does not take an object

These verbs may sometimes be used **with** an object (in a transitive way) – in this case two things occur:
(a) **they now require avoir as an auxiliary**
(b) some of them take on a different meaning

without object => être	with object => avoir
sortir *(to go out)* monter *(to go up)* descendre *(to go down)* rentrer *(to go home)* retourner *(to go back)*	sortir **qc.** *(to take s.th. out)* monter **qc.** *(to take s.th. up)* descendre **qc.** *(to take s.th. down)* rentrer **qc.** *(to take s.th. in)* retourner **qc.** *(to turn s.th. round or to send s.th. back)*

Examples:
Je **suis** descendu. *(I went down.)*
J'**ai** descendu **les valises**. *(I took the suitcases down(stairs).)*

Je **suis** rentré. *(I went home./I went back in.)*
J'**ai** rentré **le linge**. *(I took in the laundry.)*

Valérie **est** sortie. *(Valérie went out.)*
Valérie **a** sorti **la voiture** du garage. *(Valérie took the car out of the garage.)*

Je **suis** retourné chez le médecin. *(I went back to the doctor's.)*
J'**ai** retourné **la crêpe**. *(I turned the pancake over.)*

Distinguish:
Je suis descendu par l'escalier. => adverbial element of mode, i.e., the means by which I go down
(I went down using the stairs.)
J'ai descendu l'escalier. => direct object
(I went down the stairs.)

Exercise B3.
Add the verb in the passé composé. (solution p. 38)

1. Le soir, Mme Levasseur a demandé à son mari: «Est-ce que tu _____ (sortir) la poubelle?»
2. Le mari a répondu: «Non. Je suis fatigué. Je/J'_____ (descendre) toutes tes vieilles affaires à la cave. Sors la poubelle toi-même!»
3. Mme Levasseur a protesté: «Je/J'_____ (rentrer) il y a seulement cinq minutes! Je/J'_____ (travailler) toute la journée!»
4. Le mari a dit: «Moi, je/j'_____ (retourner) deux fois au bureau aujourd'hui. Et l'ascenseur est en panne! Je/J'_____ (monter) dix étages à pied.»
5. M. et Mme Levasseur _____ (se regarder) un moment. Finalement, ils _____ (sortir) la poubelle ensemble. Et eux, ils _____ (sortir) au restaurant – comme ça, personne n'_____ (devoir) faire la cuisine.

Vocabulary:
le mari *(the husband)*, la poubelle *(the rubbish bin, the garbage can)*, fatigué *(tired)*, les vieilles affaires *(f.; the old things, belongings)*, la cave *(the cellar)*, toi-même *(yourself)*, il y a cinq minutes *(five minutes ago)*, seulement *(only)*, deux fois *(f.; two times)*, le bureau /pl. -x *(here: the office)*, un ascenseur *(a lift, an elevator)*, être en panne *(to be out of order, not to work)*, dix étages *(m.; ten floors)*, à pied *(on foot)*, finalement *(finally)*, ensemble *(together)*, personne ne... *(nobody, see chapter 7 B3., 114)*, faire la cuisine *(to cook)*

C. Usage: imparfait and passé composé

Imparfait and passé composé are used together; they both refer to the past:

(a) From a point of view in the present, they tell us about earlier events.
Example:
Marc est fatigué parce qu'il n'a pas dormi la nuit dernière – il avait mal aux dents.
(Marc is tired because he didn't sleep last night – he had toothache.)

(b) In a narrative with a point of view in the past, they tell us about events occurring "now".
Example:
Le commissaire était un vieux malin. Il a tendu un piège au voleur.
(The superintendent was a crafty old man. He set a trap for the thief.)

=> For explanations about the sequence of tenses, see E. (32).

When do you use passé composé and when the imparfait?

IMPORTANT!
Which one to choose depends on the **content** of the sentence/the narrative and on the **intention** of the narrator. **A change may give another meaning to a sentence**.

An overview of what we will be discussing in the following sections:

Imparfait	Passé composé
no mentioned limits in time: start/end is of no importance	***events limited in time:*** completed facts/actions
state: descriptions, comments, habits, explanations ...	***event:*** new or sudden actions (or the lack of them)
simultaneous: actions that occur at the same time	***successive:*** one action, then the next one

See examples and explanations in the following sections.

C1. Limits/no limits in time

Imparfait	Passé composé
no mentioned limits in time: start/end is of no importance	*events limited in time:* completed facts/actions

Examples:

Imparfait:
Grand-mère mangeait toujours un œuf le matin.
(Grandmother always ate an egg in the morning.)

=> A habit in the past whose beginning and end is of no importance in the context.
=> hint: "toujours" *(always)*

Passé composé:
Pendant des années, grand-mère a mangé un œuf le matin.
(For years, grandmother ate an egg in the morning.)

=> A habit in the past that lasted a certain time; it is implied that it has **ended**.
=> hint: "pendant des années" = a limited period of time

Ce matin, il m'est arrivé quelque chose de bizarre.
(This morning something strange happened to me.)

=> An event occurring at a specific, and therefore limited, point in time; see also C2. (event, 24).
=> hint: "ce matin" *(this morning)*

Exercise C1.
Add the verb either in the passé composé or in the imparfait. (solution p. 38)

1. M. Arthur _____ (travailler) chez Renault pendant cinq ans.
2. Il y a deux ans, nous _____ (avoir) un accident.
3. Mon père _____ (boire) toujours une tisane le soir. Ma mère, elle, _____ (préférer) un cacao.
4. Les bateaux de pêche _____ (ramener) du poisson tous les jours.
5. Un jour, les pêcheurs _____ (pêcher) un poisson très bizarre.

Vocabulary:

travailler *(to work)*, pendant *(during, for; pendant cinq ans = for five years)*, un an *(a year)*, il y a deux ans *(two years ago)*, le père *(the father)*, boire qc. *(to drink s.th.)*, une tisane *(a herbal tea, an infusion)*, le soir *(here: in the evening)*, la mère *(the mother)*, préférer qc. *(to prefer s.th., to like s.th. better)*, le cacao *(the cocoa)*, le bateau de pêche (the fishing trawler), ramener qc. *(to bring s.th. back)*, le poisson *(the fish)*, tous les jours *(every day)*, un jour *(here: one day)*, le pêcheur *(the fisherman)*, pêcher qc. *(to fish s.th.)*, bizarre *(strange, odd)*

C2. State/event

Imparfait	Passé composé
state: descriptions, comments, habits, explanations ...	*event:* new or sudden actions (or the lack of them)

Imparfait:
Il pleuvait. Patrick se sentait triste. Il n'aimait pas le ciel gris.
(It was raining. Patrick felt sad. He didn't like the grey sky.)

=> Description: the weather, Patrick's state of mind; explanation of Patrick's state of mind

Passé composé:
Tout à coup, il y a eu un éclair et un coup de tonnerre. Puis, on a entendu la sirène des pompiers.
(Suddenly, there was a flash of lightning and a clap of thunder. Then the siren of the firetruck could be heard.)

=> new, single events, often of a sudden character (a series of events, see C3., 25)
=> hint: "tout à coup" *(suddenly)*

Exercise C2.
Add the verb either in the passé composé or in the imparfait. (solution p. 38)

1. Nicole _____ (avoir) envie d'une glace. Il _____ (faire) très chaud sur la plage et le soleil _____ (brûler).
2. Heureusement, un vendeur de glaces _____ (arriver) avec son petit chariot.
3. Nicole _____ (acheter) une glace à la framboise.
4. Son petit frère _____ (commencer) à pleurer. Il _____ (vouloir) une glace, lui aussi.

5. Et comme Nicole _____ (aimer) bien son petit frère, elle lui _____ (acheter) une glace au chocolat.

Vocabulary:
avoir envie de qc. *(here: to feel like eating ...)*, une glace *(an ice cream)*, il fait chaud *(weather: it's hot/warm)*, sur la plage *(on the beach)*, le soleil *(the sun)*, brûler *(to burn)*, heureusement *(fortunately)*, un vendeur de glaces *(an ice cream seller)*, le chariot *(the cart)*, acheter qc. à qn. *(to buy s.o. s.th.)*, la glace à la framboise *(the raspberry ice cream)*, le frère *(the brother)*, commencer à faire qc. *(to start to do s.th.)*, pleurer *(to cry)*, comme *(here: as, since)*

C3. Simultaneous/successive

Imparfait	**Passé composé**
simultaneous: actions that occur at the same time	*successive:* one action, then the next one

Examples:

Imparfait:
Pendant que je faisais mes devoirs, mon frère jouait au foot.
(While I was doing my homework, my brother was playing football/soccer.)

=> Two actions occurring at the same time in the main clause and in the subordinate clause (whose beginnings and ends are irrelevant to the context).
=> hint: "pendant que" *(while)*
(*!* "pendant que" is a conjunction and introduces a subordinate clause but "pendant" *(during, for)* is a preposition; for more about this, see 14 A1., 198)

Passé composé:
J'ai fini mes devoirs et je suis allé jouer au foot aussi.
(I finished my homework and went to play football too.)

=> A series of actions: The child first completed one action, then the next one.

Combination of both:
Pendant que je faisais mes devoirs, mon frère a cassé une vitre.
(While I was doing my homework, my brother smashed a window.)

=> The events in the imparfait (the subordinate clause with "pendant que") still went on while in the main clause a new, single event started and was completed.

Exercise C3.
Add the verb either in the passé composé or in the imparfait. (solution p. 39)

1. Pendant que Damien _____ (regarder) la télé, Viviane _____ (lire) un livre.
2. Damien _____ (fermer) la télé et il _____ (aller) dormir.
3. Pendant qu'il _____ (dormir), il _____ (faire) un rêve étrange.
4. Dans son rêve, Viviane _____ (lire) une télé qu'elle tenait dans ses mains pendant que Damien _____ (essayer) d'allumer un gros livre électrique.
5. Damien _____ (se réveiller) très troublé. Il _____ (aller) vérifier dans le salon, mais Viviane _____ (ne plus être) là.

Vocabulary:
lire qc. *(to read s.th.)*, un livre *(a book)*, fermer qc. *(here: to turn off)*, dormir *(to sleep)*, faire un rêve *(to have a dream)*, étrange *(strange, odd)*, tenir qc. dans ses mains *(to hold s.th. in one's hands)*, essayer de faire qc. *(to attempt to do s.th.)*, allumer qc. *(here: to turn on)*, se réveiller *(to awake)*, troublé *(confused)*, vérifier qc. *(to check s.th., to verify)*, le salon *(the living room)*, être là *(to be there)*

C4. Summary

The complete table:

Imparfait	Passé composé
no mentioned limits in time: start/end is of no importance	**events limited in time:** completed facts/actions
state: descriptions, comments, habits, explanations ...	**event:** new or sudden actions (or the lack of them)
simultaneous: actions that occur at the same time	**successive:** one action, then the next one

In the introduction we said that choosing between imparfait and passé composé may give a different meaning to a sentence. Compare:

Examples:

Marc **connaissait** Benjamin. *(Marc **knew** Benjamin.)*
=> Marc's "state", beginning and end are irrelevant
Marc **a connu** Benjamin. *(Marc **got to know** Benjamin.)*
=> a single event occurring at a specific point in time

Amélie **avait** peur. *(Amélie **was** afraid.)*
=> Amélie's state of mind
Amélie **a eu** peur. *(Amélie **became** afraid.)*
=> new event

In cases like these, which tense to choose depends on what you want to say!
When telling a story, do not pay attention solely to single sentences, consider their context as well, the meaning of the story – as in the following exercise:

Exercise C4.
Add the verb either in the passé composé or in the imparfait. (solution p. 39)

Le déménagement
1. Jacques _____ (être) étudiant. Il _____ (chercher) une chambre pas trop chère et assez près de l'université.
2. Une vieille dame sympathique lui _____ (proposer) une mansarde qui lui _____ (plaire).
3. C'_____ une mansarde petite, mais très confortable.
4. Évidemment, les personnes de grande taille _____ (se taper) toujours la tête contre le plafond.
5. Mais Jacques n'_____ (être) pas très grand, donc, il n'y _____ (avoir) pas de problème.
6. Pour déménager, il _____ (devoir) demander à son père de lui prêter sa camionnette – il _____ (avoir) des caisses pleines de livres.
7. Pendant que ses amis _____ (décharger) les caisses de la camionnette, Jacques _____ (aller) voir où était l'ascenseur.
8. Et là, mauvaise surprise: Comme c'_____ (être) une vieille maison, il n'y _____ (avoir) pas d'ascenseur. Et la mansarde _____ (être) au dernier étage...
9. Jacques et ses amis _____ (devoir) monter les caisses une à une, ce qui _____ (durer) deux heures!
10. Pendant que les jeunes _____ (travailler), la vieille dame sympathique _____ (préparer) quelque chose dans sa cuisine.
11. À la fin, Jacques et ses amis _____ (avoir) une bonne surprise: une bouteille de cidre frais et un gâteau tout chaud qui les _____ (attendre).

Vocabulary:
le déménagement *(the move, the relocation)*, un étudiant *(a student)*, la chambre *(the room)*, trop cher/f. chère *(too expensive)*, près de *(close to;* assez près = *quite close, close enough)*, la mansarde *(the attic room)*, plaire à qn. *(to please s.o.;* ça me plaît = *I like it /this)*, mais *(but)*, très *(very)*, évidemment *(of course, evidently; adverbs see chapter 6 B., 95)*, la personne de grande taille *(the tall person;* la taille = *the size)*, se taper la tête *(to knock one's head)*, contre *(against)*, le plafond *(the ceiling)*, donc *(so, therefore)*, pour + inf. *(in order to; see chapter 13 B., 191)*, déménager *(to move house)*, prêter qc. à qn. *(to lend s.th. to s.o.)*, la camionnette *(the small van;* le camion = *the lorry, the truck)*, la caisse *(the box)*, plein,e de ... *(full of ...)*, décharger qc. *(to unload s.th.)*, aller voir où est qc. *(to go and see where s.th. is)*, un ascenseur *(a lift, an elevator)*, comme *(here: as, since)*, le dernier étage *(the top floor)*, monter qc. *(to take s.th. up; see B3., 20)*, une à une *(one by one, one at a time)*, durer *(to last)*, la cuisine *(the kitchen)*, la fin *(the end)*, une bouteille *(a bottle)*, le cidre *(the cider)*, frais/f. fraîche *(here: cool)*, un gâteau /pl. -x *(a cake)*, tout chaud *(quite /very hot; see chapter 7 A., 109)*, attendre qn. *(to wait for s.o.)*

D. Plus-que-parfait

Just like the passé composé, the plus-que-parfait is a **compound tense** – this time the **auxiliary verb** is in the **imparfait**.

avoir/être (imparfait) + participe passé

Examples:

	regarder	**venir**
j'	**avais** regardé	**étais** venu(e)
tu	**avais** regardé	**étais** venu(e)
il/elle/on	**avait** regardé	**était** venu(e,s)
nous	**avions** regardé	**étions** venu(e)s
vous	**aviez** regardé	**étiez** venu(e,s)
ils/elles	**avaient** regardé	**étaient** venu(e)s

(For agreement of the participe passé, see chapter 1 B2., 16)

The plus-que-parfait is used to describe events that happened before other events in the past – **from a point of view in the past, these events were even earlier**:

M. Lemarchand a vendu la voiture qu'il avait achetée deux ans auparavant.
(Mr Lemarchand sold the car he had bought two years before.)

These are sentences with a point of view in the present:

Je suis fatigué parce que je n'ai pas dormi la nuit. Donc, je fais la sieste.
(I'm tired because I didn't sleep last night. So, I'm taking a nap.)
=> "now" = présent
=> "earlier" = passé composé (/imparfait)

Now put the point of view in the past and look what happens to the tenses:

J'étais fatigué parce que je n'avais pas dormi la nuit. Donc, j'ai fait la sieste.
(I was tired because I hadn't slept the night before. So, I took a nap.)
=> "now" = passé composé/imparfait
=> "earlier" = plus-que-parfait

This is called the **sequence of tenses** (see E., 32).

Exercise D.

(a) Put the sentences in the past. Use imparfait, passé composé and plus-que-parfait. (solution p. 40)

1. Quand Isabelle rentre à la maison, elle est de mauvaise humeur. Elle a eu une mauvaise note en maths.
2. Ce nouveau prof, je le connais déjà. Je l'ai vu à la bibliothèque samedi dernier.
3. Christine a soif. C'est normal, elle a mangé des amandes salées avant.
4. Ma nouvelle voiture me plaît. Je l'ai bien choisie.
5. Patrick lit un livre que son ami Bastien lui a recommandé.
6. *Conversation par téléphone portable:* Est-ce que tu achètes des pommes? Non? Mais je te l'ai dit trois fois!
7. *En cours de maths:* «Vous ne trouvez pas la solution? Pourquoi? Vous n'avez pas appris les règles avant?» «Non, c'est parce que l'exercice est trop difficile.»

Vocabulary:
quand *(when)*, être de mauvaise humeur *(to be in a bad mood)*, la mauvaise note *(the bad mark /grade)*, connaître qn./qc. *(to know s.o.)*, déjà *(already)*, la bibliothèque *(the library)*, samedi dernier *(last Saturday)*, avoir soif *(to be thirsty)*, des amandes salées *(f.; salted almonds)*, avant *(before, previously)*, plaire à qn. *(to please s.o.; ça me plaît = I like it/this)*, choisir qc. *(to choose s.th.)*, recommander qc. à qn. *(to recommend s.th. to s.o.)*, le téléphone portable *(the mobile phone; also:* le portable*)*, une pomme *(an apple)*, trois fois *(f.; three times)*, le cours de maths *(the maths /math class)*, la règle *(the rule)*, parce que *(because)*, difficile *(difficult)*

(b) Add the verb in the imparfait, passé composé or plus-que-parfait. (solution p. 40)

M. Mirabeau fait visiter sa nouvelle maison à ses amis. Il raconte:
1. Je/J'_____ (faire) construire la maison par un entrepreneur de bâtiment. Avant, nous _____ (chercher) dans tous les villages des environs, mais sans trouver de maison intéressante.
2. L'entrepreneur _____ (finir) l'extérieur, mais comme je/j' _____ (vouloir) épargner de l'argent, je/j' _____ (prendre) en charge certains travaux à l'intérieur, avec l'aide de ma femme et des enfants.
3. Par exemple, nous _____ (poser) nous-mêmes la moquette et les papiers peints que nous _____ (choisir) auparavant.
4. Un cousin de ma femme nous _____ (aider) à faire les carrelages de la salle de bains. C'_____ (être) plus difficile que je/j' _____ (croire). On _____ (finir) par appeler une firme spécialisée qui _____ (installer) la douche, la baignoire et les lavabos.

5. Pour les meubles, ma femme _____ (choisir) ce qui lui _____
(plaire). Elle _____ (accrocher) une énorme lampe au plafond de la salle de
séjour. Elle l'_____ (acheter) chez un antiquaire six mois avant le début des
travaux!
6. Et puis, elle _____ (équiper) la cuisine de tout un tas d'appareils dernier
cri.
7. À cause de cela, je/j'_____ (dépasser) mon budget... J'avoue que je
_____ (ne pas pouvoir) résister à la tentation d'acheter un fauteuil très cher
pour mon bureau. Mon ancien fauteuil _____ (ne pas être) confortable.
8. Et voilà! Nous _____ (construire) la maison dont je/j' _____ (rêver)
depuis toujours.

Vocabulary:

faire faire qc. à qn. *(to get s.o. to do s.th., to have s.o. do s.th.)*, construire qc. *(to
build s.th.; p.p.* construit*)*, un entrepreneur de bâtiment *(a building contractor)*,
les environs *(m.pl.; the surroundings, the vicinity)*, finir qc. *(to finish s.th.)*,
l'extérieur *(m.; the outside)*, épargner de l'argent *(m.; to save money)*, prendre qc.
en charge *(to take care of s.th.)*, les travaux *(m.; here: the construction work)*,
l'intérieur *(m.; the inside)*, la moquette *(the wall-to-wall carpet)*, le papier peint
(the wallpaper), auparavant *(previously)*, le carrelage *(the tiled floor; the tile =* le
carreau*)*, la salle de bains *(the bathroom)*, finir par faire qc. *(to end up doing
s.th.)*, la douche *(the shower)*, la baignoire *(the bathtub)*, le lavabo *(the
washbasin)*, le meuble *(the piece of furniture)*, choisir qc. *(to choose s.th.)*, plaire
à qn. *(to please s.o.;* ça me plaît = *I like it/this)*, accrocher qc. *(to hang s.th.)*,
énorme *(huge, enormous)*, le plafond *(the ceiling)*, la salle de séjour *(the living
room)*, le début *(the beginning)*, un tas de ... *(here: lots of ...;* un tas = *a heap)*, un
appareil *(an apparatus, a device)*, dernier cri *(last fashion, state-of-the-art)*, à
cause de cela *(because of this)*, dépasser le budget *(to spend more than expected)*,
avouer qc. *(to admit, to confess)*, résister à la tentation *(to resist temptation)*, un
fauteuil *(an armchair)*, cher/f. chère *(here: expensive)*, ancien /f. ancienne *(here:
former)*, rêver de qc. *(to dream of s.th.)*, depuis toujours *(all along, always)*

E. Expansion: sequence of past tenses

At this point you have mastered several verb tenses in the French language. In D. you got a glimpse of what we will call the *sequence of tenses*. The following tables are meant to help you understand **when to use which tense**.

First, keep in mind the following:

Step 1:
Each narrative is told from a point of view in time – past, present or future.

> *Example:*
>
> **A narrative in the present:**
> Je vais à l'école. *(I go to school.)*
>
> **A narrative in the past:**
> À l'époque, je faisais encore du sport. *(In those days I still did sports.)*
>
> **A narrative in the future**:
> Dans un an, j'irai* au Canada. *(Next year I will go to Canada. * futur simple: see chapter 2, p. 42)*

Step 2:
In relation to this basic point of view in time ("now"), the events may be prior ("earlier") or posterior ("later"). For each point of view (present, past, future) you will use a **different set of tenses**.

This is the sequence of tenses for a narrative in the present:

<=	**Present**	=>
earlier	*"now"*	*later*
passé composé/ imparfait	présent	futur simple* /futur antérieur* (/futur proche)

* See chapter 2, p. 42

Example:
Ce matin, je **vais** (présent) chez le médecin. Pendant la nuit, j'**ai eu** (passé composé) très mal au ventre.
(This morning I'm going to the doctor's. During the night I got a severe stomach ache.)

(*With futur:* Le médecin dit que je ne pourrai pas aller travailler pendant une semaine. *The doctor says that I won't be able to go to work for a week.*)

This is the sequence of tenses for a narrative in the past:

<=	**Past**	=>
earlier	*"now"*	*later*
plus-que-parfait	passé composé/ imparfait	conditionnel présent/passé* ("futur du passé")

* See chapter 3 C., 61

Example:
Ce matin-là, je **suis allé** (passé composé) chez le médecin. Pendant la nuit, j'**avais eu** (plus-que-parfait) très mal au ventre.
(That morning I went to the doctor's. During the night I had gotten a severe stomach ache.)

(*With conditionnel:* Le médecin a dit que je ne pourrais pas aller travailler pendant une semaine. *The doctor said that I wouldn't be able to go to work for a week.*)

Exercise E.
Add the verb in the présent, passé composé, imparfait or plus-que-parfait.
(solution p. 41)

Hint: Do the events occur in the present or in the past?

Note: For an exercise with conditionnel, see chapter 3 C., p. 61.

1. M. Morel tient une librairie. Il _____ (vendre) des livres et des magazines.
Avant cela, M. Morel _____ (être) au chômage.
2. M. Morel tenait une librairie. Il _____ (vendre) des livres et des magazines.
Avant cela, M. Morel _____ (être) au chômage.
3. C'est jeudi. Amandine _____ (aller) voir son amie Isabelle. Elle _____
(amener) un gâteau qu'elle _____ (préparer) avant.
4. C'était jeudi. Amandine _____ (aller) voir son amie Isabelle. Elle _____
(amener) un gâteau qu'elle _____ (préparer) avant.
5. Mon bus arrive toujours en retard. Plusieurs fois, j'_____ (avoir) des ennuis
à cause de cela. Je _____ (préférer) prendre mon vélo.
6. Mon bus arrivait toujours en retard. Plusieurs fois, j'_____ (avoir) des
ennuis à cause de cela. Je _____ (préférer) toujours prendre mon vélo.
7. L'ordinateur de Frédéric est cassé. Il l'_____ (acheter) il y a deux ans
seulement!
8. L'ordinateur de Frédéric était cassé. Il l'_____ (acheter) deux ans
auparavant seulement!

Vocabulary:
tenir une librairie *(to run a bookshop)*, vendre qc. à qn. *(to sell s.th. to s.o.)*, avant
cela *(before that)*, être au chômage *(to be out of work)*, jeudi *(Thursday)*, aller
voir qn. *(to go and see s.o., to pay s.o. a visit)*, amener qc. *(to bring s.th. along)*,
un gâteau /pl. -x *(a cake)*, arriver en retard *(to come late)*, plusieurs fois *(f.;
several times)*, avoir des ennuis *(m.; to be in trouble)*, à cause de qn./qc. *(because
of s.o./s.th.)*, préférer faire qc. *(to prefer to do/doing s.th.)*, le vélo *(the bicycle)*,
un ordinateur *(a computer)*, cassé *(broken, not working)*, il y a deux ans *(two
years ago)*, seulement *(only)*, auparavant *(before)*

Answer Keys

Solutions for A1. (a)

(1) avoir in the présent	*(2) stem for the imparfait:*	*(3) avoir in the imparfait*
j'ai	nous avons => **av-**	j'av**ais**
tu as		tu av**ais**
il/elle/on a		il/elle/on av**ait**
nous avons		nous av**ions**
vous avez		vous av**iez**
ils/elles ont		ils/elles av**aient**

Solutions for A1. (b)

	L1. (a)	L1. (b)	L2. (a)	L2. (b)
je/j'	fais	faisais	vais	allais
tu	fais	faisais	vas	allais
il	fait	faisait	va	allait
ns	faisons	faisions	allons	allions
vs	faites	faisiez	allez	alliez
ils	font	faisaient	vont	allaient

	L3. (a)	L3. (b)	L4. (a)	L4. (b)
je/j'	écoute	écoutais	réponds	répondais
tu	écoutes	écoutais	réponds	répondais
il	écoute	écoutait	répond	répondait
ns	écoutons	écoutions	répondons	répondions
vs	écoutez	écoutiez	répondez	répondiez
ils	écoutent	écoutaient	répondent	répondaient

	L5. (a)	L5. (b)	L6. (a)	L6. (b)
je/j'	dors	dormais	agis	agissais
tu	dors	dormais	agis	agissais
il	dort	dormait	agit	agissait
ns	dormons	dormions	agissons	agissions
vs	dormez	dormiez	agissez	agissiez
ils	dorment	dormaient	agissent	agissaient

	L7. (a)	L7. (b)	L8. (a)	L8. (b)
je/j'	écris	écrivais	veux	voulais
tu	écris	écrivais	veux	voulais
il	écrit	écrivait	veut	voulait
ns	écrivons	écrivions	voulons	voulions
vs	écrivez	écriviez	voulez	vouliez
ils	écrivent	écrivaient	veulent	voulaient

	L9. (a)	L9. (b)	L10. (a)	L10. (b)
je/j'	dois	devais	envoie	envoyais
tu	dois	devais	envoies	envoyais
il	doit	devait	envoie	envoyait
ns	devons	devions	envoyons	envoyions
vs	devez	deviez	envoyez	envoyiez
ils	doivent	devaient	envoient	envoyaient

Solution for A2.

L1. Hier, le train <u>était</u> en retard. *(être => irregular)*
L2. Au petit déjeuner, Victor <u>mangeait</u> un croissant et il <u>buvait</u> du café. Nous, nous <u>mangions</u> du pain complet. *(manger => nous mangeons; the extra e is only needed before a, o or u; boire => nous buvons)*
L3. Quand les routes <u>étaient</u> gelées, il <u>fallait</u> faire attention. *(être => irregular; falloir => irregular)*
L4. *Une conversation au téléphone:* «Nous <u>voulions</u> faire du ski, mais il pleuvait.» «Ah bon? Chez nous, il <u>neigeait</u>.»
(vouloir => nous voulons; pleuvoir => irregular; neiger => like manger, but note that it is used in an impersonal way: il neige = it is snowing, il neigeait = it was snowing)
L5. Je ne <u>commençais</u> jamais mes devoirs avant sept heures. Vous les <u>commenciez</u> quand, vous? *(commencer => nous commençons, but the ç is only needed before a, o or u)*
L6. Qu'est-ce qu'il <u>voulait</u>, ce type? Il <u>vendait</u> des assurances? C'est louche!
(vouloir => nous voulons; vendre => nous vendons)
L7. M. Lenormand <u>savait</u> faire la cuisine. Mais il <u>connaissait</u> aussi beaucoup de bons restaurants... *(savoir => nous savons; connaître => nous connaissons)*
L8. Cet explorateur <u>voyait</u> des choses extraordinaires tous les jours. *(voir => nous voyons)*
L9. Mme Crozet <u>mettait</u> toujours des chapeaux ridicules. Elle <u>tenait</u> un magasin de mode. *(mettre => nous mettons; tenir => nous tenons)*
L10. Nous <u>étions</u> contents de notre nouvelle voiture. *(être => irregular)*

Solutions for B1.

L1. Ce matin, M. Arnaud <u>est allé</u> s'acheter une nouvelle paire de chaussures.

L2. Il <u>a pris</u> son portefeuille, il <u>a mis</u> son manteau et il <u>est sorti</u>.

L3. Quand il <u>est monté</u> dans la voiture, son portefeuille <u>est tombé</u> par terre. M. Arnaud <u>n'a rien remarqué</u>.

L4. Il <u>est parti</u> en ville où il <u>a garé</u> sa voiture sur la place publique.

L5. Il en <u>est descendu</u> et il <u>est entré</u> dans le magasin.

L6. M. Arnaud <u>a regardé</u> les chaussures sur les étagères. Un vendeur <u>s'est approché</u> et lui <u>a dit</u>: «Vous <u>avez trouvé</u> quelque chose qui vous <u>a plu</u>?» *(The subject of "a plu" is "quelque chose" or rather "qui" – not "vous"!)*

L7. Oui. Une belle paire de bottes. Mais quand M. Arnaud <u>a voulu</u> payer... pas de portefeuille!

L8. Résultat: Les bottes <u>ont dû</u> rester au magasin. Et M. Arnaud, très inquiet, <u>a été</u> voir la police.

L9. Quand il <u>est retourné</u> à la maison, il <u>a commencé</u> à sortir de la voiture. Il <u>a posé</u> un pied dehors.

L10. Et, sous son pied, il <u>a senti</u> quelque chose. Bien sûr, quand il <u>a regardé</u>, il <u>a trouvé</u> son portefeuille.

Solutions for B2. (a)

L1. Ginette <u>est allée</u> au zoo avec Marcel.

L2. Ils <u>sont restés</u> un moment devant la cage des panthères. Puis, Ginette <u>est entrée</u> dans le resto du zoo pour s'acheter une glace.

L3. Marcel <u>n'est pas venu</u> avec elle parce que d'autres amis à lui <u>sont arrivés</u>, Nina et Luc.

L4. Marcel a discuté avec eux, et quand Ginette <u>est sortie</u> du resto, il a fait les présentations. Ils ont continué la visite à quatre.

L5. Quand la nuit <u>est tombée</u>, ils <u>sont partis</u>.

Solutions for B2. (b)

L1. C'est moi qui <u>l'</u>ai mang<u>ée</u>.

L2. Patrick <u>les</u> a lav<u>ées</u>.

L3. Nous ne <u>les</u> avons pas <u>lus</u>.

L4. Christine <u>les</u> a cass<u>ées</u>.

Solutions for B2. (c)

L1. Mme Dubreuil a gagné au loto.

L2. Françoise est mont<u>ée</u> dans un taxi.

L3. **La tarte que** j'ai achet<u>ée</u> chez le pâtissier est excellente.

L4. Brigitte? Je l'ai vu<u>e</u> ce matin.

L5. Nous avons trouvé une BD intéressante.

L6. Maman s'est réveillé<u>e</u> à six heures.

L7. Vous vous êtes lavé **les mains**?

L8. **Combien de croissants** est-ce que tu as acheté<u>s</u>?

L9. **Quelles idées** est-ce que vous avez trouvé<u>es</u>?

L10. Les filles sont part<u>ies</u> en voyage.

Solutions for B3.

L1. Le soir, Mme Levasseur a demandé à son mari: «Est-ce que tu <u>as sorti</u> la poubelle?» *(la poubelle = direct object)*

L2. Le mari a répondu: «Non. Je suis fatigué. J'<u>ai descendu</u> toutes tes vieilles affaires à la cave. Sors la poubelle toi-même!» *(toutes les vieilles affaires = direct object)*

L3. Mme Levasseur a protesté: «Je <u>suis rentrée</u> il y a seulement cinq minutes! J'<u>ai travaillé</u> toute la journée!»

L4. Le mari a dit: «Moi, je <u>suis retourné</u> deux fois au bureau aujourd'hui. Et l'ascenseur est en panne! J'<u>ai monté</u> dix étages à pied.» *(dix étages = direct object)*

L5. M. et Mme Levasseur <u>se sont regardés</u> un moment. Finalement, ils <u>ont sorti</u> la poubelle ensemble. Et eux, ils <u>sont sortis</u> au restaurant – comme ça, personne n'<u>a dû</u> faire la cuisine.

Solutions for C1.

L1. M. Arthur <u>a travaillé</u> chez Renault pendant cinq ans. *(a limited period of time)*

L2. Il y a deux ans, nous <u>avons eu</u> un accident. *(event occurring at a specific and therefore limited point in time)*

L3. Mon père <u>buvait</u> toujours une tisane le soir. Ma mère, elle, <u>préférait</u> un cacao. *(a habit whose beginning and end is of no importance in the context; "always")*

L4. Les bateaux de pêche <u>ramenaient</u> du poisson tous les jours. *(a habit whose beginning and end is of no importance in the context; "every day")*

L5. Un jour, les pêcheurs <u>ont pêché</u> un poisson très bizarre. *(event occurring at a specific and therefore limited point in time; "one day ... ")*

Solutions for C2.

L1. Nicole <u>avait</u> envie d'une glace. Il <u>faisait</u> très chaud sur la plage et le soleil <u>brûlait</u>. *(description; Nicole's state of mind, the circumstances)*

L2. Heureusement, un vendeur de glaces <u>est arrivé</u> avec son petit chariot. *(a new, single event occurs)*

L3. Nicole <u>a acheté</u> une glace à la framboise. *(a new, single event: Nicole takes action)*
L4. Son petit frère <u>a commencé</u> à pleurer. Il <u>voulait</u> une glace, lui aussi. *(new event, then its explanation)*
L5. Et comme Nicole <u>aimait</u> bien son petit frère, elle lui <u>a acheté</u> une glace au chocolat. *(explanation, then new event: Nicole takes action)*

Solutions for C3.

L1. Pendant que Damien <u>regardait</u> la télé, Viviane <u>lisait</u> un livre. *(they do it simultaneously for an unspecified period of time)*
L2. Damien <u>a fermé</u> la télé et il <u>est allé</u> dormir. *(he completes one action, then the next one; a series of actions)*
L3. Pendant qu'il <u>dormait</u>, il <u>a fait</u> un rêve étrange. *(he sleeps the whole time; his dream is a new, single event that occurs during his sleep)*
L4. Dans son rêve, Viviane <u>lisait</u> une télé qu'elle tenait dans ses mains pendant que Damien <u>essayait</u> d'allumer un gros livre électrique. *(they do it simultaneously for an unspecified period of time)*
L5. Damien <u>s'est réveillé</u> très troublé. Il <u>est allé</u> vérifier dans le salon, mais Viviane <u>n'était plus</u> là. *(series of actions; then Viviane's "state": she wasn't there anymore)*

Solutions for C4.

Le déménagement
L1. Jacques <u>était</u> étudiant. Il <u>cherchait</u> une chambre pas trop chère et assez près de l'université. *(The situation at the beginning of the story: Jacques' state.)*
L2. Une vieille dame sympathique lui <u>a proposé</u> une mansarde qui lui a plu. *(Two new events following each other.)*
L3. C'<u>était</u> une mansarde petite, mais très confortable. *(Description of the attic room.)*
L4. Évidemment, les personnes de grande taille <u>se tapaient</u> toujours la tête contre le plafond. *(Further description of the attic room; an event that "always" occurs, a habit.)*
L5. Mais Jacques n'<u>était</u> pas très grand, donc, il n'y <u>avait</u> pas de problème. *(Jacques' description and a commentary.)*
L6. Pour déménager, il <u>a dû</u> demander à son père de lui prêter sa camionnette – il <u>avait</u> des caisses pleines de livres. *(Single event; description of Jacques' belongings or rather Jacques' state: he owns boxes full of books.)*
L7. Pendant que ses amis <u>déchargeaient</u> les caisses de la camionnette, Jacques <u>est allé</u> voir où était l'ascenseur. *(Events that go on while a new, single event starts and is completed.)*
L8. Et là, mauvaise surprise: Comme c'<u>était</u> une vieille maison, il n'y <u>avait</u> pas d'ascenseur. Et la mansarde <u>était</u> au dernier étage... *(Description of the house.)*

L9. Jacques et ses amis <u>ont dû</u> monter les caisses une à une, ce qui <u>a duré</u> deux heures! *(Single event during a limited period of time.)*

L10. Pendant que les jeunes <u>travaillaient</u>, la vieille dame sympathique <u>préparait</u> quelque chose dans sa cuisine. *(Two actions occurring simultaneously for an unspecified period of time.)*

L11. À la fin, Jacques et ses amis <u>ont eu</u> une bonne surprise: une bouteille de cidre frais et un gâteau tout chaud qui les <u>attendaient</u>. *(Single event; the state of the cider and of the cake: they are waiting.)*

Solutions for D.

(a)

L1. Quand Isabelle <u>est rentrée</u> à la maison, elle <u>était</u> de mauvaise humeur. Elle <u>avait eu</u> une mauvaise note en maths.

L2. Ce nouveau prof, je le <u>connaissais</u> déjà. Je l'<u>avais vu</u> à la bibliothèque samedi dernier.

L3. Christine <u>avait</u> soif. C'<u>était</u> normal, elle <u>avait mangé</u> des amandes salées avant.

L4. Ma nouvelle voiture me <u>plaisait</u>. Je l'<u>avais</u> bien <u>choisie</u>.

L5. Patrick <u>lisait</u> un livre que son ami Bastien lui <u>avait recommandé</u>.

L6. *Conversation par téléphone portable:* Est-ce que tu <u>as acheté</u> des pommes? Non? Mais je te l'<u>avais dit</u> trois fois!

L7. *En cours de maths:* «Vous <u>n'avez pas trouvé</u> la solution? Pourquoi? Vous <u>n'aviez pas appris</u> les règles avant?» «Non, <u>c'était</u> parce que l'exercice <u>était</u> trop difficile.»

(b)

L1. J'<u>ai fait</u> construire la maison par un entrepreneur de bâtiment. Avant, nous <u>avions cherché</u> dans tous les villages des environs, mais sans trouver de maison intéressante.

L2. L'entrepreneur <u>a fini</u> l'extérieur, mais comme je <u>voulais</u> épargner de l'argent, <u>j'ai pris</u> en charge certains travaux à l'intérieur, avec l'aide de ma femme et des enfants.

L3. Par exemple, nous <u>avons posé</u> nous-mêmes la moquette et les papiers peints que nous <u>avions choisis</u> *(agreement with "que", i.e., les papiers peints)* auparavant.

L4. Un cousin de ma femme nous <u>a aidés</u> à faire les carrelages de la salle de bains. C'<u>était</u> *(possible as well: ç'a été)* plus difficile que je <u>croyais</u>. On <u>a fini</u> par appeler une firme spécialisée qui <u>a installé</u> la douche, la baignoire et les lavabos.

L5. Pour les meubles, ma femme <u>a choisi</u> ce qui lui <u>plaisait</u>. Elle <u>a accroché</u> une énorme lampe au plafond de la salle de séjour. Elle l'<u>avait achetée</u> *(agreement with the direct object pronoun)* chez un antiquaire six mois avant le début des travaux!

L6. Et puis, elle <u>a équipé</u> la cuisine de tout un tas d'appareils dernier cri.

L7. À cause de cela, j'ai dépassé mon budget... J'avoue que je n'ai pas pu résister à la tentation d'acheter un fauteuil très cher pour mon bureau. Mon ancien fauteuil n'était pas confortable.

L8. Et voilà! Nous avons construit la maison dont j'avais rêvé depuis toujours.

Solutions for E.

L1. M. Morel tient une librairie. Il vend des livres et des magazines. Avant cela, M. Morel était au chômage.

L2. M. Morel tenait une librairie. Il vendait des livres et des magazines. Avant cela, M. Morel avait été au chômage.

L3. C'est jeudi. Amandine va voir son amie Isabelle. Elle amène un gâteau qu'elle a préparé avant.

L4. C'était jeudi. Amandine est allée voir son amie Isabelle. Elle a amené un gâteau qu'elle avait préparé avant.

L5. Mon bus arrive toujours en retard. Plusieurs fois, j'ai eu des ennuis à cause de cela. Je préfère prendre mon vélo.

L6. Mon bus arrivait toujours en retard. Plusieurs fois, j'avais eu des ennuis à cause de cela. Je préférais toujours prendre mon vélo.

L7. L'ordinateur de Frédéric est cassé. Il l'a acheté il y a deux ans seulement!

L8. L'ordinateur de Frédéric était cassé. Il l'avait acheté il y a deux ans seulement!

2. Future

You already know the futur proche ("near future") which sometimes also is called the futur composé ("compound future"). It is used mostly in spoken language to describe future matters happening **close to the present**.

futur proche = aller (présent) + infinitif

> *Example:*
> Ce soir, je **vais manger** au restaurant.
> *(This evening I'm going to eat at the restaurant.)*

In this chapter you will get to know about the **futur simple** (2 A.) and the **futur antérieur** (2 B., 47). Both are used in spoken language as well as in written language.

A. Futur simple

The **futur simple** expresses events in the future (from a point of view in the present).
> *Example:*
> L'année prochaine, je passerai mon permis de conduire.
> *(Next year I'm going to take my driving test.)*

A1. Regular forms

Like the présent and the imparfait, the futur simple consists of a stem and an ending – it is **a "simple" tense**, not a compound one. You can derive the stem of the futur simple from the infinitive; with verbs ending in -dre or -re you have to drop the -e.

Stem: infinitive
+
Endings: -ai, -as, -a, -ons, -ez, -ont

Examples:

	attendre => attendr-	**finir**
je/j'	attend**rai**	fini**rai**
tu	attend**ras**	fini**ras**
il/elle/on	attend**ra**	fini**ra**
nous	attend**rons**	fini**rons**
vous	attend**rez**	fini**rez**
ils/elles	attend**ront**	fini**ront**

(table of verbs p. 254)

IMPORTANT:
Do you remember that some **verbs ending in -er have some peculiarities in the singular**? These peculiarities turn up in their future stem as well. In this case you derive the stem from the **1st p.sg.**, then you put an "r" before the ending.

Examples:

acheter:	j'achète	=> **j'achèterai**
appeler:	j'appelle	=> **j'appellerai**
jeter:	je jette	=> **je jetterai**
employer:	j'emploie	=> **j'emploierai**
s'ennuyer:	je m'ennuie	=> **je m'ennuierai**
se lever:	je me lève	=> **je me lèverai**
mener:	je mène	=> **je mènerai**

Vocabulary: attendre qn./qc. *(to wait for s.o./s.th.)*, finir qc. *(to end, to finish s.th.)*, acheter qc. à qn. *(to buy s.o. s.th.)*, appeler qn. *(to call s.o.)*, jeter qc. à qn. *(to throw s.o. s.th.)*, employer qc. *(to use s.th.)*, s'ennuyer *(to be bored)*, se lever *(to get up)*, mener qn./qc. *(to lead s.o./s.th.)*

Likewise: emmener qn. *(to take s.o. along)*, peser qc. *(to weigh s.th.)*, se promener *(to have/go for a stroll/walk)*, s'appeler *(to be called/to call oneself)*

Verbs with two accepted forms:
espérer => **j'espérerai** (or: j'espèrerai; N.O.)
répéter => **je répéterai** (or: je répèterai; N.O.)
préférer => **je préférerai** (or: je préfèrerai; N.O.)
Verbs in -ayer:
payer => **je paierai** (or: je payerai)

Exercise A1.
(a) Conjugate the following verbs in the futur simple. (solution p. 51)

1. travailler
2. prendre
3. acheter
4. appeler

(b) Add the verb in the futur simple. (solution p. 51)

1. Demain, c'est un jour férié. Luc _____ (dormir) jusqu'à midi. Ensuite, il _____ (se lever) et _____ (écouter) de la musique pendant le petit déjeuner.
2. Le mois prochain, nous _____ (partir) en vacances. Nous _____ (emmener) des jeux. Comme cela, les enfants ne _____ (s'ennuyer) pas.
3. L'année prochaine, les élèves _____ (lire) un roman de Balzac en classe. Ils _____ (préparer) aussi un exposé sur le sujet.
4. Ce soir, tu _____ (appeler) ta tante au téléphone. Tu lui _____ (souhaiter) un bon anniversaire. Tu n'_____ (oublier) pas de le faire, n'est-ce pas?
5. Dans deux jours, c'est la fête de l'école. Vous _____ (aider) à décorer les salles de classe et vous les _____ (ranger) après.
6. Lundi prochain, je _____ (commencer) à chercher un nouvel emploi. Je _____ (trouver) sûrement quelque chose.

Vocabulary:
demain *(tomorrow)*, un jour férié *(a public holiday)*, jusqu'à *(until)*, midi *(m.; noon)*, ensuite *(then, after that)*, pendant *(during)*, le mois prochain *(next month)*, le jeu /pl. -x *(the game)*, comme cela *(in this way)*, s'ennuyer *(to be bored)*, l'année prochaine *(next year)*, un élève *(a pupil)*, lire qc. *(to read s.th.)*, préparer qc. *(to prepare s.th.)*, un exposé *(here: a presentation)*, le sujet *(the topic, the subject)*, ce soir *(this evening)*, souhaiter qc. à qn. *(to wish s.o. s.th.)*, l'anniversaire *(m.; the birthday)*, oublier de faire qc. *(to forget to do s.th.)*, n'est-ce pas? *(here: will you?)*, l'école *(f.; the school)*, aider qn. à faire qc. *(to help s.o. do s.th.)*, la salle de classe *(the classroom)*, ranger qc. *(to tidy s.th. up)*, après *(after)*, lundi prochain *(next Monday)*, commencer à faire qc. *(to start to do s.th.)*, un nouvel emploi *(a new job)*, trouver qc. *(to find s.th.)*, sûrement *(surely; adverbs see chapter 6 B., 95)*

A2. Irregular forms

Here are the most important verbs with an **irregular stem** in the futur simple. Memorize them! You will be killing two birds with one stone because the conditionnel uses the same stems.

aller *(to go)*:	**j'irai**
avoir *(to have)*:	**j'aurai**
être *(to be)*:	**je serai**
faire *(to do)*:	**je ferai**
savoir *(to know)*:	**je saurai**
devoir *(to have to)*:	**je devrai**
recevoir *(to receive)*:	**je recevrai**
apercevoir *(to catch sight)*:	**j'apercevrai**
envoyer *(to send)*:	**j'enverrai**
pouvoir *(to be able to)*:	**je pourrai**
voir *(to see)*:	**je verrai**
mourir *(to die)*:	**je mourrai**
courir *(to run)*:	**je courrai**
tenir *(to hold)*:	**je tiendrai**
venir *(to come)*:	**je viendrai**
falloir *(to be necessary)*:	**il faudra**
vouloir *(to want)*:	**je voudrai**
s'asseoir *(to sit down)*:	**je m'assiérai** (or: **je m'assoirai**)

Exercise A2.
(a) Add the verb in the futur simple. (solution p. 51)

1. Quand je _____ (être) grand, je _____ (devenir) pilote d'avion. Je _____ (faire) le tour du monde. J'_____ (aller) même au pôle Nord.
2. La météo annonce de la pluie pour demain. Il _____ (falloir) prendre nos parapluies. Nous _____ (devoir) aussi mettre la voiture au garage.
3. Quand vous _____ (être) en vacances, est-ce que vous m'_____ (envoyer) une carte postale? Je la _____ (recevoir) avec joie!
4. Je te prête ma moto. Tu _____ (savoir) la conduire? Je _____ (venir) la reprendre la semaine prochaine. Mais attention! Fais-lui une éraflure et tu _____ (mourir)!
5. Grand-mère invite les enfants pour le week-end. Ils _____ (pouvoir) jouer dans son grand jardin. Ils _____ (courir) et _____ (hurler) et _____ (s'asseoir) dans les flaques d'eau. Après, grand-mère ne _____ (vouloir) plus jamais les inviter, tu _____ (voir)!
6. Prends ton petit déjeuner. Tu _____ (avoir) faim à l'école si tu ne manges

pas.

7. Avec un peu de chance, les visiteurs _____ (apercevoir) des daims ou des chevreuils dans ce parc naturel.

Vocabulary:

quand *(when)*, grand,e *(big)*, devenir qc. *(to become s.th.)*, un avion *(a plane)*, le tour du monde *(to world trip)*, même *(here: even)*, la météo *(the weather report)*, annoncer qc. à qn. *(to announce s.th. to s.o.)*, la pluie *(the rain)*, demain *(tomorrow)*, le parapluie *(the umbrella)*, la carte postale *(the postcard)*, la joie *(the joy)*, prêter qc. à qn. *(to lend s.th. to s.o.)*, conduire qc. *(to drive s.th.)*, la semaine prochaine *(next week)*, une éraflure *(a scratch)*, un enfant *(a child)*, le jardin *(the garden)*, hurler *(to shout, to yell)*, la flaque d'eau *(the puddle)*, ne... plus jamais *(never again)*, prendre le petit déjeuner *(to have breakfast)*, avoir faim *(f.; to be hungry)*, si *(if; for conditional clauses, see chapter 3 D.)*, un peu de ... *(a bit of ..., a little ...)*, le daim *(the fallow deer)*, le chevreuil *(the roe deer)*, le parc naturel *(the nature reserve)*

(b) Shift to the future. (solution p. 52)

1. Aujourd'hui, les magasins sont fermés. => Demain, ...
2. Marc tient toujours ses promesses. => À l'avenir aussi, Marc...
3. L'année dernière, nous avons envoyé nos enfants en colonie de vacances. => L'année prochaine aussi, nous...
4. Tous les jours, Laura se lève en retard. Elle fait sa toilette en vitesse et elle avale un morceau de pain avec du café. Puis, elle court pour ne pas rater son bus. => Demain aussi, Laura...
5. La semaine dernière, je suis allé chez le dentiste. J'ai dû me forcer à y aller. J'ai toujours détesté ça. => La semaine prochaine, je...
6. Aujourd'hui, mes amis n'ont pas le temps de venir me voir. Je ne sais pas quoi faire, tout seul. => Demain, ...
7. Aujourd'hui, il faut faire les courses. Tu viens avec moi. Comme ça, tu peux m'aider à porter les sacs. => Demain, ...
8. Sur le terrain de jeux, Daniel voit des enfants avec des glaces. Bien sûr, il en veut une aussi.

Vocabulary:

aujourd'hui *(today)*, le magasin *(the shop)*, fermé *(closed)*, demain *(tomorrow)*, tenir sa promessse *(to keep one's promise)*, à l'avenir *(in future)*, l'année dernière *(last year; also:* l'an dernier*)*, la colonie de vacances *(the holiday camp)*, l'année prochaine *(next year; also:* l'an prochain*)*, en retard *(late)*, faire sa toilette *(to have a wash)*, en vitesse *(f.; quickly)*, avaler qc. *(to swallow s.th.)*, un morceau de pain *(m.; a piece of bread)*, rater le bus *(to miss the bus)*, la semaine dernière *(last week)*, se forcer à faire qc. *(to force oneself to do s.th.)*, avoir le temps de faire qc. *(to have time to do s.th.)*, venir voir qn. *(to come and see s.o., to pay s.o. a visit)*, quoi *(what)*, tout seul /f. toute seule *(all alone)*, faire les courses *(to go shopping)*, aider qn. à faire qc. *(to help s.o. do s.th.)*, porter qc. *(to carry s.th.)*, le sac *(the bag)*, le terrain de jeux *(the playground)*, la glace *(the ice, the ice cream)*

B. Futur antérieur

Like the passé composé and the plus-que-parfait, the futur antérieur is a **compound tense** – this time the **auxiliary verb** is in the futur simple.

avoir/être (futur simple) + participe passé

Examples:

	regarder	venir
je/j'	**aurai** regardé	**serai** venu(e)
tu	**auras** regardé	**seras** venu(e)
il/elle/on	**aura** regardé	**sera** venu(e,s)
nous	**aurons** regardé	**serons** venu(e)s
vous	**aurez** regardé	**serez** venu(e,s)
ils/elles	**auront** regardé	**seront** venu(e)s

(For agreement of the participe passé, see chapter 1 B2., 16)

The futur antérieur expresses events in the future that will be completed before other events in the future. The futur antérieur is therefore **earlier than the futur simple**.

Examples:

Quand j'**aurai fini** ce travail, je me reposerai.
(When I have finished this work, I will have a rest.)

M. Dubois a mal aux dents. Il a un rendez-vous chez le dentiste. **Dès que le dentiste aura soigné les dents cariées, M. Dubois n'aura plus mal**.
(Mr Dubois has a toothache. He has an appointment with the dentist. As soon as the dentist has treated the decayed tooth, Mr Dubois won't feel pain anymore.)

Exercise B.
Add the verb in the futur simple or in the futur antérieur. (solution p. 52)

1. Aujourd'hui, Géraldine aura beaucoup à faire. D'abord, elle _____ (faire) le petit déjeuner pour la famille. Quand les enfants _____ (finir) de manger, elle les _____ (emmener) à l'école.
2. Après, elle _____ (donner) la voiture à réparer chez le garagiste. Quand elle _____ (donner) la voiture, elle _____ (devoir) prendre le bus pour aller au travail.
3. Quand elle _____ (finir) son travail, elle _____ (aller) faire les courses.
4. Et dès qu'elle _____ (rentrer) à la maison, elle _____ (devoir) faire la cuisine.
5. À la fin de la journée, elle _____ (être) sûrement très fatiguée!

Vocabulary:
aujourd'hui *(today)*, avoir beaucoup à faire *(to have much to do)*, d'abord *(first)*, quand *(when)*, un enfant *(a child)*, emmener qn./qc. à ...(*to take s.o. to ...)*, après *(here: after that)*, donner qc. à réparer *(to take s.th. to be repaired)*, le garagiste *(the garage owner, the garage mechanic)*, pour + infinitif *(to, in order to; see chapter 13 B., 191)*, le travail *(the work)*, faire les courses *(to go shopping)*, dès que *(as soon as)*, faire la cuisine *(to cook)*, la fin de la journée *(the end of the day)*, sûrement *(surely; adverbs see chapter 6 B., 95)*, fatigué,e *(tired)*

Do exercise C. in the next section as well.

C. Sequence of future tenses

So let's look again at how the tenses covered in this chapter are to be used in relation to the other tenses *(for an explanation of the tables, see chapter 1 E., 32)*.

From a point of view in the present: Events in the futur simple /futur antérieur occur "later", that is, of course, "in the future".

A narrative in the present:

<=	**Present**	=>
earlier	*"now"*	*later*
passé composé/ imparfait	présent	futur simple* /futur antérieur* (/futur proche)

Example:
M. Dieudonné est médecin. L'année prochaine, il partira à la retraite.
(Mr Dieudonné is a doctor. Next year he will retire.)

Note that events in the futur antérieur are completed before other events in the future – the futur antérieur is "earlier" than the futur simple.

A narrative in the future:

<=	**Future**	=>
earlier	*"now"*	*later*
futur antérieur	futur simple	(futur simple)

Example:
Dans deux ans, Marc aura réussi son bac. À ce moment-là, il décidera quel métier il fera.
(In two years Marc will have passed his school-leaving exam. Then he will decide which profession he will take up.)

Exercise C.
Build sentences in the future as in the following example. (solution p. 52)

Example:
J'ai retrouvé ma clé. Je peux rentrer chez moi. (Quand...)
=> Quand j'aurai retrouvé ma clé, je pourrai rentrer chez moi.

1. Patrick a acheté un ordinateur. Il s'en sert pour travailler. (Quand ...)
2. Maman a préparé une quiche. Nous la mangeons. (Dès que ...)
3. Les enfants ont fini leurs devoirs. Ils jouent. (Quand ...)
4. L'été est arrivé. Nous partons en vacances. (Dès que ...)
5. Vous avez appris l'italien. Vous visitez Rome. (Quand ...)
6. Le prof est parti. Les élèves se mettent à bavarder. (Dès que ...)
7. Tu as rangé le garage. Tu peux y mettre ta voiture. (Quand ...)
8. Mme Lemarchand a lavé le linge. Il faut le faire sécher. (Dès que ...)
9. J'ai lu la fin de ce roman policier. Je sais qui est l'assassin. (Quand ...)
10. M. Lasalle a pris sa retraite. Il s'ennuie parce qu'il n'a rien à faire. (Dès que ...)

Vocabulary:
retrouver qc. *(to find s.th. again)*, la clé *(the key)*, rentrer chez moi *(to go back home/to my place)*, quand *(when)*, acheter qc. *(to buy s.th.)*, un ordinateur *(a computer)*, se servir de qc. *(to make use of s.th./to use s.th.)*, pour + inf. *(to, in order to)*, dès que *(as soon as)*, préparer qc. *(to prepare s.th.)*, manger qc. *(to eat s.th.)*, l'été *(m.; the summer)*, partir en vacances *(to go on holiday/vacation)*, apprendre qc. *(to learn s.th.)*, l'italien *(m.; Italian)*, visiter qc. *(to visit s.th.)*, se mettre à faire qc. *(to start to do s.th.)*, bavarder *(to chat)*, ranger qc. *(to tidy s.th. up)*, mettre la voiture dans le garage *(to put the car in the garage)*, laver qc. *(to wash s.th.)*, le linge *(the washing)*, faire sécher le linge *(to hang up the washing to dry)*, la fin *(the ending)*, le roman policier *(the detective novel, the mystery)*, un assassin *(a murderer)*, prendre sa retraite *(to retire)*, s'ennuyer *(to be bored)*, parce que *(because)*, n'avoir rien à faire *(to have nothing to do)*

Answer Keys

Solutions for A1. (a)

	L1.	L2.	L3.	L4.
je/j'	travaillerai	prendrai	achèterai	appellerai
tu	travailleras	prendras	achèteras	appelleras
il	travaillera	prendra	achètera	appellera
ns	travaillerons	prendrons	achèterons	appellerons
vs	travaillerez	prendrez	achèterez	appellerez
ils	travailleront	prendront	achèteront	appelleront

Solutions for A1. (b)

L1. Demain, c'est un jour férié. Luc <u>dormira</u> jusqu'à midi. Ensuite, il <u>se lèvera</u> et <u>écoutera</u> de la musique pendant le petit déjeuner.

L2. Le mois prochain, nous <u>partirons</u> en vacances. Nous <u>emmènerons</u> des jeux. Comme cela, les enfants ne <u>s'ennuieront</u> pas.

L3. L'année prochaine, les élèves <u>liront</u> un roman de Balzac en classe. Ils <u>prépareront</u> aussi un exposé sur le sujet.

L4. Ce soir, tu <u>appelleras</u> ta tante au téléphone. Tu lui <u>souhaiteras</u> un bon anniversaire. Tu n'<u>oublieras</u> pas de le faire, n'est-ce pas?

L5. Dans deux jours, c'est la fête de l'école. Vous <u>aiderez</u> à décorer les salles de classe et vous les <u>rangerez</u> après.

L6. Lundi prochain, je <u>commencerai</u> à chercher un nouvel emploi. Je <u>trouverai</u> sûrement quelque chose.

Solutions for A2. (a)

L1. Quand je <u>serai</u> grand, je <u>deviendrai</u> pilote d'avion. Je <u>ferai</u> le tour du monde. J'<u>irai</u> même au pôle Nord.

L2. La météo annonce de la pluie pour demain. Il <u>faudra</u> prendre nos parapluies. Nous <u>devrons</u> aussi mettre la voiture au garage.

L3. Quand vous <u>serez</u> en vacances, est-ce que vous m'<u>enverrez</u> une carte postale? Je la <u>recevrai</u> avec joie!

L4. Je te prête ma moto. Tu <u>sauras</u> la conduire? Je <u>viendrai</u> la reprendre la semaine prochaine. Mais attention! Fais-lui une éraflure et tu <u>mourras</u>!

L5. Grand-mère invite les enfants pour le week-end. Ils <u>pourront</u> jouer dans son grand jardin. Ils <u>courront</u> et <u>hurleront</u> et <u>s'assoiront</u> (/<u>s'assiéront</u>) dans les flaques d'eau. Après, grand-mère ne <u>voudra</u> plus jamais les inviter, tu <u>verras</u>!

L6. Prends ton petit déjeuner. Tu <u>auras</u> faim à l'école si tu ne manges pas.

L7. Avec un peu de chance, les visiteurs <u>apercevront</u> des daims ou des chevreuils dans ce parc naturel.

(b)
L1. Demain, les magasins <u>seront</u> fermés.
L2. À l'avenir aussi, Marc <u>tiendra</u> toujours ses promesses.
L3. L'année prochaine aussi, nous <u>enverrons</u> nos enfants en colonie de vacances.
L4. Demain aussi, Laura <u>se lèvera</u> en retard. Elle <u>fera</u> sa toilette en vitesse et elle <u>avalera</u> un morceau de pain avec du café. Puis, elle <u>courra</u> pour ne pas rater son bus.
L5. La semaine prochaine, j'irai chez le dentiste. Je <u>devrai</u> me forcer à y aller. Je <u>détesterai</u> toujours ça.
L6. Demain, mes amis n'<u>auront</u> pas le temps de venir me voir. Je ne <u>saurai</u> pas quoi faire, tout seul.
L7. Demain, il <u>faudra</u> faire les courses. Tu <u>viendras</u> avec moi. Comme ça, tu <u>pourras</u> m'aider à porter les sacs.
L8. Sur le terrain de jeux, Daniel <u>verra</u> des enfants avec des glaces. Bien sûr, il en <u>voudra</u> une aussi.

Solutions for B.

L1. Aujourd'hui, Géraldine <u>aura</u> beaucoup à faire. D'abord, elle <u>fera</u> le petit déjeuner pour la famille. Quand les enfants <u>auront fini</u> de manger, elle les <u>emmènera</u> à l'école.
L2. Après, elle <u>donnera</u> la voiture à réparer chez le garagiste. Quand elle <u>aura donné</u> la voiture, elle <u>devra</u> prendre le bus pour aller au travail.
L3. Quand elle <u>aura fini</u> son travail, elle <u>ira</u> faire les courses.
L4. Et dès qu'elle <u>sera rentrée</u> à la maison, elle <u>devra</u> faire la cuisine.
L5. À la fin de la journée, elle <u>sera</u> sûrement très fatiguée!

Solutions for C.

L1. Quand Patrick <u>aura acheté</u> un ordinateur, il <u>s'en servira</u> pour travailler.
L2. Dès que Maman <u>aura préparé</u> une quiche, nous la <u>mangerons</u>.
L3. Quand les enfants <u>auront fini</u> leurs devoirs, ils <u>joueront</u>.
L4. Dès que l'été <u>sera arrivé</u>, nous <u>partirons</u> en vacances.
L5. Quand vous <u>aurez appris</u> l'italien, vous <u>visiterez</u> Rome.
L6. Dès que le prof <u>sera parti</u>, les élèves <u>se mettront</u> à bavarder.
L7. Quand tu <u>auras rangé</u> le garage, tu <u>pourras</u> y mettre ta voiture.
L8. Dès que Mme Lemarchand <u>aura lavé</u> le linge, il <u>faudra</u> le faire sécher.
L9. Quand j'<u>aurai lu</u> la fin de ce roman policier, je <u>saurai</u> qui est l'assassin.
L10. Dès que M. Lasalle <u>aura pris</u> sa retraite, il <u>s'ennuiera</u> parce qu'il n'<u>aura</u> rien à faire.

3. Conditionnel and conditional clauses

The forms of the conditionnel are used for different purposes:

(1) to **attenuate what you are saying** to be polite, express a desire, make a conjecture, point out a possibility or give advice
=> for conditionnel as a mood, see B., 56;

(2) to indicate a **tense** and talk from a point of view in the past about events that would happen later on – events in the (then) "future"
=> for conditionnel as *futur du passé*, see C., 61; or

(3) to build **conditional clauses**
=> for conditional clauses, see D., 64.

A. Deriving the forms

A1. Conditionnel présent

The stem is always the same as that of the futur simple – if you need to brush up, go back to 2 A., 42. The endings are the same as the endings of the imparfait.

Stem: same as futur simple
+
Endings: -ais, -ais, -ait, -ions, -iez, -aient

Example:

	attendre (regular)	**être** (irregular)
je/j'	attend**rais**	se**rais**
tu	attend**rais**	se**rais**
il/elle/on	attend**rait**	se**rait**
nous	attend**rions**	se**rions**
vous	attend**riez**	se**riez**
ils/elles	attend**raient**	se**raient**

Compare:
Présent: j'attends; je suis
Imparfait: j'attendais; j'étais (see 1 A., 9)
Futur simple: j'attendrai; je serai
=> table of verbs p. 254

Exercise A1.
(a) Conjugate the following verbs in the conditionnel présent. (solution p. 71)

Hint: Take the verb in the futur simple form. Remove its ending and replace it with the ending of the imparfait. If you can't remember the futur simple forms, go back to 2 A. (42) and brush up on them before continuing.

1. aller	3. faire
2. avoir	4. pouvoir

(b) Add the verb in the conditionnel présent. (solution p. 71)

1. «Excusez-moi, monsieur, _____-vous disposé à m'aider?» (être)
(Excuse me, Sir, would you be willing to help me?)
2. Marcel a dit qu'il _____ mardi prochain. (venir)
(Marcel said that he would come next Tuesday.)
3. «Est-ce que tu _____ avoir une glace?» (aimer)
(Would you like to have an ice cream?)
4. «Ce petit garçon est malade? Il _____ l'emmener chez le médecin.» (falloir)
(This little boy is sick? Someone should take him to the doctor's.)
5. «J'_____ bien ce paquet en recommandé si ce n'était pas aussi cher.»
(envoyer) *(I would send this parcel by certified mail if it wasn't so expensive.)*

A2. Conditionnel passé

The conditionnel passé is a **compound form,** like the futur antérieur, passé composé and plus-que-parfait. This time the **auxiliary verb** is in the **conditionnel présent**.

avoir/être (conditionnel présent) + participe passé

Examples:

	regarder	**venir**
je/j'	**aurais** regardé	**serais** venu(e)
tu	**aurais** regardé	**serais** venu(e)
il/elle/on	**aurait** regardé	**serait** venu(e,s)
nous	**aurions** regardé	**serions** venu(e)s
vous	**auriez** regardé	**seriez** venu(e,s)
ils/elles	**auraient** regardé	**seraient** venu(e)s

(For agreement of the participe passé, see chapter 1 B2., 16)

Compare:
Passé composé:	j'ai regardé; je suis venu(e)
Plus-que-parfait:	j'avais regardé; j'étais venu(e)
Futur antérieur:	j'aurai regardé; je serai venu(e)

The conditionnel passé as a mood is used for events in the past, see <u>B</u>.
> *Example:*
> À ta place, je serais allé à cette réunion.
> *(If I were you, I would have gone to that meeting.)*

From a point of view in the past, you can use the conditionnel passé as a tense to indicate future events that will have been completed before other events in the (then) future – see C., 61.

Exercise A2.
(a) Conjugate the verbs in the conditionnel passé. (solution p. 71)

1. arriver
2. finir

(b) Add the verb in the conditionnel passé. (solution p. 71)

1. À ta place, je/j' _____ attention. (faire)
(In your position, I would have been careful.)
2. À votre place, nous _____ plus longtemps. (rester)
(Had we been in your position, we would have stayed longer.)
3. Sébastien n'est pas là. _____-il _____ une panne de voiture? (avoir)
(Sébastien isn't here. Might his car have broken down?)
4. Sans sa canne, ce vieil homme _____. (tomber)
(Without his walking stick this old man would have fallen down.)

B. Conditionnel as a mood

What is a "mood"?

You must distinguish between the use of the conditionnel as a tense (time) and its use as a mood (manner).

Tense refers to time: past, present or future; being prior ("earlier"), posterior ("later") or simultaneous ("now") to a point of view.

> *Examples:*
> Vous m'avez aidé. *(You helped me. See chapter 1, p. 9)*
> Vous m'aiderez. *(You will help me. See chapter 2, p. 42)*

Mood refers to **attitudes you express toward what you are saying**. You already know two of the French moods.

> *Examples:*
>
> ***Indicatif:*** Vous m'aidez. *(You help me.)*
> It is used for real, certain events. The forms are the tenses you already know: présent, imparfait, ...
>
> ***Impératif:*** Aidez-moi. *(Help me.)*
> It turns a statement into a request or an order.

NEW:
Conditionnel (présent and passé) as a mood allows you to attenuate what you are saying. With it you can make a polite statement, politely express a desire, make a conjecture, point out a possibility or give advice.

B1. Polite statement or request

The conditionnel is an essential means to express politeness. It attenuates requests and statements, making them less direct and therefore less rude.

> *Examples:*
> Tu **ferais** bien de te dépêcher.
> *(It would be a good idea to hurry up.)*
> **Pourrais**-tu m'aider?
> *(Could you help me?)*

"Levels of politeness": a comparison
Example: Come in.
> **Entrez.**
> (Impératif; may be "normal" or "rude" depending on how you say it. *Better:* Entrez, s'il vous plaît. *Or:* Je vous en prie, entrez.)
> **Veuillez entrer.**
> (Impératif of vouloir; polite)
> **Voudriez-vous entrer?**
> (Conditionnel; very polite)
> **Auriez-vous l'amabilité de bien vouloir entrer?**
> **Voudriez-vous vous donner la peine d'entrer?**
> (Conditionnel; extremely polite – so much so that depending on the circumstances it could be considered exaggerated on purpose and therefore come across as funny or rude; to be avoided)

> *Other commonly used phrases:*
> Si vous voulez bien entrer ...
> Donnez-vous la peine d'entrer.
> Merci de bien vouloir entrer.

Exercise B1.
Translate using the words in brackets. (solution p. 72)

1. Could you come a bit earlier? (vous, pouvoir, venir, un peu plus tôt)
2. That would be a good idea. (ce, être, une bonne idée)
3. It would be necessary to do something. (il, falloir, faire quelque chose)
4. Excuse me, would you have a tissue? (pardon, avoir, vous, un mouchoir)
5. Excuse me, I would like to get by. (excusez-moi, je, vouloir, passer)

B2. Expressing a desire

Make «Je veux ..!» *(I want ..!)* more polite.

> *Examples:*
> J'**aimerais** venir avec toi.
> *(I would like to come with you.)*
> Je **voudrais** un kilo de pommes, s'il vous plaît.
> *(I would like a kilo of apples, please.)*
> Je **désirerais** parler à Mme Viou, s'il vous plaît.
> *(I would like to talk to Mrs Viou, please.)*

Exercise B2.
Rephrase to be more polite. Use the verb in brackets in the conditionnel.
(solution p. 72)

1. Je <u>veux</u> une glace. (vouloir)
2. *Au téléphone:* <u>Passez-moi</u> votre patron. (aimer parler à qn.)
3. Je n'aime pas le café. <u>Donne-moi</u> du thé. (préférer qc.)
4. Je <u>veux savoir</u> quelque chose. (désirer avoir une information)
5. Je <u>veux</u> me reposer. (souhaiter)

Vocabulary:
une glace *(an ice cream)*, passez-moi votre patron *(put me through to your boss)*,
le patron *(the employer, the boss)*, préférer qc. *(to prefer s.th., to like s.th. better)*,
savoir qc. *(to know s.th.)*, désirer faire qc. *(to wish to do s.th. /to want to do s.th.)*,
se reposer *(to rest)*, souhaiter faire qc. *(to wish to do s.th./to want to do s.th.)*

B3. Conjectures, doubtful questions, unconfirmed reports

Using the conditionnel in the following examples instead of a "regular" tense
expresses a cautious supposition or emphasizes that the information has yet to be
confirmed.

> *Examples:*
> Tu es tout pâle. **Serais-tu** malade?
> *(You are quite pale. Could you be sick?)*
> => *Compare:* Es-tu malade? *(Are you sick?)*
>
> D'après les rumeurs, M. Faure **aurait fait** de la prison.
> *(Rumour/Rumor has it that Mr Faure has been in jail. conditionnel passé =*
> *past)*

Exercise B3.
Make it clear that the following statements are unconfirmed rumo(u)rs: use the conditionnel. (solution p. 72)

D'après les rumeurs, ...
1. Isabelle a un petit ami. => D'après les rumeurs, Isabelle ...
2. M. Morel essaie de devenir champion d'échecs.
3. Damien a eu un accident.
4. Les Dubois ne se parlent plus.
5. Mme Julliard cache son argent dans une vieille chaussette.

Vocabulary:
d'après ... *(according to ...)*, un petit ami *(here: a boyfriend)*, essayer de faire qc. *(to attempt to do s.th.)*, devenir qc. *(to become s.th.)*, le champion d'échecs *(the chess champion)*, ne... plus *(no more)*, se parler *(to talk to each other)*, cacher qc. *(to hide s.th.)*, l'argent *(m.; the money)*, une chaussette *(a sock)*

B4. Polite advice, cautious comments

Example:
À ta place, **j'irais** voir la police.
(In your situation /If I were you, I would go to the police.)
On **dirait** qu'il neige.
(It seems to be snowing. Literally: One would say that it is snowing.)

Exercise B4.
Translate using the words in brackets. (solution p. 72)

1. If I were you, I would be cautious. (à ta place, faire attention)
2. If I were you (pl.), I would drink less beer. (à votre place, boire moins de bière)
3. If I were you, I would put on the red shirt. (à ta place, mettre la chemise rouge)
4. If I were you, I would buy a new vacuum cleaner. (à ta place, acheter un nouvel aspirateur)
5. In your (pl.) situation, I would have taken the lift. (à votre place, prendre l'ascenseur)

B5. Considering a possibility

Examples:
Nous **pourrions** inviter nos amis, mais alors il **faudrait** ranger l'appartement.
(We could invite our friends, but then we would have to tidy up our flat.)
Ce médecin? Il **pourrait** t'aider, oui.
(That doctor? He could (probably) help you, yes.)

Exercise B5.
Translate. (solution p. 72)

Hint: Use "pouvoir".

1. I could help you. (aider qn.)
2. You (pl.) could take the bus. (prendre qc., le bus)
3. We could go to the cinema. (aller, le cinéma)
4. You (sg.) could play with me. (jouer)
5. Marc could come with us. (venir avec nous)

B6. Unreal possibilities in the past

With the **conditionnel passé** you can express **what possibly could have happened in the past** (but did not).
Example:
Ce pianiste **aurait pu** devenir ingénieur. Mais alors, il **aurait dû** renoncer à la musique.
(That pianist could have become an engineer. But then he would have had to give up music.)

Exercise B6.
Translate using the words in brackets. (solution p. 73)

1. We could have come earlier. But then we would have left earlier too. (pouvoir, venir, plus tôt, mais alors, repartir, plus tôt, aussi)
2. Claudine could have gone on holiday with her parents. But then she would have been bored. (pouvoir, partir en vacances, les parents, mais alors, s'ennuyer)
3. Bastien could have bought himself a motor bike. But then his girlfriend would have been worried. (pouvoir, s'acheter une moto, mais alors, sa copine, s'inquiéter)

C. Conditionnel as "futur du passé"

The conditionnel can also be used as a tense. Look again at the following tables from chapter 1 E. (32):

Sequence of tenses for a narrative in the present:

<=	**Present**	=>
earlier	*"now"*	*later*
passé composé/ imparfait	présent	futur simple /futur antérieur (/futur proche)

Sequence of tenses for a narrative in the past:

<=	**Past**	=>
earlier	*"now"*	*later*
plus-que-parfait	passé composé/ imparfait	conditionnel présent/passé ("futur du passé")

The conditionnel présent and passé are **future tenses** when telling a story that took place in the past!
> **futur simple and antérieur**
> = *future from a point of view in the present*
> **conditionnel présent and passé**
> = *future from a point of view in the past*

The conditionnel présent corresponds to the futur simple and the conditionnel passé to the futur antérieur.

conditionnel présent = incompleted future in the past
> *Example:*
> Isabelle a dit qu'elle viendrait.
> *(Isabelle said that she would come.)*

Compare:
Isabelle dit qu'elle viendra.
(Isabelle says that she will come.)

conditionnel passé = completed future in the past
> *Example:*
> Isabelle disait toujours qu'elle viendrait quand elle **aurait passé** son permis de conduire.
> *(Isabelle always said that she would come when she got her driving licence/license.)*

Compare:
Isabelle dit toujours qu'elle viendra quand elle aura passé son permis de conduire.
(Isabelle always says that she will come when she has her driving licence/license.)

Note:
For sequence of tenses in indirect speech, see also chapter 4 (76) and do the exercises.

Exercise C.
Add the verb in the passé composé, imparfait, plus-que-parfait, conditionnel présent or conditionnel passé. (solution p. 73)

Hint: If you need to brush up on these tenses, see chapter 1.

Au cirque
1. Lundi dernier, Daniel _____ (aller) au cirque avec sa famille. C'_____ (être) le soir et il _____ (faire) déjà sombre.
2. Au début, il y _____ (avoir) un éléphant, des acrobates et des clowns. Max, le petit frère de Daniel, _____ (crier): «À l'entracte, je veux aller voir l'éléphant!» Daniel _____ (devoir) promettre qu'ils _____ (aller) voir l'éléphant plus tard.
3. Bien sûr, Mimi, la petite sœur, _____ (se mettre) à crier aussi. «Mais moi, à l'entracte, je veux une barbe à papa!» Et Daniel _____ (promettre) que quand ils _____ (finir) de regarder l'éléphant, il _____ (acheter) une barbe à papa à tout le monde.

4. Mais juste avant l'entracte, les gens du cirque _____ (installer) une grande cage. Et dans la cage, un à un, des lions _____ (arriver).

5. Le dompteur _____ (commencer) son numéro. Mais il y _____ (avoir) une lionne qui _____ (être) très agressive parce qu'elle _____ (être) en chaleur. Elle _____ (rugir) toujours, elle _____ (donner) toujours des coups de patte au bâton du dompteur et elle _____ (faire) trembler les grilles.

6. C'_____ (être) impressionnant. Les gens _____ (retenir) leur souffle parce qu'on _____ (voir) bien que c'_____ (être) dangereux pour le dompteur.

7. Daniel _____ (penser) que le dompteur _____ (devoir) laisser cette lionne dans sa remorque ce jour-là et qu'il _____ (devoir) faire le numéro avec les autres lions seulement. En plus, la famille _____ (prendre) des places tout près de l'arène. Et la lionne _____ (ne pas arrêter) de faire trembler les grilles...

8. Heureusement, le numéro _____ (se terminer) sans cadavre, sans sang versé et sans panique générale. À l'entracte, Mimi _____ (dire): «Je ne veux plus de barbe à papa. Je veux une lionne en peluche!» Et Daniel _____ (penser) que sa sœur _____ (être) une petite dure à cuire.

Vocabulary:

le cirque *(the circus)*, lundi dernier *(last Monday)*, déjà *(already)*, sombre *(dark)*, le début *(the beginning)*, crier *(to shout)*, l'entracte *(m.; the interlude)*, promettre qc. à qn. *(to promise s.o. s.th.)*, plus tard *(later)*, se mettre à faire qc. *(to start to do s.th.)*, une barbe à papa *(candy floss, cotton candy)*, juste avant *(just before)*, le lion /la lionne *(the lion, the lioness)*, commencer qc. *(to start s.th.)*, le numéro *(the act, the number)*, être en chaleur *(to be in heat)*, rugir *(to roar)*, le coup de patte *(the blow with the paw)*, le bâton *(the stick)*, faire trembler qc. *(to make s.th. tremble)*, la grille *(the bars)*, impressionnant *(impressive)*, retenir son souffle *(to hold one's breath)*, parce que *(because)*, penser qc. *(to think s.th.)*, la remorque *(the trailer)*, ce jour-là *(that day)*, seulement *(only)*, en plus *(on top of that)*, la place *(the seat, the place)*, près de *(close to)*, arrêter de faire qc. *(to stop doing s.th.)*, heureusement *(fortunately)*, se terminer *(to end)*, le cadavre *(the corpse)*, le sang versé *(the bloodshed)*, une lionne en peluche *(a stuffed lioness; soft toy)*, un dur à cuire *(a tough guy, a hard nut to crack; literally: hard to boil)*

D. Conditional clauses

Conditional clauses are compound sentences, that is, they consist of **two parts** connected with the conjunction "**si**" (here: if).

Subordinate clause (with si): the condition (which can be met OR cannot be met)
Main clause: the result (which is real/possible OR only imaginary)

> *Example:*
> Si tu m'aides (SC), nous finirons plus vite (MC).
> *(If you help me, we will finish faster.)*

D1. Type I: real/possible conditional clause, present

To meet the condition is possible or probable. The basic pattern is: SC (with si) = présent, MC = futur simple.

Type I: Real/possible conditional clause, present	
SC: condition can be met présent	**MC: real/possible result** => futur simple
Si tu **viens**, *(If you come,* Si nous **réussissons**, *(If we succeed,*	=> je **serai** content. => *I will be happy.)* => nous **ferons** la fête. => *we will celebrate.)*

Important: **si** is apostrophized to **s'** before **il** or **ils** only.
(Compare: S'il vient ... Si elle vient ... Si on vient ...)

Also possible in reverse order, of course:
Nous **ferons** la fête **si** nous **réussissons**.
(We will celebrate if we succed.)

Note: "si" also has other meanings or introduces other kinds of clauses, in which case the pattern does not apply; for example with an indirect question (chapter 4 A2., 76): Je me demande s'il a réussi. *(I wonder if he has succeeded.)*

Exercise D1.
(a) Build sensible conditional clauses with the following words. (solution p. 73)

1. tu – boire – le soir – si – du café – tu – ne pas pouvoir dormir
2. il y a – si – une tempête de neige – être bloqué – les routes
3. ne pas faire les courses – nous – nous – ne rien avoir à manger – si
4. si – il – faire beau demain – aller – je – à la piscine
5. lire beaucoup de livres – tu – si – apprendre – tu – beaucoup de nouvelles expressions

Vocabulary:
boire qc. *(to drink s.th.)*, le soir *(here: in the evening)*, dormir *(to sleep)*, une tempête de neige *(a snowstorm)*, bloqué *(blocked)*, la route *(the road)*, faire les courses *(to go shopping)*, ne... rien *(nothing)*, avoir qc. à manger *(to have s.th. to eat)*, il fait beau *(the weather is good)*, demain *(tomorrow)*, la piscine *(the swimming pool)*, lire qc. *(to read s.th.)*

(b) Conditional clause or temporal clause? Add "si" or "quand". (solution p. 74)

Hint: Look out for the pattern and for the meaning.

1. _____ tu m'aides, je t'aiderai aussi.
2. _____ tu m'as aidé, j'étais très content.
3. _____ Nicolas rentrera de l'école, il sera fatigué.
4. _____ ce restaurant est trop cher, nous irons manger ailleurs.
5. _____ j'étais petit, je voulais devenir astronaute.

Vocabulary:
quand *(when)*, aider qn. *(to help s.o.)*, être content *(to be happy /pleased)*, rentrer de ... *(to return from ...)*, l'école *(f.; the school)*, fatigué *(tired)*, cher /f. chère *(here: expensive)*, ailleurs *(somewhere else)*, petit *(small, little)*, devenir qc. *(to become s.th.)*

D2. Type II: unreal conditional clause, present

To meet the condition is **impossible** or **improbable**. The basic pattern is: SC (with si) = imparfait, MC = conditionnel présent. Watch out! In this case the imparfait is used like a mood – it does not express "past" but rather "unreality".

Type II: Unreal conditional clause, present	
SC: condition can't be met imparfait	**MC: imaginary result** => conditionnel présent
Si j'**avais** le temps, *(If I had the time,*	=> je **viendrais**. *=> I would come.)*

Exercise D2.

Take these sentences and build sensible Type II conditional clauses. (solution p. 74)

Example:
Tu n'as pas de ticket. Tu ne peux pas entrer.
=> Si tu **avais** un ticket, tu **pourrais** entrer.
(If you had a ticket, you could enter.)

1. Nous ne savons pas faire la cuisine. Nous mangeons des conserves.
2. Christine n'a pas d'argent. Elle ne fait pas réparer sa voiture.
3. Les enfants sont malades. Ils ne viennent pas avec nous.
4. Ce cinéma n'existe plus. On n'y voit plus de films d'art et d'essai. (ne... plus => encore)
5. Bastien n'est pas bon en maths. Il ne peut pas devenir ingénieur.
6. Je ne comprends pas l'italien. Je ne parle pas à Guido.
7. M. Bazin travaille tard le soir. Il ne joue jamais avec ses enfants. (ne... jamais => plus souvent)

Vocabulary:
la conserve *(the tinned food)*, faire la cuisine *(to cook)*, l'argent *(m.; the money)*, faire réparer qc. *(to have s.th. repaired)*, malade *(sick)*, le film d'art et d'essai *(art-house film)*, encore *(still)*, devenir qc. *(to become s.th.)*, un ingénieur *(an engineer)*, comprendre qc. *(to understand s.th.)*, tard le soir *(late in the evening)*, souvent *(often; plus souvent = more often)*

D3. Type III: unreal conditional clause, past

You have learned in section B6. (60) that with the conditionnel passé you can express **what could have happened in the past** but did not. With it you can build unreal conditional clauses referring to the past. The basic pattern is: SC (with si) = plus-que-parfait, MC = conditionnel passé.

Type III: Unreal conditional clause, past	
SC: condition is not met plus-que-parfait	**MC: imaginary result** => conditionnel passé
Si elle **était restée**, *(If she had stayed,*	=> elle **aurait** tout **vu**. => *she would have seen everything.)*

Note:
Combinations of types II and III are possible, e.g., if the result is in the present and the condition is in the past.

> *Example:*
> Si mon grand-père n'**avait** pas **planté** *(plus-que-parfait)* de pommier il y a trente ans, je n'**aurais** *(conditionnel présent)* pas de pommes aujourd'hui.
> *(If my grandfather hadn't planted an apple tree thirty years ago, I wouldn't have apples today.)*

Exercise D3.
Translate using the words in brackets. (solution p. 74)

1. If Nathalie had called me, I would not have worried. (téléphoner à qn., ne pas se faire de soucis)
2. If Bastien had not helped his friends, they never would have passed their tests. (ne pas aider ses amis, ne jamais réussir leurs examens)
3. If we had not taken a holiday, we now would have no strength left. (ne pas prendre de vacances, être maintenant à bout de forces)
4. If my friend had trusted me, he would have believed me. (faire confiance à qn., croire qn.)
5. If you *(plural)* had tidied up your room, you would have found your things in time. (ranger votre chambre, trouver vos affaires à temps)

D4. Summary

Essentials:

SC (si; condition)	MC (result)	meaning
présent imparfait plus-que-parfait	futur conditionnel prés. conditionnel passé	real unreal, present unreal, past

General rule:
The futur and conditionnel are never used in the part of the sentence with "si".

Here is an exercise with all three types of conditional clauses.

Exercise D4.
Translate using the words in brackets. (solution p. 74)

Hint: First, look for the meaning (real or unreal); then, look for the time (present or past).

1. *Mother:* If you don't eat your soup, you will never get big and strong. (manger ta soupe, ne jamais devenir grand et fort)
2. *Child:* I would eat my soup if I was hungry. (manger ma soupe, avoir faim)
3. *Father:* If I hadn't eaten my soup when I was little, I would never have become a boxing champion. (ne pas manger ma soupe, quand, être petit, ne jamais devenir champion de boxe)
4. *Child:* If I wanted to become a boxing champion, I would have already said it, thank you very much. (vouloir devenir boxeur, le dire déjà, merci bien)
5. *Half an hour later. Mother:* If you simply had eaten your soup, this argument wouldn't have taken place. (simplement manger ta soupe, cette dispute ne pas avoir lieu)

D5. Expansion: variations of Type I

The real/possible conditional clause is more flexible than you learned in D1. The SC can also have passé composé, and the MC can have impératif, présent, futur antérieur or passé composé as well.

Type I: Real/possible conditional clause, present	
SC: condition can be met	**MC: real/possible result**
présent (passé composé)	=> futur/futur antérieur => (impératif, présent, p.c.)
Si nous **réussissons**, *(If we succeed,* Si tu **es** rapide, *(If you are fast,* Si tu **as** le temps, *(If you have time,* Si tu **veux** venir, *(If you want to come,* Si tu **as réussi**, *(If you have succeeded,*	=> nous **ferons** la fête. => *we will celebrate.)* => tu **auras fini** plus tôt. => *you will have finished earlier.)* => **aide**-moi. => *help me.)* => tu **dois** te dépêcher. => *you have to hurry.)* => tu **as eu** de la chance. => *you have been lucky.)*

Note:
Furthermore, Type II (unreal conditional clause, present) may be a bit more flexible as well: Depending on the context it can get a real/possible meaning, i.e., its condition can be met and therefore its result is possible.
> *Example: A hypothesis whose realization is possible.*
> Si tu lisais ce livre, tu l'aimerais sûrement.
> *(If you read this book, you would surely like it.)*

Exercise D5.
Take these sentences and build sensible conditional clauses. (solution p. 75)

Example:
Je suis fatigué. Je ne viens pas.
=> Si je n'étais pas fatigué, je viendrais.
(If I weren't tired, I would come.)

1. Julien a fait ses devoirs. Il peut s'amuser.
2. Vous êtes contents? Souriez!
3. Tu n'as pas encore trouvé ta clé? Regarde dans la cuisine.
4. Il a neigé la nuit dernière. Je ne peux pas aller travailler.
5. J'ai une idée. Je te la dirai.
6. Philippe a mangé ton croissant. Il ne l'avouera pas.
7. Aide-moi. Tu auras fait une bonne action.
8. Tu enlèves tes chaussures? Tu peux entrer.

Vocabulary:
les devoirs *(m.; the homework)*, s'amuser *(to have fun)*, être content *(to be happy/pleased)*, sourire *(to smile)*, trouver qc. *(to find s.th.)*, la clé *(the key)*, la cuisine *(the kitchen)*, neiger *(to snow)*, la nuit dernière *(last night)*, aller travailler *(to go to work)*, dire qc. à qn. *(to say s.th. to s.o./to tell s.o. s.th.)*, manger qc. *(to eat s.th.)*, avouer qc. *(to admit s.th., to confess s.th.)*, aider qn. *(to help s.o.)*, faire une bonne action *(to do a good deed)*, enlever qc. *(here: to take of)*, la chaussure *(the shoe)*, entrer *(to enter)*

Answer Keys

Solutions for A1. (a)

	L1. aller	L2. avoir	L3. faire	L4. pouvoir
je/j'	irais	aurais	ferais	pourrais
tu	irais	aurais	ferais	pourrais
il	irait	aurait	ferait	pourrait
ns	irions	aurions	ferions	pourrions
vs	iriez	auriez	feriez	pourriez
ils	iraient	auraient	feraient	pourraient

(b)
L1. «Excusez-moi, monsieur, <u>seriez</u>-vous disposé à m'aider?»
L2. Marcel a dit qu'il <u>viendrait</u> mardi prochain.
L3. «Est-ce que tu <u>aimerais</u> avoir une glace?»
L4. «Ce petit garçon est malade? Il <u>faudrait</u> l'emmener chez le médecin.»
L5. «J'<u>enverrais</u> bien ce paquet en recommandé si ce n'était pas aussi cher.»

Solutions for A2. (a)

	L1. arriver	L2. finir
je/j'	**serais** arrivé(e)	**aurais** fini
tu	**serais** arrivé(e)	**aurais** fini
il/elle/on	**serait** arrivé(e,s)	**aurait** fini
nous	**serions** arrivé(e)s	**aurions** fini
vous	**seriez** arrivé(e,s)	**auriez** fini
ils/elles	**seraient** arrivé(e)s	**auraient** fini

(b)
L1. À ta place, j'<u>aurais fait</u> attention.
L2. À votre place, nous <u>serions resté(e)s</u> plus longtemps.
L3. Sébastien n'est pas là. <u>Aurait</u>-il <u>eu</u> une panne de voiture?
L4. Sans sa canne, ce vieil homme <u>serait tombé</u>.

Solutions for B1.

L1. Pourriez-vous venir un peu plus tôt? (/Est-ce que vous pourriez venir un peu plus tôt?)

L2. Ce serait une bonne idée.

L3. Il faudrait faire quelque chose.

L4. Pardon, auriez-vous un mouchoir? (/Pardon, est-ce que vous auriez un mouchoir?)

L5. Excusez-moi, je voudrais passer.

Solutions for B2.

L1. Je <u>voudrais</u> une glace.

L2. *Au téléphone:* <u>J'aimerais parler à</u> votre patron.

L3. Je n'aime pas le café. <u>Je préférerais (/préfèrerais)</u> du thé.

L4. Je <u>désirerais avoir</u> une information.

L5. Je <u>souhaiterais</u> me reposer.

Solutions for B3.

L1. D'après les rumeurs, Isabelle <u>aurait</u> un petit ami.

L2. D'après les rumeurs, M. Morel <u>essaierait (/essayerait)</u> de devenir champion d'échecs.

L3. D'après les rumeurs, Damien <u>aurait eu</u> un accident.

L4. D'après les rumeurs, Les Dubois ne se <u>parleraient</u> plus.

L5. D'après les rumeurs, Mme Julliard <u>cacherait</u> son argent dans une vieille chaussette.

Solutions for B4.

L1. À ta place, je ferais attention.

L2. À votre place, je boirais moins de bière.

L3. À ta place, je mettrais la chemise rouge.

L4. À ta place, j'achèterais un nouvel aspirateur.

L5. À votre place, j'aurais pris l'ascenseur. *(past, therefore conditionnel passé)*

Solutions for B5.

L1. Je pourrais t'aider.

L2. Vous pourriez prendre le bus.

L3. Nous pourrions aller au cinéma. (/On pourrait...)

L4. Tu pourrais jouer avec moi.

L5. Marc pourrait venir avec nous.

Solutions for B6.

L1. Nous aurions pu venir plus tôt. Mais alors, nous serions reparti(e)s plus tôt aussi. (*Or:* Mais alors, nous serions aussi reparti(e)s plus tôt.)
L2. Claudine aurait pu partir en vacances avec ses parents. Mais alors, elle se serait ennuyée.
L3. Bastien aurait pu s'acheter une moto. Mais alors, sa copine se serait inquiétée.

Solutions for C.

Au cirque
L1. Lundi dernier, Daniel est allé au cirque avec sa famille. C'était le soir et il faisait déjà sombre.
L2. Au début, il y avait (/a eu) un éléphant, des acrobates et des clowns. Max, le petit frère de Daniel, a crié: «À l'entracte, je veux aller voir l'éléphant!» Daniel a dû promettre qu'ils iraient voir l'éléphant plus tard.
L3. Bien sûr, Mimi, la petite sœur, s'est mise à crier aussi. «Mais moi, à l'entracte, je veux une barbe à papa!» Et Daniel a promis que quand ils auraient fini de regarder l'éléphant, il achèterait une barbe à papa à tout le monde.
L4. Mais juste avant l'entracte, les gens du cirque ont installé une grande cage. Et dans la cage, un à un, des lions sont arrivés.
L5. Le dompteur a commencé son numéro. Mais il y avait une lionne qui était très agressive parce qu'elle était en chaleur. Elle rugissait toujours, elle donnait toujours des coups de patte au bâton du dompteur et elle faisait trembler les grilles.
L6. C'était impressionnant. Les gens retenaient leur souffle parce qu'on voyait bien que c'était dangereux pour le dompteur.
L7. Daniel a pensé que le dompteur aurait dû laisser cette lionne dans sa remorque ce jour-là et qu'il aurait dû faire le numéro avec les autres lions seulement. En plus, la famille avais pris des places tout près de l'arène. Et la lionne n'arrêtait pas de faire trembler les grilles...
L8. Heureusement, le numéro s'est terminé sans cadavre, sans sang versé et sans panique générale. À l'entracte, Mimi a dit: «Je ne veux plus de barbe à papa. Je veux une lionne en peluche!» Et Daniel a pensé que sa sœur était une petite dure à cuire.

Solutions for D1.

(a)
L1. Si tu bois du café le soir, tu ne pourras pas dormir.
L2. S'il y a une tempête de neige, les routes seront bloquées.
L3. Si nous ne faisons pas les courses, nous n'aurons rien à manger.
L4. S'il fait beau demain, j'irai à la piscine.
L5. Si tu lis beaucoup de livres, tu apprendras beaucoup de nouvelles expressions.

(b)

L1. <u>Si</u> tu m'aides, je t'aiderai aussi. *(If ...)*
L2. <u>Quand</u> tu m'as aidé, j'étais très content. *(When ...)*
L3. <u>Quand</u> Nicolas rentrera de l'école, il sera fatigué. *(When ...)*
L4. <u>Si</u> ce restaurant est trop cher, nous irons manger ailleurs. *(If ...)*
L5. <u>Quand</u> j'étais petit, je voulais devenir astronaute. *(When ...)*

Solutions for D2.

Note: Pay attention to the articles when dealing with negation! (To brush up, see chapter 7 B2., 113)

L1. Si nous <u>savions</u> faire la cuisine, nous ne <u>mangerions</u> pas de conserves.
L2. Si Christine <u>avait</u> de l'argent, elle <u>ferait</u> réparer sa voiture.
L3. Si les enfants n'<u>étaient</u> pas malades, ils <u>viendraient</u> avec nous.
L4. Si ce cinéma <u>existait</u> encore, on y <u>verrait</u> des films d'art et d'essai.
L5. Si Bastien <u>était</u> bon en maths, il <u>pourrait</u> devenir ingénieur.
L6. Si je <u>comprenais</u> l'italien, je <u>parlerais</u> à Guido.
L7. Si M. Bazin ne <u>travaillait</u> pas tard le soir, il <u>jouerait</u> avec ses enfants plus souvent. (*Or:* ..., il jouerait plus souvent avec ses enfants.)

Solutions for D3.

L1. Si Nathalie m'avait téléphoné, je ne me serais pas fait de soucis.
L2. Si Bastien n'avait pas aidé ses amis, ils n'auraient jamais réussi leurs examens.
L3. Sie nous n'avions pas pris de vacances, nous serions maintenant à bout de forces. *(result in the present)*
L4. Si mon ami m'avait fait confiance, il m'aurait cru(e).
L5. Si vous aviez rangé votre chambre, vous auriez trouvé vos affaires à temps.

Solutions for D4.

L1. *La mère:* Si tu ne manges pas ta soupe, tu ne deviendras jamais grand et fort.
L2. *L'enfant:* Je mangerais ma soupe si j'avais faim.
L3. *Le père:* Si je n'avais pas mangé ma soupe quand j'étais petit, je ne serais jamais devenu champion de boxe.
L4. *L'enfant:* Si je voulais devenir boxeur, je l'aurais déjà dit, merci bien.
L5. *Une demi-heure plus tard. La mère:* Si tu avais simplement mangé ta soupe, cette dispute n'aurait pas eu lieu.

Solutions for D5.

L1. Si Julien n'avait pas fait ses devoirs, il ne pourrait pas s'amuser.
L2. Si vous êtes contents, souriez!
L3. Si tu n'as pas encore trouvé ta clé, regarde dans la cuisine.
L4. S'il n'avait pas neigé la nuit dernière, je pourrais aller travailler.
L5. Si j'ai une idée, je te la dirai.
L6. Si Philippe a mangé ton croissant, il ne l'avouera pas.
L7. Si tu m'aides, tu auras fait une bonne action.
L8. Si tu enlèves tes chaussures, tu peux entrer.

4. Sequence of tenses in indirect speech

A. Brush up: indirect/reported speech

A1. Indirect speech

Speech reported indirectly is introduced with "que/qu'" (= that). Remember to adapt pronouns and verbs to fit the meaning when you change direct speech into indirect speech. With **main clauses** (e.g., il dit = he says) **in the présent, futur or impératif** the tenses are the same in indirect speech as in direct speech.

> *Example:*
> Direct speech: Nicolas dit: «**J'ai** faim.»
> Indirect speech: Nicolas dit **qu'il a** faim.
> *(Nicolas says: "I'm hungry." => Nicolas says that he is hungry.)*

Exercise A1.
Change into indirect speech. (solution p. 82)

1. Philippe prétend: «Je suis le meilleur!»
2. Amélie dira: «Je n'ai pas eu le temps.»
3. Dis-moi: «Ce n'est pas vrai.»
4. Benoît affirme: «Les filles sont bêtes!»
5. Isabelle répond: «Les garçons sont des crétins!»
6. Le prof dit: «Benoît et Isabelle seront punis.»
7. Et il ajoute: «Ils disent des bêtises tous les deux.»

Vocabulary:
prétendre qc. *(to claim s.th., to pretend s.th.)*, le meilleur *(the best)*, avoir le temps *(to have time)*, vrai *(true)*, affirmer qc. *(here: to assert s.th., to claim s.th.)*, la fille *(the girl)*, bête *(stupid)*, le garçon *(the boy)*, un crétin *(an idiot)*, puni,e *(punished)*, ajouter qc. *(to add s.th.)*, dire des bêtises *(f.; to talk nonsense)*, tous les deux *(both of them)*

A2. Indirect questions

An indirect question without a specific question word is introduced with **si/s'** **(if)**. There is no "est-ce que" any more, and no inversion (Brush up: For asking questions, see chapter 10 A1., 141).
Note: It is only before il/ils that si gets shortened to s' (s'il, s'ils; *but:* si elle, si elles, si on).

Example:

Maman demande: «Est-ce que tu as faim?» /«As-tu faim?»

=> Maman demande **si** tu as faim.

(Mummy asks: "Are you hungry?" => Mummy asks if you are hungry.)

If there is a specific question word, it introduces the indirect question. There is no "est-ce que" or inversion either.

Example:

Mon ami me demande: «Comment est-ce que tu vas?» /«Comment vas-tu?»

=> Mon ami me demande **comment** je vais.

(My friend asks me: "How are you?" => My friend asks me how I am.)

Some question words need to be adapted for an indirect question:

qu'est-ce que => ce que (what; as an object)

qu'est-ce qui => ce qui (what; as a subject)

Examples:

Le prof demande: «Qu'est-ce que vous faites?» /«Que faites-vous?»

=> Le prof demande ce que nous faisons.

(The teacher asks: "What are you doing?" => The teacher asks what we are doing.)

Le prof demande: «Qu'est-ce qui se passe?»

=> Le prof demande ce qui se passe.

(The teacher asks: "What is going on?" => The teacher asks what is going on.)

Exercise A2.
Change the following into indirect questions. (solution p. 82)

1. Damien demande: «Est-ce que Nina vient aussi?»
2. Jérémie veut savoir: «Qu'est-ce que c'est?»
3. La vendeuse me demande: «Voulez-vous un emballage cadeau?»
4. Mme Danielly se demande: «Où est-ce que j'ai mis mon sac à main?»
5. Suzette se demande: «Quelles chaussures vais-je mettre?»
6. Le vendeur nous demande: «Qu'est-ce qui vous intéresse?»

Vocabulary:
vouloir savoir qc. *(to want to know s.th.)*, un emballage cadeau *(a gift wrapping)*, où? *(where?)*, mettre qc. *(to put s.th.)*, le sac à main *(the handbag)*, la chaussure *(the shoe)*, mettre qc. *(here: to put on s.th.)*, intéresser qn. *(to interest s.o.)*

B. Sequence of tenses in indirect speech

B1. Shifting tenses

With main clauses in **a past tense** (e.g., imparfait, passé composé, plus-que-parfait) you have to be careful when converting direct speech into indirect speech because in doing so you **shift the point of view to the past**, which means you need a different set of tenses.

> *Example:*
> Liliane a dit: «J'**ai fini**.» *(Liliane said: "I have finished.")*
> Liliane a dit qu'elle **avait fini**. *(Liliane said that she had finished.)*

Go back to chapter 1 E. (32) for an explanation of the principle of the sequence of tenses for points of view in the present and in the past and to see which sets of tenses are needed. Here is a simplified overview for indirect speech.

Synopsis of shifts in time:

Direct speech	Indirect speech
présent => **futur simple** => **futur antérieur** => **passé composé** =>	**imparfait** **conditionnel présent** **conditionnel passé** **plus-que-parfait**

Tenses that stay the same are as follows:

Direct speech	Indirect speech
imparfait => plus-que-parfait => conditionnel présent => conditionnel passé =>	imparfait plus-que-parfait conditionnel présent conditionnel passé

Note:
Maybe you already know the subjonctif présent and passé (chapter 14, p. 198). There is no shift to be made with the subjonctif forms either.

Examples:

Nina a dit: «Je **veux** une glace.»

=> Nina a dit qu'elle **voulait** une glace.

(Nina said: "I want an ice cream." => Nina said that she wanted an ice cream.)

M. Clocher prétendait toujours: «Je **serai** à l'heure.»

=> M. Clocher prétendait toujours qu'il **serait** à l'heure.

(Mr Clocher always said: "I will be punctual." => Mr Clocher always said that he would be punctual.)

Maman avait dit: «Bientôt, j'**aurai fini** mon travail.»

=> Maman avait dit que bientôt, elle **aurait fini** son travail.

(Mummy had said: "I soon will have finished my work." => Mummy had said that she soon would have finished her work.)

Patrick a dit: «J'**ai mangé** le dernier biscuit.»

=> Patrick a dit qu'il **avait mangé** le dernier biscuit.

(Patrick said: "I have eaten the last biscuit." => Patrick said that he had eaten the last biscuit.)

Exercise B1.
Change the following into indirect speech. (solution p. 82)

1. Brigitte m'a demandé: «Que ferais-tu à ma place?»
2. M. Arnaud a dit: «Le train sera en retard.»
3. Valérie m'a demandé: «Est-ce que tu as réussi?»
4. Olivier a dit: «En novembre, j'aurai passé mon permis de conduire.»
5. Et il a ajouté: «Je pourrai emmener mes amis en balade.»
6. Le passant a dit: «Je cherche la gare.»
7. Emilien a dit: «C'était vraiment une bonne idée.»
8. Mon ami m'a dit: «À ta place, j'aurais mis une cravate.»
9. M. Rieux a demandé: «Qui a abîmé ma voiture?»
10. Ginette m'a demandé: «À quoi penses-tu?»

Vocabulary:
en retard *(late)*, réussir *(to succeed)*, passer le permis de conduire *(to take one's driving test)*, ajouter qc. *(to add s.th.)*, emmener qn. *(to take s.o. along)*, la balade *(here: the drive)*, le passant *(the passer-by)*, la gare *(the station)*, mettre qc. *(here: to put on s.th.)*, une cravate *(a tie)*, abîmer qc. *(to damage s.th.)*, penser à qc. *(to think of /about s.th.)*

B2. Expressions of time that change

Some expressions of time also might change when converting direct speech into indirect speech. These are the most important ones:

aujourd'hui *(today)*	=> **ce jour-là** *(that day)*
ce matin *(this morning)*	=> **ce matin-là** *(that morning)*
ce mois-ci *(this month)*	=> **ce mois-là** *(that month)*
demain *(tomorrow)*	=> **le lendemain** *(the next day)*
hier *(yesterday)*	=> **la veille/le jour d'avant** *(the day before)*

Example:
Maud a dit: «**Ce matin**, je vais prendre du café.»
=> Maud a dit que **ce matin-là**, elle allait prendre du café.
(Maud said: "This morning I will have some coffee." => Maud said that that morning she would have some coffee.)

Exercise B2.
Change the following into indirect speech. (solution p. 82)

1. M. Renault a dit: «Aujourd'hui, je ne travaille pas.»
2. Mme Druon a demandé: «Qu'est-ce qui s'est passé ce matin?»
3. Xavier a prétendu: «Je rangerai ma chambre demain.»
4. Aurélie a rappelé: «Hier, j'ai fait la vaisselle.»
5. La météo a annoncé: «Il va faire chaud ce mois-ci.»

Vocabulary:
se passer *(to happen)*, prétendre qc. *(to claim s.th., to pretend s.th.)*, ranger qc. *(to tidy s.th. up)*, la chambre *(the room)*, rappeler qc. à qn. *(to remind s.o. of s.th.)*, faire la vaisselle *(to wash up, to do the dishes)*, la météo *(the weather report)*, annoncer qc. *(to announce s.th.)*, il fait chaud *(weather: it's hot /warm)*

C. Expansion: impératif in indirect speech

How do you convert the impératif in indirect speech?
Example:
Papa demande à Marc: «Viens m'aider.»
(Daddy says to Marc: "Come and help me.")

In this case you should use a **construction with an infinitive** in indirect speech –
remember that some verbs allow them (to brush up, see chap. 13 A., 189). The one
you need here is **demander à qn. de faire qc.** *(to ask /to request s.o. to do s.th.).*
Example:
Papa demande à Marc: «Viens m'aider.»
=> Papa demande à Marc de venir l'aider.
*(Daddy says to Marc: "Come and help me." => Daddy asks Marc to come
and help him.)*

Note:
Do you already know the subjonctif (chapter 14)? If there is no person as an
object in the main clause (e.g., à Marc), you can use a subordinate clause too.
Example:
Papa demande: «Venez m'aider!»
=> Papa demande qu'on vienne l'aider.
*(demander que + subj.; verb of volition, see chap. 14 C1., 208; Daddy says: "Come
and help me!" => Daddy asks that we come help him /that s.o. come help him.)*

Exercise C.
Change the following into constructions with an infinitive. (solution p. 83)

1. M. Lamartinière demande à sa femme: «Donne-moi du café.» (demander à qn.
de faire qc.)
2. Patrick propose à Bastien: «Jouons au foot.» (proposer à qn. de faire qc.)
3. Le prof rappelle à ses élèves: «Faites vos devoirs!» (rappeler à qn. de faire qc.)
4. Maman dit à Zoé: «Mange tes légumes!» (dire à qn. de faire qc.)
5. Le vendeur conseille à son client: «Achetez cet appareil.» (conseiller à qn. de
faire qc.)

Vocabulary:
la femme *(here: the wife)*, donner qc. à qn. *(to give s.o. s.th.)*, proposer qc. à qn. *(to
suggest s.th. to s.o.)*, rappeler qc. à qn. *(to remind s.o. of s.th.)*, les devoirs *(m.; the
homework)*, les légumes *(m.; the vegetables, the greens)*, le vendeur /f. -euse *(the
shop assistant, the salesperson)*, conseiller qc. à qn. *(to recommend s.th. to s.o.)*,
conseiller à qn. de faire qc. *(to advise s.o. to do s.th.)*, un appareil *(an apparatus, a
device)*

Answer Keys

Solutions for A1.

L1. Philippe prétend qu'il est le meilleur.
L2. Amélie dira qu'elle n'a pas eu le temps.
L3. Dis-moi que ce n'est pas vrai.
L4. Benoît affirme que les filles sont bêtes.
L5. Isabelle répond que les garçons sont des crétins.
L6. Le prof dit que Benoît et Isabelle seront punis.
L7. Et il ajoute qu'ils disent des bêtises tous les deux.

Solutions for A2.

L1. Damien demande si Nina vient aussi.
L2. Jérémie veut savoir ce que c'est.
L3. La vendeuse me demande si je veux un emballage cadeau.
L4. Mme Danielly se demande où elle a mis son sac à main.
L5. Suzette se demande quelles chaussures elle va mettre.
L6. Le vendeur nous demande ce qui nous intéresse.

Solutions for B1.

L1. Brigitte m'a demandé ce que je <u>ferais</u> à sa place.
L2. M. Arnaud a dit que le train <u>serait</u> en retard.
L3. Valérie m'a demandé si j'<u>avais réussi</u>.
L4. Olivier a dit qu'en novembre, il <u>aurait passé</u> son permis de conduire.
L5. Et il a ajouté qu'il <u>pourrait</u> emmener ses amis en balade.
L6. Le passant a dit qu'il <u>cherchait</u> la gare.
L7. Emilien a dit que c'<u>était</u> vraiment une bonne idée.
L8. Mon ami m'a dit qu'à ma place, il <u>aurait mis</u> une cravate.
L9. M. Rieux a demandé qui <u>avait abîmé</u> sa voiture.
L10. Ginette m'a demandé à quoi je <u>pensais</u>.

Solutions for B2.

L1. M. Renault a dit que <u>ce jour-là</u>, il ne travaillait pas.
L2. Mme Druon a demandé ce qui s'était passé <u>ce matin-là</u>.
L3. Xavier a prétendu qu'il rangerait sa chambre <u>le lendemain</u>.
L4. Aurélie a rappelé que <u>la veille (/le jour d'avant)</u>, elle avait fait la vaisselle.
L5. La météo a annoncé qu'il allait faire chaud <u>ce mois-là</u>.

Solutions for C.

Note: If you need to brush up on possessive adjectives, see chapter 8, p. 126.

L1. M. Lamartinière demande à sa femme de lui donner du café.
L2. Patrick propose à Bastien de jouer au foot.
L3. Le prof rappelle à ses élèves de faire leurs devoirs.
L4. Maman dit à Zoé de manger ses légumes.
L5. Le vendeur conseille à son client d'acheter cet appareil.

5. Passive voice

A. Form

A1. Basics

What is the passive voice?
Active = the subject does s.th.
Passive = s.th. happens to the subject

> *Examples in English:*
> Active: The police (S) **arrested** the thief.
> Passive: The thief (S) **was arrested** by the police.

> *Examples in French:*
> Active: La police **a arrêté** le voleur.
> Passive: Le voleur **a été arrêté** par la police.

You form the passive with **être and the participe passé**. As usual with être, the participe passé agrees in gender and number with the subject.

être + participe passé

> *Example:*
> j'aime *(I love)* => je suis aimé(e) *(I am loved)*

Exercise A1.
Form the passive. (solution p. 90)

1. j'envoie *(I send)*
2. tu invites *(you invite)*
3. il regarde *(he watches)*
4. elle appelle *(she calls)*
5. nous informons *(we inform)*
6. vous attendez *(you expect, you await)*
7. ils font *(they do)*
8. elles accompagnent *(they accompany)*

A2. Tenses

The passive can be used in all tenses and moods. **You can identify the tense by looking at the form of être**. Do not confuse the passive with the active compound tenses!

Example: inviter qn. *(to invite s.o.)*

	Active	**Passive**
infinitif:	inviter	**être** invité(e)
présent:	j'invite	**je suis** invité(e)
impératif:	invitez	**soyez** invité(e,s)
imparfait:	j'invitais	**j'étais** invité(e)
passé composé:	j'ai invité	**j'ai été** invité(e)
plus-que-parfait:	j'avais invité	**j'avais été** invité(e)
futur simple:	j'inviterai	**je serai** invité(e)
futur antérieur:	j'aurai invité	**j'aurai été** invité(e)
conditionnel prés.:	j'inviterais	**je serais** invité(e)
conditionnel passé:	j'aurais invité	**j'aurais été** invité(e)

Remember: The impératif of être: **sois, soyons, soyez**

Exercise A2.
Form the passive. (solution p. 90)

Hint: (1) Identify the tense, (2) remember the corresponding form of être, (3) add the participe passé and (4) make it agree.

1. il entendra
2. nous avons aidé
3. elles auraient quitté
4. lire
5. vous félicitiez
6. tu auras vu
7. elle présente
8. j'avais attendu
9. bénis
10. ils suivraient

Vocabulary:
aider qn. *(to help s.o.)*, quitter qn./qc. *(to leave s.o./s.th.)*, féliciter qn. *(to congratulate s.o.)*, présenter qn./qc. *(to introduce s.o./s.th., to present s.o./s.th.)*, attendre qn./qc. *(to wait for s.o./s.th., to expect s.o./s.th.)*, bénir qn./qc. *(to bless s.o./s.th.)*, suivre qn./qc. *(to follow s.o./s.th.; p.p. suivi)*

B. Usage

B1. Changing active into passive

When you change an active sentence into a passive one, **the direct object of the active sentence becomes the new subject of the passive sentence**. The agent (= the former subject of the active sentence) may be attached with *par* (= by).

La police a arrêté le voleur.
(The police arrested the thief.)
<=>
Le voleur a été arrêté par la police.
(The thief was arrested by the police.)

Remember:
A direct object is an object that is placed directly next to the verb, i.e., without a preposition (Brush up: chapter 11 A., 153).
> *Example:*
> arrêter **qn.** *(to arrest s.o.)* => La police arrête **le voleur**.

Only verbs with a direct object can be used to form a passive construction.

> *Example:*
> téléphoner **à qn.** *(to phone s.o.)*
> Géraldine téléphone **à Marcel**. *(Géraldine phones Marcel.)*
>
> => "à Marcel" is an indirect object, recognizable by the preposition "à".
> This French active sentence cannot be changed into a passive one!

Note: Whether or not you can translate an English passive construction into a French one depends on the French verb. If you cannot make a passive construction, use an active one.
> *Example:*
> **Luc** was told by his teacher to do his homework.
> => dire **à qn.** de faire qc.
> => Le prof a dit **à Luc** de faire ses devoirs.

Exercise B1.
(a) Change into a passive sentence if possible. (solution p. 90)

1. L'équipe adverse a battu notre équipe.
2. Virginie a aidé Christelle.
3. Ce vendeur sourit à toutes les clientes.
4. Beaucoup de gens écoutent mes conseils.
5. Un témoin a vu le crime.
6. Le mécanicien va réparer la voiture. (*!* infinitif)
7. Le facteur apportera la lettre à M. Viannet.
8. M. Dubalais enseigne les maths (f.) aux élèves.
9. Un passant sauve l'enfant de la noyade.
10. Zoé pense à son amie.

Vocabulary:
une équipe *(a team)*, adverse *(opposing;* l'équipe adverse = *the opponents, the other side)*, battre qn./qc. *(to beat s.o./s.th., to defeat s.o./s.th.)*, le vendeur/f. - euse *(the shop assistant, the salesperson)*, sourire à qn. *(to smile at s.o.)*, la cliente *(the customer, f.)*, les gens *(m.pl.; people)*, le conseil *(the advice)*, un témoin *(a witness)*, le mécanicien *(the mechanic)*, le facteur *(the postman)*, enseigner qc. à qn. *(to teach s.o. s.th.)*, un passant *(a passer-by)*, sauver qn. de qc. *(to save s.o. from s.th.)*, la noyade *(the drowning)*, penser à qn. *(to think of /about s.o.)*

(b) Change into an active sentence. (solution p. 91)

1. La banque est attaquée par des braqueurs.
2. L'entrée est gardée par un chien.
3. Cette histoire a été racontée aux enfants par la grand-mère.
4. L'exercice sera corrigé par le prof.
5. Le menu sera complété par un dessert.

Vocabulary:
le braqueur *(the bank robber)*, l'entrée *(here: the entrance)*, garder qc. *(here: to guard s.th.)*, un chien *(a dog)*, une histoire *(a story, a tale)*, raconter qc. à qn. *(to tell s.o. s.th.)*, un enfant *(a child)*, la grand-mère *(the grandmother)*, corriger qc. *(to correct s.th.)*, le prof *(coll.; the teacher)*

B2. Alternative constructions

(1) No agent mentioned

A passive sentence without an agent or an active one with "on" *(one, someone)* are used if the agent is unknown, if he isn't important or if you want to keep his identity hidden. The passive is used more often in written language and "on" in spoken language.

> *Example:*
> Written: **La voiture a été volée**. *(The car has been stolen.)*
> Spoken: **On a volé la voiture**. *(Someone has stolen the car.)*

(2) Agent is mentioned/emphasized

If on the contrary you want to emphasize the agent, a passive sentence with "par" is ideal – because emphasis is on whatever comes at the end of a sentence. Another way to create emphasis is to write an active sentence with "c'est... qui".

> *Example:*
> L'accident a été provoqué **par un chauffard**.
> *(The accident was caused by a reckless driver.)*
> **C'est** un chauffard **qui** a provoqué l'accident.
> *(It was a reckless driver who caused the accident.)*

(3) Reflexive verbs with a passive meaning

This construction, despite its being active, may have a passive meaning. It is actually quite common.

> *Example:*
> **Passive**: Ce livre est beaucoup vendu.
> **Active**: Ce livre **se vend** bien.
> *(That book sells well.)*

Note:
In some cases the agent may not be attached with "par", but with "de", especially if the verb emphasizes a state or if it is used in a figurative sense. (*Example:* Le tigre est menacé de disparition. = *Tigers are threatened by extinction.*)

Exercise B2.
(a) Change into a passive sentence. (solution p. 91)

1. C'est ce chien qui m'a mordu.
2. On a cassé une fenêtre.
3. C'est Benjamin qui a cassé la fenêtre.
4. On a mangé le gâteau.
5. On fermera l'école.
6. C'est Simon qui prépare la surprise pour Agnès.

Vocabulary:
mordre qn. *(to bite s.o.)*, casser qc. *(to break s.th.)*, une fenêtre *(a window)*, le gâteau /pl. -x *(the cake)*, fermer qc. *(to close s.th.)*, l'école *(f.; the school)*, préparer qc. *(to prepare s.th.)*

(b) Change into an active sentence. If there is an agent, emphasize it.
(solution p. 91)

1. Le livre a été rendu.
2. La maison sera construite en bois.
3. Le plan a été dessiné par un architecte génial.
4. La première pierre de la maison va être posée demain.
5. Le brouillard a été chassé par le vent.

Vocabulary:
rendre qc. *(to give s.th. back, to return s.th.)*, construire qc. *(to build s.th.)*, en bois *(m.; made of wood, wooden)*, dessiner qc. *(to draw s.th.)*, poser la première pierre d'un édifice *(to lay the foundation stone of an edifice)*, demain *(tomorrow)*, le brouillard *(the fog)*, chasser qn./qc. *(here: to drive away)*, le vent *(the wind)*

(c) Translate with a reflexive verb with a passive meaning. (solution p. 91)

Example:
That calls for a celebration! (ça, fêter)
=> Ça se fête!

1. It's not done. (ça, faire)
2. You don't say that. (ça, dire)
3. Red wine is drunk with cheese. (le vin rouge, boire, avec du fromage)
4. That word is pronounced differently. (ce mot, prononcer, différemment)
5. This is a game for two people. (ce jeu, jouer à deux)

Answer Keys

Solutions for A1.

L1. je suis envoyé(e) *(I am sent)*
L2. tu es invité(e) *(you are invited)*
L3. il est regardé *(he is watched)*
L4. elle est appelée *(she is called)*
L5. nous sommes informé(e)s *(we are informed)*
L6. vous êtes attendu(e,s) *(you are expected)*
L7. ils sont faits *(they are done)*
L8. elles sont accompagnées *(they are accompanied)*

Solutions for A2.

L1. il sera entendu
L2. nous avons été aidé(e)s
L3. elles auraient été quittées
L4. être lu(e)
L5. vous étiez félicité(e,s)
L6. tu auras été vu(e)
L7. elle est présentée
L8. j'avais été attendu(e)
L9. sois béni(e)
L10. ils seraient suivis

Solutions for B1.

(a)
L1. Notre équipe <u>a été battue</u> par l'équipe adverse.
L2. Christelle <u>a été aidée</u> par Virginie.
L3. sourire **à qn.** => passive is not possible
L4. Mes conseils <u>sont écoutés</u> par beaucoup de gens.
L5. Le crime <u>a été vu</u> par un témoin.
L6. La voiture <u>va être réparée</u> par le mécanicien.
L7. La lettre <u>sera apportée</u> à M. Viannet par le facteur.
L8. Les maths <u>sont enseignées</u> aux élèves par M. Dubalais.
L9. L'enfant <u>est sauvé</u> de la noyade par un passant.
L10. penser **à qn.** => passive is not possible

(b)

L1. Des braqueurs <u>attaquent</u> la banque.

L2. Un chien <u>garde</u> l'entrée.

L3. La grand-mère <u>a raconté</u> cette histoire aux enfants.

L4. Le prof <u>corrigera</u> l'exercice.

L5. Un dessert <u>complétera</u> le menu.

Solutions for B2.

(a)

L1. J'ai été mordu par ce chien.

L2. Une fenêtre a été cassée.

L3. La fenêtre a été cassée par Benjamin.

L4. Le gâteau a été mangé.

L5. L'école sera fermée.

L6. La surprise pour Agnès est préparée par Simon.

(b)

L1. On a rendu le livre.

L2. On construira la maison en bois.

L3. Un architecte génial a dessiné le plan.

L4. On va poser la première pierre de la maison demain.

L5. Le vent a chassé le brouillard.

(c)

L1. Ça ne se fait pas.

L2. Ça ne se dit pas.

L3. Le vin rouge se boit avec du fromage.

L4. Ce mot se prononce différemment.

L5. Ce jeu se joue à deux.

6. Adverbs

A. Brush up: adjectives

Here are the most important facts about adjectives as an overview. (This is a brief review of what is explained in Beginner's Edition I. If you would like more step-by-step explanations and exercises, have a look at that book.)

Adjectives modify a noun and agree with that noun in gender and number. They are placed directly before or after that noun or are connected to it with "être".

> *Example:*
> le petit chien   => le chien est petit
> la petite maison   => la maison est petite
> les petits enfants   => les enfants sont petits
> les petites lampes   => les lampes sont petites
>
> *Vocabulary:*
> petit,e *(small)*, le chien *(the dog)*, la maison *(the house)*, un enfant *(a child)*, une lampe *(a lamp)*

Most adjectives are placed after the noun, but some short and frequently used adjectives are usually placed before it, e.g., petit *(small)*, grand *(big)*, joli *(pretty)*, bon *(good)*, mauvais *(bad)*, jeune *(young)*, vieux *(old)*, beau *(beautiful)*, vilain *(ugly, naughty)*, gros *(thick, etc.)* and in a temporal sense long *(long)* and court *(short)*.
> *Example:*
> une belle voiture *(a beautiful car)*
> une voiture rapide *(a fast car)*

Learn new adjectives with their **feminine and plural forms.**

Examples: special feminine forms
bon, bon**ne** *(good)*
heureu**x**, heureu**se** *(happy)*
personnel, personne**lle** *(personal)*
gentil, genti**lle** *(kind, nice)*
moyen, moye**nne** *(average, medium, middle)*
gros, gro**sse** *(thick)*
muet, mue**tte** *(silent, dumb)*
complet, comp**lète** *(complete)*

premier, prem**ière** *(first)*
dernier, dern**ière** *(last)*
léger, lég**ère** *(light)*
menteur, mente**use** *(untruthful, lying)*
conservateur, conservat**rice** *(conservative)*
actif, acti**ve** *(active)*
passif, passi**ve** *(passive)*
faux, fau**sse** *(false, wrong)*
doux, dou**ce** *(soft, gentle)*
neuf, neu**ve** *(new /brand-new)*
blanc, blan**che** *(whithe)*
long, long**ue** *(long)*
frais, fra**îche** *(fresh)*
sec, s**èche** *(dry)*
public, publi**que** *(public)*
grec, gre**cque** *(Greek)*
turc, tur**que** *(Turkish)*

Plural of some adjectives in -al:
un homme normal   => des hommes norm**aux**
une femme normale   => des femmes normales
(a normal man, normal men; a normal woman, normal women; likewise: amical,
spécial, libéral ...*)*

beau, vieux, nouveau
un beau jour   => des beaux jours
une belle journée   => des belles journées
un **bel** arbre*   => des beaux arbres

un vieux pommier   => des vieux pommiers
une vieille maison   => des vieilles maisons
un **vieil** arbre*   => des vieux arbres

un nouveau prof   => des nouveaux profs
une nouvelle idée   => des nouvelles idées
un **nouvel** ami*   => des nouveaux amis

*m.sg. before a vowel

Vocabulary:
beau *(beautiful)*, vieux *(old)*, nouveau *(new)*, le jour *(the day)*, la journée *(the
day; seen as a course of events)*, un arbre *(a tree)*, le pommier *(the apple tree)*, la
maison *(the house)*

Exercise A.
Put the appropriate form of the adjective in the right place. (solution p. 105)

1. Lucien a eu une _____ note (f.) _____ (mauvais) en maths. Sa mère
n'est pas _____ (content). Lucien lui dit: «J'ai des _____ notes _____
(bon) en français.» Sa mère répond: «C'est _____ (vrai). Mais dans les autres
matières, tes notes sont _____ (moyen).»
2. Grand-mère habite dans une _____ maison _____ (vieux). Les meubles
(m.) sont _____ (vieux) aussi et dans le jardin, il y un _____ arbre _____
(vieux), un chêne centenaire. Par contre, sa machine à laver est _____ (neuf).
Grand-mère adore s'acheter des _____ (nouveau) appareils (m.)
électroménagers.
3. C'est une _____ soirée _____ (beau) d'automne. La température extérieure
est assez _____ (frais). Dans la rue, on voit des _____ filles _____
(jeune) avec des _____ robes (f.) _____ (élégant) en laine. Il y a aussi des
types avec des _____ vestes (f.) _____ (gros) ou des _____ manteaux
(m.) _____ (épais). Sur la place _____ (public), une foule _____ (actif)
se presse devant l'étalage de confiseries d'une _____ (gentil) vendeuse en
blouse (f.) _____ (blanc) qui vend des _____ boissons (f.) _____
(chaud). Puis, les _____ (premier) flocons (m.) de neige commencent à
tomber.

Vocabulary:
une note *(here: a mark, a grade at school)*, la mère *(the mother)*, content
(pleased, happy), autre *(other)*, la matière *(here: the subject at school)*, habiter
(to live (in), to inhabit), le meuble *(the piece of furniture)*, aussi *(too)*, le jardin
(the garden), un chêne centenaire *(a one-hundred-year-old oak)*, par contre *(on
the other hand, however)*, la machine à laver *(the washing machine)*, adorer faire
qc. *(to adore/love doing s.th.)*, s'acheter qc. *(to buy s.th. for oneself)*, un appareil
électroménager *(a household electrical appliance)*, la soirée *(the evening; seen as
a course of events)*, l'automne *(m.; fall, autumn)*, la température extérieure *(the
outdoor temperature)*, assez *(here: quite, rather)*, la robe *(the dress, the gown)*,
en laine *(f.; woolen)*, un type *(coll.: a guy)*, la veste *(the jacket)*, le manteau /pl. -
x *(the coat)*, épais/f. épaisse *(thick)*, la place *(the place, the square)*, la foule *(the
crowd)*, se presser *(here: to be crowding, to be pressing)*, devant *(in front of,
before)*, l'étalage de confiseries *(sweets on display)*, la vendeuse *(the shop
assistant, the salesperson, f.)*, vendre qc. à qn. *(to sell s.th. to s.o.)*, la boisson *(the
beverage, the drink)*, puis *(then)*, le flocon de neige *(the snowflake)*, commencer
à faire qc. *(to start to do s.th.)*, tomber *(to fall)*

B. Adverbs: forms and formation

Adverbs modify a verb, an adjective, another adverb or a whole sentence; they are invariable.
> *Example:*
> Le héros se bat **courageusement**. *(The hero fights courageously.)*
> L'héroïne se bat **courageusement**. *(The heroine fights courageously.)*
> => the adverb "courageusement" modifies the verb "se bat"
> => For more about this, see C., 98.

There are simple adverbs and adverbs that are derived from adjectives.

Some simple adverbs include the following:
très *(very)*, toujours *(always)*, bien *(well)*, mal *(badly)*, trop *(too)*, vite *(fast)*, beaucoup *(a lot)*, demain *(tomorrow)*, déjà *(already)*, souvent *(often)*, tôt *(early)*, tard *(late)*, ici *(here)*, partout *(everywhere)*, ...

B1. How to derive adverbs: basics

Many adverbs are derived from adjectives. This is how you do it:

Feminine form of the adjective + -ment

Examples:

Adj.: *m.*	Adj.: *f.*	Adverb
dur	dure	durement *(hard, harshly)*
heureux	heureuse	heureusement *(fortunately)*
long	longue	longuement *(for a long time)*

It is even easier if the adjective does not have a special feminine form.
Example:
agréable (m./f.) => agréablement *(pleasantly)*

Exercise B1.
Add the feminine form of the adjective and derive the adverb from it.
(solution p. 105)

Adj.: *m.*	Adj.: *f.*	Adverb
1. triste 2. chaud 3. personnel 4. moyen 5. complet 6. premier 7. léger 8. actif 9. faux 10. doux 11. frais 12. sec 13. public	personnelle	personnellement *(personally)*

Vocabulary:
triste *(sad)*, chaud *(warm)*, moyen *(average, medium, middle)*, complet
(complete), premier *(first)*, léger *(light)*, actif *(active)*, faux *(false, wrong)*, doux
(soft, gentle), frais *(fresh)*, sec *(dry)*, public *(public)*

B2. Exceptions and special forms

There are some exceptions when deriving an adverb from the adjective. Look at
the following ones:

Deriving from the masculine form:
poli,e *(polite)* => poliment
vrai,e *(true)* => vraiment
absolu,e *(absolute)* => absolument

Adjectives in -ent and -ant => -emment/-amment:
méchant *(wicked)* => méchamment
indépendant *(independent)* => indépendamment
prudent *(cautious)* => prudemment
évident *(obvious)* => évidemment

Additional accent aigu:

énorme *(huge)*	=> énorm**é**ment
précis,e *(precise)*	=> précis**é**ment
profond,e *(deep)*	=> profond**é**ment

Special forms:

gentil, gentille *(kind, nice)*	=> **gentiment**
bon, bonne *(good)*	=> **bien**
meilleur,e *(better)*	=> **mieux**
mauvais,e *(bad)*	=> **mal**
grave *(serious, grave)*	=> gravement *or* **grièvement**

(especially with injuries; *Example:* Il est grièvement blessé. *He is seriously injured.*)

Exercise B2.
Add the adverb. (solution p. 106)

1. Xavier est un garçon poli. Il écoute _____ (poli) ce que raconte son grand-père, même quand c'est _____ (vrai) ennuyeux. Sa sœur Béatrice n'écoute pas aussi _____ (gentil). _____ (évident), grand-père préfère Xavier.
2. Le chien du voisin aboie toujours _____ (méchant) quand des gens passent devant le portail. Il garde _____ (bon) la maison, mais le pauvre facteur est _____ (absolu) terrifié.
3. Il y a _____ (énorme) de lapins sur ce terrain à l'abandon. Ils ont _____ (profond) creusé le sol à cet endroit-là. Résultat, des gens se sont _____ (grave) blessés parce que le sol s'est écroulé sous leurs pieds.
4. M. Guillot: «Ma voiture marche _____ (mauvais). Je préfère l'amener _____ (rapide) chez le garagiste.» Mme Guillot: «Conduis _____ (prudent), mon chéri.»

Vocabulary:
un garçon *(a boy)*, ce que *(what; see 12 A3., 175)*, raconter qc. à qn. *(to tell s.o. s.th.)*, même *(here: even)*, quand *(when)*, ennuyeux /f. -euse *(boring)*, la sœur *(the sister)*, préférer qn./qc. *(to prefer s.o./s.th.)*, le chien du voisin *(the neighbo(u)r's dog)*, aboyer *(to bark)*, les gens *(m.pl.; people)*, devant *(in front of, before)*, le portail *(the gate, the portal)*, garder qc. *(here: to guard s.th.)*, pauvre *(poor)*, le facteur *(the postman)*, terrifié,e *(terrified)*, le lapin *(the rabbit)*, le terrain à l'abandon *(the neglected land)*, creuser qc. *(to dig s.th., to burrow)*, le sol *(the ground, the soil)*, un endroit *(a place)*, le résultat *(the result)*, se blesser *(to injure oneself)*, parce que *(because)*, s'écrouler *(to collapse)*, sous *(under)*, les pieds *(m.; the feet)*, marcher *(here: to work: machine, etc.)*, amener qc. *(to bring s.th.)*, le garagiste *(the garage mechanic, the garage owner)*, conduire *(to drive)*, mon chéri *(my darling)*

C. Usage: adjectives and adverbs

C1. Adjective or adverb?

Adjectives modify a noun and agree with it in gender and number. They are placed directly before or after that noun or are connected to it with "être".
>   *Example:*
>   le petit chien   => le chien est petit

Adverbs modify a verb, an adjective, another adverb or a whole sentence; they are invariable.

>   *Verb:*
>   Isabelle marche **rapidement**. *(Isabelle walks fast.)*
>   => "rapidement" modifies "marche"
>   *Adjective:*
>   Bastien est **rapidement** fatigué. *(Bastien quickly gets tired.)*
>   => "rapidement" modifies "fatigué"
>   *Other adverb:*
>   Olivier marche **très** rapidement. *(Olivier walks very fast.)*
>   => "très" modifies "rapidement"
>   *Whole sentence:*
>   **Malheureusement**, il arrive trop tard. *(Unfortunately he arrives too late.)*
>   => "malheureusement" modifies the whole sentence

>   COMPARE:
>   Amélie est **triste**. *(Amélie is sad.)*
>   Amélie me regarde **tristement**. *(Amélie looks at me sadly.)*

Exercise C1.
Add either the adjective or the adverb. (solution p. 106)

1. Cet exercice est _____! J'ai _____ trouvé les solutions. (facile, facile)
2. Patrick porte des lunettes _____. C'est parce qu'il voit très _____.
(énorme, mauvais)
3. Mon petit ami est _____ _____ de tous les garçons qui me parlent.
_____, il essaie de ne pas le montrer. (stupide, jaloux, heureux)
4. Mon chien est toujours _____ _____ de me voir. (fou /folle, content)
5. Tu es trop _____. Le bus est en retard? Et alors? Attends-le _____.
(impatient, patient)
6. La mère de Sophie lui dit: «Cette robe _____ te va _____, je trouve.»

(long, bon; = *"... suits you, I think."*)

7. M. Dubois est un _____ joueur de tennis. Il joue _____ très _____.
(bon, vrai, bon)

8. Ce matin, je me suis levé trop tard. _____, cela arrive le jour où j'ai un
contrôle de maths _____. (évident, important)

9. Quelles _____ manières! Parle-moi _____. (mauvais, poli)

10. Le vent est _____, dehors. Habille-toi _____. (froid, chaud)

Vocabulary:

facile *(easy)*, les lunettes *(f.pl.; the glasses)*, parce que *(because)*, jaloux /f. -ouse
(jealous), parler à qn. *(to talk to s.o.)*, essayer de faire qc. *(to attempt to do s.th.)*,
montrer qc. à qn. *(to show s.o. s.th.)*, fou /f. folle *(mad)*, trop *(too)*, en retard *(late,
not on time)*, et alors? *(so what?)*, attendre qn./qc. *(to wait for s.o./s.th.)*, la robe
(the dress, the gown), le joueur /f. -se *(the player)*, se lever *(to get up)*, tard *(late)*,
cela arrive *(that happens)*, le jour où ... *(the day (when) ...)*, un contrôle de maths
(a math(s) test), les manières *(f.; the manners)*, le vent *(the wind)*, dehors
(outside), s'habiller *(to dress, to get dressed)*

C2. Position of adverbs

The position of adverbs varies – in fact, the best way to learn about it is to read, listen to and talk a lot in French. **Here are some hints and examples for a start. Please note that these are *not* rules.**

Adverbs modifying a whole sentence can be placed at the beginning, separated by a comma.
> *Example:*
> **Malheureusement**, je n'ai pas encore fini mes devoirs.
> *(Unfortunately, I have not yet finished my homework.)*

(It is also possible to put it after the conjugated verb or with a comma at the end of the sentence: Je n'ai malheureusement pas encore fini mes devoirs. Je n'ai pas encore fini mes devoirs, malheureusement.)

Adverbs modifying a verb are usually placed after the conjugated verb – but especially derived adverbs may also be found after the participe passé or after the infinitif.
> *Examples:*
> Tu as **bien** travaillé. *(You have worked well.)*
> Tu as travaillé **vite**. *(You have worked fast.)*
> Je vais travailler **lentement**. *(I'm going to work slowly.)*

Adverbs modifying an adjective or another adverb are usually placed before them.
> *Examples:*
> C'est un exercice **très** facile. *(This is a very easy exercise.)*
> En hiver, la nuit tombe **très** rapidement. *(In winter night is falling very fast.)*

Exercise C2.
Put the adverb into the sentence at a suitable place. (solution p. 106)

1. Je n'ai pas réussi mon examen. (malheureusement)
2. Isabelle est joyeuse. (très)
3. Tu travailles? (beaucoup)
4. Les enfants ont mangé rapidement. (trop)
5. La vendeuse sourit. (poliment)

Vocabulary:
réussir un examen *(to pass a test)*, malheureusement *(unfortunately)*, joyeux / f. -euse *(cheerful, merry)*, travailler *(to work)*, beaucoup *(a lot, much)*, manger qc. *(to eat s.th.)*, rapidement *(quickly, fast)*, trop *(too)*, la vendeuse *(the shop assistant, the salesperson, f.)*, sourire *(to smile)*, poliment *(politely; adj. poli,e)*

D. Comparison

Do you remember how to compare **adjectives**? The comparative is formed with "plus... que", "moins... que" and "aussi... que", the superlative with "le/la/les plus" and "le/la/les moins".

>*Superiority:*
>*Comparative:* Marie-Louise est **plus** jolie **que** moi.
>*Superlative:* Marie-Louise est **la plus** jolie fille de la classe. *(Marie-Louise is prettier than me. Marie-Louise is the prettiest girl of the class.)*

>*Inferiority:*
>*Comparative:* Ce film est **moins** intéressant **que** le roman.
>*Superlative:* C'est le film **le moins** intéressant de la saison.
>*(This movie is less interesting than the novel. It's the least interesting movie of the season.)*

>*Equality:*
>Patrick est *aussi* intelligent *que* Christian.
>*(Patrick is as intelligent as Christian.)*

NEW:
The comparison of **adverbs** follows the same rules. The superlative always takes the article "le".

>*Superiority:*
>*Comparative:* Mathilde écrit **plus** lisiblement **que** Valérie.
>*Superlative:* De toutes les filles, Mathilde écrit **le plus** lisiblement.
>*(Mathilde writes more legibly than Valérie. Of all the girls, Mathilde writes the most legibly.)*

>*Inferiority:*
>*Comparative:* Je cours **moins** vite **que** toi.
>*Superlative:* Je cours **le moins** vite de tous.
>*(I run less fast than you /not as fast as you. I run the least fast of all.)*

>*Equality:*
>Olivier dessine **aussi** bien **que** son ami.
>*(Olivier draws as well as his friend.)*

EXCEPTION: Superiority of "bien" (well)
>   Patrick nage **bien**.
>   Patrick nage **mieux que** Julien.
>   Patrick nage **le mieux**.
>   *(Patrick swims well. Patrick swims better than Julien. Patrick swims the best (of all).)*

=> Equality: aussi bien que; Inferiority: moins bien que /le moins bien

Exercise D.
Compare as indicated. (solution p. 107)

Example:
Sébastien parle vite. (plus; David; de tous)
=> (1) Sébastien parle plus vite que David.
=> (2) Sébastien parle le plus vite de tous.

1. Un escargot avance lentement. (aussi; une tortue)
2. Cet employé travaille bien. (plus; les autres; de tous)
3. Xavier mange silencieusement. (aussi; un cochon)
4. Amélie cuisine bien. (moins; sa sœur; de la famille)
5. Ce champion cycliste gagne facilement. (plus; ses concurrents; de tous les cyclistes du monde)
6. Cette voiture marche mal. (plus; après la réparation chez le garagiste; de toutes)

Vocabulary:
un escargot *(a snail)*, avancer *(here: to move)*, lent,e *(slow)*, une tortue *(a tortoise)*, silencieux /f. -euse *(silent)*, cuisiner *(to cook)*, la sœur *(the sister)*, le champion cycliste *(the cycle champion)*, gagner *(to win)*, facilement *(easily)*, le concurrent *(the competitor)*, la voiture *(the car)*, marcher *(here: to work: machine, car, etc.)*, la réparation *(the repair)*, le garagiste *(the garage mechanic, the garage owner)*

E. Expansion: set phrases as exceptions

Some set phrases use an **invariable adjective** instead of the adverb. Common examples:

chanter juste, chanter faux	*(to sing in tune/out of tune)*
sonner juste, sonner faux	*(to sound right/wrong)*
sentir bon, sentir mauvais	*(to smell good/bad)*
travailler dur	*(to work hard)*
deviner juste	*(to guess right)*
gagner gros	*(to earn a lot)*
peser lourd	*(to weigh a lot)*
parler haut/bas	*(to speak loudly/quietly)*
voir clair	*(to see clearly)*
tenir bon	*(to stand firm)*
refuser net	*(to refuse immediately)*
coûter cher	*(to cost a lot)*
acheter cher	*(to buy at a high price)*
vendre cher	*(to sell at a high price)*
payer cher	*(to pay a high price)*

Note:
There are also some very common set phrases in which the use of the adjectives /adverbs **bon/bien, mauvais/mal** and **meilleur/mieux** varies:

Examples:
C'est bon. = *This tastes good.*
C'est bon, d'accord. = *Okay, all right/alright.*
C'est bien. = *This is good. (opinion)*
Il est bien, cet appartement. = *meaning: I like it.*
C'est mal. = *This is bad. (opinion, value judgement)*
C'est mal de mentir. = *It's not right to lie.*
Ce n'est pas mal. = *That's not bad.*
Tout est bien qui finit bien. = *All's well that ends well.*

Exercise E.
Add the adjective or the adverb. (solution p. 107)

1. Mme Javert doit faire le ménage dans la cave. «Il y a quelque chose qui sent _____, ici. Cela pue même _____.» (mauvais, horrible)
2. Son mari lui dit: «C'est peut-être un rat mort. Héhé... Je parie que j'ai deviné _____.» Mme Javert lui répond _____: «Ce n'est pas _____.» (juste, sec, drôle)

3. En plus, la cave est _____ pleine. Il y a des caisses qui pèsent très _____. Et l'éclairage est _____, on n'y voit pas très _____. (entier, lourd, mauvais, clair)

4. M. et Mme Javert travaillent _____ pour tout enlever. M. Javert regarde dans toutes les caisses. «C'est quoi, tout ça? Il y a peut-être des choses _____ qu'on pourrait vendre _____?» Dans son métier, M. Javert ne gagne pas _____. (dur, précieux, cher, gros)

5. Mais Mme Javert refuse _____ cette idée. Dans les caisses, il y a des souvenirs _____ pour elle. (net, important)

6. M. Javert tient _____: «Mais si! Regarde cette _____ pendule à coucou. Cet _____ coucou chante _____! Peut-être qu'on trouvera un imbécile qui payerait _____ pour l'avoir... et on en serait débarrassés!» (bon, vieux, affreux, faux, cher)

7. Sa femme se met en colère. C'est la pendule _____ de sa grand-mère! M. Javert doit céder. «C'est bon, mais parle moins _____. Les voisins vont nous entendre.» (préféré, haut)

8. Finalement, ils renversent _____ la caisse qui sert à conserver les pommes de terre. Eh oui! Tout au fond, il y en a une qui est _____. Cela ne sent vraiment pas _____. (pénible, pourri, bon)

Vocabulary:

faire le ménage *(to do the housework)*, la cave *(the cellar)*, ici *(here)*, cela *(here: it; see chapter 9 B3., 137)*, puer *(to stink)*, même *(here: even)*, le mari *(the husband)*, peut-être *(maybe)*, un rat mort *(a dead rat)*, parier *(to bet)*, sec /f. sèche *(dry; here: curt)*, drôle *(funny)*, en plus *(here: on top of that)*, plein,e *(full)*, la caisse *(the box)*, l'éclairage *(m.; the lighting)*, entier /f. entière *(whole, complete)*, enlever qc. *(to remove s.th.)*, le métier *(the job, the profession, the trade)*, précieux /f. -euse *(valuable)*, le souvenir *(here: the keepsake)*, la pendule à coucou *(the cuckoo clock)*, affreux /f. -euse *(awful)*, trouver qn./qc. *(to find s.o./s.th.)*, un imbécile *(an idiot)*, débarrasser qn./qc. de qc. *(to rid s.o. of s.th.; être débarrassé de qc. = to be rid of s.th.)*, se mettre en colère *(to get angry)*, préféré,e *(favo(u)rite)*, céder *(to give in)*, le voisin *(the neighbo(u)r)*, finalement *(finally)*, renverser qc. *(to knock over, to tip over)*, servir à faire qc. *(to be used for doing s.th., to serve to do s.th.)*, la pomme de terre *(the potato)*, au fond *(at the bottom)*, pénible *(difficult, hard; péniblement = with difficulty)*, pourri,e *(rotten)*

Answer Keys

Solutions for A.

L1. Lucien a eu une <u>mauvaise</u> note en maths. Sa mère n'est pas <u>contente</u>. Lucien lui dit: «J'ai des <u>bonnes</u> notes en français.» Sa mère répond: «C'est <u>vrai</u>. Mais dans les autres matières, tes notes sont <u>moyennes</u>.»

L2. Grand-mère habite dans une <u>vieille</u> maison. Les meubles sont <u>vieux</u> aussi et dans le jardin, il y un <u>vieil</u> arbre, un chêne centenaire. Par contre, sa machine à laver est <u>neuve</u>. Grand-mère adore s'acheter des <u>nouveaux</u> appareils électroménagers.

L3. C'est une <u>belle</u> soirée d'automne. La température extérieure est assez <u>fraîche</u>. Dans la rue, on voit des <u>jeunes</u> filles avec des robes <u>élégantes</u> en laine. Il y a aussi des types avec des <u>grosses</u> vestes ou des manteaux <u>épais</u>. Sur la place <u>publique</u>, une foule <u>active</u> se presse devant l'étalage de confiseries d'une <u>gentille</u> vendeuse en blouse <u>blanche</u> qui vend des boissons <u>chaudes</u>. Puis, les <u>premiers</u> flocons de neige commencent à tomber.

Solutions for B1.

Adj.: *m.*	Adj.: *f.*	Adverb
L1. triste	triste	tristement *(sadly)*
L2. chaud	chaude	chaudement *(warmly)*
L3. personnel	personnelle	personnellement *(personally)*
L4. moyen	moyenne	moyennement *(moderately)*
L5. complet	complète	complètement *(completely)*
L6. premier	première	premièrement *(firstly)*
L7. léger	légère	légèrement *(lightly)*
L8. actif	active	activement *(actively)*
L9. faux	fausse	faussement *(wrongly)*
L10. doux	douce	doucement *(softly)*
L11. frais	fraîche	fraîchement *(freshly)*
L12. sec	sèche	sèchement *(drily)*
L13. public	publique	publiquement *(publicly)*

Solutions for B2.

L1. Xavier est un garçon poli. Il écoute <u>poliment</u> ce que raconte son grand-père, même quand c'est <u>vraiment</u> ennuyeux. Sa sœur Béatrice n'écoute pas aussi <u>gentiment</u>. Évidemment, grand-père préfère Xavier.

L2. Le chien du voisin aboie toujours <u>méchamment</u> quand des gens passent devant le portail. Il garde <u>bien</u> la maison, mais le pauvre facteur est <u>absolument</u> terrifié.

L3. Il y a <u>énormément</u> de lapins sur ce terrain à l'abandon. Ils ont <u>profondément</u> creusé le sol à cet endroit-là. Résultat, des gens se sont <u>grièvement (/gravement)</u> blessés parce que le sol s'est écroulé sous leurs pieds.

L4. M. Guillot: «Ma voiture marche <u>mal</u>. Je préfère l'amener <u>rapidement</u> chez le garagiste.» Mme Guillot: «Conduis <u>prudemment</u>, mon chéri.»

Solutions for C1.

L1. Cet exercice est <u>facile</u>! J'ai <u>facilement</u> trouvé les solutions.

L2. Patrick porte des lunettes <u>énormes</u>. C'est parce qu'il voit très <u>mal</u>.

L3. Mon petit ami est <u>stupidement</u> <u>jaloux</u> de tous les garçons qui me parlent. <u>Heureusement</u>, il essaie de ne pas le montrer.

L4. Mon chien est toujours <u>follement</u> <u>content</u> de me voir.

L5. Tu es trop <u>impatient</u>(e). Le bus est en retard? Et alors? Attends-le <u>patiemment</u>.

L6. La mère de Sophie lui dit: «Cette robe <u>longue</u> te va <u>bien</u>, je trouve.»

L7. M. Dubois est un <u>bon</u> joueur de tennis. Il joue <u>vraiment</u> très <u>bien</u>.

L8. Ce matin, je me suis levé trop tard. <u>Évidemment</u>, cela arrive le jour où j'ai un contrôle de maths <u>important</u>.

L9. Quelles <u>mauvaises</u> manières! Parle-moi <u>poliment</u>.

L10. Le vent est <u>froid</u>, dehors. Habille-toi <u>chaudement</u>.

Solutions for C2.

L1. Malheureusement, je n'ai pas réussi mon examen. (*Or:* Je n'ai malheureusement pas réussi mon examen. *Or:* Je n'ai pas réussi mon examen, malheureusement.)

L2. Isabelle est très joyeuse.

L3. Tu travailles beaucoup?

L4. Les enfants ont mangé trop rapidement.

L5. La vendeuse sourit poliment.

Solutions for D.

L1. Un escargot avance <u>aussi lentement qu'</u>une tortue.
L2. Cet employé travaille <u>mieux que</u> les autres. Cet employé travaille <u>le mieux</u> de tous.
L3. Xavier mange <u>aussi silencieusement qu'</u>un cochon.
L4. Amélie cuisine <u>moins bien que</u> sa sœur. Amélie cuisine <u>le moins bien</u> de la famille.
L5. Ce champion cycliste gagne <u>plus facilement que</u> ses concurrents. Ce champion cycliste gagne <u>le plus facilement</u> de tous les cyclistes du monde.
L6. Cette voiture marche <u>plus mal qu'</u>après la réparation chez le garagiste. Cette voiture marche <u>le plus mal</u> de toutes.

Solutions for E.

L1. Mme Javert doit faire le ménage dans la cave. «Il y a quelque chose qui sent <u>mauvais,</u> ici. Cela pue même <u>horriblement.</u>»
L2. Son mari lui dit: «C'est peut-être un rat mort. Héhé... Je parie que j'ai deviné <u>juste.</u>» Mme Javert lui répond <u>sèchement</u>: «Ce n'est pas <u>drôle.</u>»
L3. En plus, la cave est <u>entièrement</u> pleine. Il y a des caisses qui pèsent très <u>lourd</u>. Et l'éclairage est <u>mauvais,</u> on n'y voit pas très <u>clair.</u>
L4. M. et Mme Javert travaillent <u>dur</u> pour tout enlever. M. Javert regarde dans toutes les caisses. «C'est quoi, tout ça? Il y a peut-être des choses <u>précieuses</u> qu'on pourrait vendre <u>cher</u>?» Dans son métier, M. Javert ne gagne pas <u>gros</u>.
L5. Mais Mme Javert refuse <u>net</u> cette idée. Dans les caisses, il y a des souvenirs <u>importants</u> pour elle.
L6. M. Javert tient <u>bon</u>: «Mais si! Regarde cette <u>vieille</u> pendule à coucou. Cet <u>affreux</u> coucou chante <u>faux</u>! Peut-être qu'on trouvera un imbécile qui payerait <u>cher</u> pour l'avoir... et on en serait débarrassés!»
L7. Sa femme se met en colère. C'est la pendule <u>préférée</u> de sa grand-mère! M. Javert doit céder. «C'est bon, mais parle moins <u>haut</u>. Les voisins vont nous entendre.»
L8. Finalement, ils renversent <u>péniblement</u> la caisse qui sert à conserver les pommes de terre. Eh oui! Tout au fond, il y en a une qui est <u>pourrie</u>. Cela ne sent vraiment pas <u>bon</u>.

7. Indefinite adjectives and pronouns

Remember:

Possessive, demonstrative and indefinite adjectives connect to a noun, like articles.

> *Examples*:
> **le** chien (*the dog*; article)
> **ma** chambre (*my room*; possessive adjective; chapter 8, 126)
> **cette** idée (*this idea*; demonstrative adj.; chapter 9, 132)
> **chaque** personne (*each person*; indefinite adj.; chapter 7 D., 119)
> **quel** élève? (*which pupil?*; interrogative adj.; chapter 10, 141)

Pronouns take the place of nouns (and other words).

> *Examples:*
> le chien   => **il, lui** (*he*; personal pronoun)
> ma chambre   => **la mienne** (*mine*; possessive pronoun)
> cette idée   => **celle-ci** (*this one*; demonstrative pronoun)
> chaque personne => **chacune** (*each one*; indefinite pronoun)
> quel élève?   => **lequel**? (*which one?*; interrogative pronoun)

See also: Object and adverbial pronouns, chapter 11 B., 156.

Indefinite adjectives and pronouns:
They indicate, e.g., indefinite persons, places or quantities. There are many different ones. You already know some of them.

> *Examples:*
> on *(one, people, someone)*
> quelque chose *(something)*
> quelqu'un *(someone)*
> ne... pas *(not)*

=> Learn some new ones in the following chapter!

A. tout (every, all, everything)

A1. "tout" as an adjective

"tout" agrees in gender and number with the noun to which it refers. Usually it is followed by an article or another (possessive, etc.) adjective. It means "all ..." or "the whole ...".

	sg.	pl.
m.	**tout**	**tous**
f.	**toute**	**toutes**

Examples:
Je mange **tout le gâteau**. *(I eat the whole cake.)*
Je mange **toute la tarte**. *(... the whole tart.)*
Je mange **tous les biscuits**. *(... all the cookies.)*
Je mange **toutes les cerises**. *(... all the cherries.)*

Exercise A1.
(a) Add the appropriate form of "tout". (solution p. 122)

1. Nous allons faire une excursion avec _____ la famille.
2. Où as-tu trouvé _____ ces idées (f.)?
3. _____ mes amis habitent à Nantes.
4. C'est moi qui ai fait _____ le travail.
5. J'apprendrai _____ les langues (f.) du monde!

Vocabulary:
trouver qc. *(to find s.th.)*, habiter *(to live (in), to inhabit)*, le travail *(the work)*, apprendre qc. *(to learn s.th.)*, la langue *(here: the language)*, le monde *(the world)*

(b) Translate using the words in brackets and a form of "tout". (sol. p. 122)

1. All the pupils arrive at eleven o'clock. (un élève, arriver, onze heures)
2. All the photos are bad. (une photo, être, mauvais)
3. Olivier idles the whole day. (fainéanter, la journée)
4. It is raining all the time. (pleuvoir, le temps)
5. I have read all the books. (lire, le livre)

A2. "tout" as a pronoun

"tous" and "toutes" as pronouns mean "everybody, all". In this case, pronounce the -s of "tous"!

> *Example:*
> **Tous** sont venus. *(Everybody came. They all came.)*
> Ces filles, je les connais **toutes**. *(I know them all.)*

"tout" as a pronoun, meaning "everything, all", is invariable.
> *Example:*
> Je pense à **tout**. *(I think about everything.)*
> **Tout** va bien. *(All is going well.)*

Note:
Tout also may be used as an invariable adverb with the meaning "completely", "entirely","very" or "quite" to add emphasis (there are exceptions to its invariability).
> *Example:*
> C'est **tout** près. *(It is quite close.)*

Exercise A2.
Translate using the words in brackets and a form of "tout". (solution p. 122)

1. I forget everything. (oublier qc.)
2. The witness has seen everything. (le témoin, voir qc.)
3. Come all to my birthday! (venir, l'anniversaire)
4. The girls were all wearing an elegant dress. (la fille, porter qc., une robe, élégant)
5. Is that all? (ce, être)
6. They all order a coffee. (commander qc., un café)
7. These shoes are all too small (une chaussure, trop petit)
8. Zoé has prepared everything. (préparer qc.)
9. These tricks? I know them all. (le truc, connaître qc.)
10. You have done all the exercises. (faire qc., un exercice)

B. Brush up: negation

Many negations are considered indefinite adjectives or pronouns too. You can brush up on your knowledge of them here in B. before learning new ones in C.

B1. Basics

In French you negate sentences with two words (e.g., ne... pas), which enclose the conjugated part of the verb. You probably already know the following ones:

> ne... pas *(not)*
> ne... plus *(no more, not anymore)*
> ne... rien *(nothing)*
> ne... personne *(nobody, no one)*
> ne... jamais *(never)*

> *Examples:*
> Je **n'**aime **pas** les épinards. *(I don't like spinach.)*
> Je **n'**ai **plus** peur. *(I'm not afraid anymore.)*
> Je **ne** dis **rien**. *(I don't say anything.)*
> Je **ne** vois **personne**. *(I don't see anyone.)*
> Je **ne** mens **jamais**. *(I never lie.)*

> *Examples with prepositions:*
> Je **n'**ai besoin de **rien**. *(I don't need anything.* avoir besoin de qc.*)*
> Je **ne** parle à **personne**. *(I talk to nobody.* parler à qn.*)*

If there are object, adverbial or reflexive pronouns preceding the verb, they get enclosed too (see chapter 11 B., 156).
> *Example:*
> Je **ne** m'y habitue **pas**. *(I don't get accustomed to it.)*

Exercise B1.
(a) Translate using the words in brackets. (solution p. 122)

1. Brigitte isn't thirsty anymore. (avoir soif)
2. Gérard never does his homework. (faire ses devoirs)
3. The neighbo(u)r doesn't like cats. (le voisin, aimer qc., le chat)
4. There is no one. (il y a)
5. I don't remember anything. (se souvenir de qc.)

About the position:

Only the conjugated part of the verb gets enclosed, that is, without the infinitive or the participe passé. The first exception to this is "ne... personne".

> *Examples:*
> Je **n'**ai **rien** dit. *(I didn't say anything.)*
> Bastien **ne** va **pas** venir. *(Bastien will not come.)*
> EXCEPTION:
> Je **n'**ai vu **personne**. *(I didn't see anyone.)*
> Je **ne** veux déranger **personne**. *(I don't want to disturb anyone.)*

You can also negate an infinitive alone. Just place "ne pas" etc. before it:

> ne pas mentir *(not to lie)*
> => Je t'ai dit de **ne pas mentir**! *(I told you not to lie!)*

Exercise B1.
(b) Negate the following sentences. (solution p. 123)

1. J'ai fini de manger. (ne... pas)
2. Demain, il va faire beau. (ne... pas)
3. Isabelle essaie de <u>rater</u> son examen. (ne... pas)
4. J'ai envie de parler à *quelqu'un*. (ne... personne)
5. L'accusé: J'ai tué *quelqu'un*. (ne... personne)

Vocabulary:
finir de faire qc. *(to finish doing s.th.)*, demain *(tomorrow)*, il fait beau *(the weather is good)*, essayer de faire qc. *(to attempt to do s.th.)*, rater un examen *(coll.; to fail an exam/a test)*, avoir envie de faire qc. *(to feel like doing s.th.)*, quelqu'un *(someone; see D2., 120)*, l'accusé *(m.; the accused, the defendant)*, tuer qn. *(to kill s.o.)*

B2. Negation and articles

Definite articles remain unchanged.
> *Example:*
> J'aime **le** café. *(I like coffee.)*
> Je n'aime pas **le** café. *(I don't like coffee.)*

Indefinite articles change to "de".
> *Example.*
> Je veux **un** café. *(I want a coffee.)*
> Je ne veux pas **de** café. *(I don't want a (/any) coffee.)*

Partitives (du, de la, de l') change to "de" as well.
> *Example:*
> Je veux **du** café/**de** l'eau. *(I want (some) coffee/water.)*
> Je ne veux pas **de** café/**d'**eau. *(I don't want (any) coffee/water.)*

Exception:
In a clause with "être", the article remains unchanged.
> *Example:*
> C'est **une** bonne idée. *(This is a good idea.)*
> Ce n'est pas **une** bonne idée. *(This isn't a good idea.)*
> C'est **du** café. *(This is coffee.)*
> Ce n'est pas **du** café. *(This isn't coffee.)*

Note:
There are other exceptions. You will find some in the Advanced Learner's Edition, but the best way to master them is to read, listen to and talk a lot in French.

Exercise B2.
Negate the following sentences. (solution p. 123)

1. M. Lebrun lit *toujours* le journal. (ne... jamais)
2. Mme Lebrun regarde des films d'horreur. (ne... pas)
3. Grand-père boit de l'alcool. (ne... plus)
4. Nadine prépare une quiche. (ne... pas)
5. Les garçons ont été malades. Ils ont perdu du poids. (2x ne... pas)
6. J'ai attendu le bus. (ne... pas)
7. Nous achetons de la crème fraîche. (ne... pas)
8. Vous cherchez un renseignement? (ne... plus)

Vocabulary:

lire qc. *(to read s.th.)*, toujours *(always)*, le journal/pl. -aux *(the newspaper)*, le film d'horreur *(the horror movie)*, boire qc. *(to drink s.th.)*, l'alcool *(m.; the alcohol)*, préparer qc. *(to prepare s.th.)*, malade *(sick)*, perdre qc. *(to lose s.th.)*, le poids *(the weight)*, attendre qn./qc. *(to wait for s.o./s.th.)*, acheter qc. *(to buy s.th.)*, chercher qn./qc. *(to look/search for s.o./s.th.)*, le renseignement *(the information)*

B3. Negation as a subject

Some negations can be the subject of a sentence. Both words are placed together before the verb, but with inversed positions. You already know these ones:

Rien ne... *(nothing)*
Personne ne... *(nobody)*

Examples:
Rien ne se passe. *(Nothing happens.)*
Personne ne vient. *(Nobody is coming.)*

Exercise B3.
Answer the questions with a negative sentence. (solution p. 123)

1. Qui a cassé la fenêtre? (nobody)
2. Qu'est-ce qui est arrivé par la poste ce matin? (nothing)
3. Qu'est-ce que tu as acheté? (nothing)
4. Qui est-ce que tu cherches? (nobody)
5. Qu'est-ce qui t'inquiète? (nothing)
6. À qui est-ce que tu as parlé? (nobody)
7. Qui a réussi l'examen cette année? (nobody)
8. Qu'est-ce qui te plaît? (nothing)

Vocabulary:
qui *(who)*, casser qc. *(to break s.th.)*, la fenêtre *(the window)*, qu'est-ce qui /qu'est-ce que *(what; see 10 A1., 141)*, inquiéter qn. *(to worry s.o.)*, à qui *(here: to whom)*, réussir un examen *(to pass a test)*, plaire à qn. *(to please s.o.; ça me plaît = I like it/this)*

C. ne... ni... ni, ne... aucun, ne... pas non plus

In this section you are going to learn about the following three negations:

ne... ni... ni *(neither... nor)*
ne... aucun,e *(none)*
ne... pas non plus *(also not)*

C1. ne... ni... ni as subject and object

Like "ne... rien" *(nothing)* and "ne... personne" *(nobody)*, "ne... ni... ni"
(neither... nor) may be used as a **subject or as an object**. "ni" is placed before
each one of the two words that are to be negated. As a subject, the form is "Ni...
ni... ne", with "ne" as usual before the conjugated part of the verb.

Example:
Patrick **n'**aime **ni** le café **ni** le thé.
(Patrick likes neither coffee nor tea.)
Ni Xavier **ni** Isabelle **n'**ont envie de venir.
(Neither Xavier nor Isabelle feel like coming.)

Example with a preposition:
Je **ne** parle **ni** à Claudine **ni** à Michel. (parler à qn.)
(I'm talking neither to Claudine nor to Michel.)
Il **n'**a besoin **ni** d'honneur **ni** d'argent. (avoir besoin de qc.)
(He needs neither glory nor money.)

Particularity:
The indefinite article is often left out, just like the partitive (du, de la, de l').
Example:
Veux-tu un croissant ou des biscuits?
=> Je **ne** veux **ni** croissant **ni** biscuits.
(Do you want a croissant or biscuits? => I want neither croissant nor biscuits.)

Position:
"ne... ni... ni" encloses not only the conjugated part of the verb, but also the
infinitive or the participe passé – just like "ne... personne" *(nobody)*, which you
already know.
Example:
Je **n'**ai vu **personne**. *(I didn't see anybody)*
Je **n'**ai vu **ni** le facteur **ni** le voisin. *(I saw neither the postman nor the*

neighbo(u)r.)
Nathalie **ne** veut voir **personne**. *(Nathalie doesn't want to see anybody.)*
Nathalie **ne** veut voir **ni** ses amis **ni** sa famille. *(Nathalie wants to see neither her friends nor her family.)*

Exercise C1.
Negate the following sentences with "ne... ni... ni". (solution p. 123)

Hint: Are the words you want to negate subjects or objects?

1. Mon ami a le temps et la patience d'apprendre une nouvelle langue étrangère.
2. Les voitures et les camions peuvent passer par ce pont.
3. Les élèves et le prof ont envie de travailler.
4. Je vais acheter un sandwich et de la limonade.
5. M. Danglard sait parler italien et allemand.
6. Didier veut inviter Paulette et François.
7. Le cuisinier a préparé la soupe et le dessert.
8. La pluie et le froid ont abîmé les fleurs du jardin.

Vocabulary:
avoir le temps de faire qc. *(to have time to do s.th.)*, la voiture *(the car)*, le camion *(the lorry, the truck)*, le pont *(the bridge)*, avoir envie de faire qc. *(to feel like doing s.th.)*, italien *(Italian)*, allemand *(German)*, inviter qn. *(to invite s.o.)*, le cuisinier /f. -ière *(the cook)*, la pluie *(the rain)*, le froid *(the cold)*, abîmer qc. *(to damage s.th.)*, la fleur *(the flower)*, le jardin *(the garden)*

C2. ne... aucun,e as subject and object

"ne... aucun" *(m.; none, no... at all)* and "ne... aucune" *(f.)* may be **subjects or objects**. This negation agrees in gender and number with the noun to which it refers.

Example:
Je **n'**en ai **aucune** idée. *(I have no idea./I don't have a clue.)*
Aucun sport **ne** m'intéresse. *(No sport interests me.)*

Particularity:
As in the example above, "ne... aucun,e" can be used as an **indefinite adjective** – but it can also be used alone as a **pronoun**. (Often in combination with "en".)
Example:
De tous les invités, **aucun ne** viendra. *(Of all the guests invited, none will come.)*
Quelle couleur préfères-tu? **Aucune**. *(Which colo(u)r do you prefer? None.)*
Des bijoux? Elle **n'**en a **aucun**. *(Jewellery? She hasn't any.)*

Position:

"ne... aucun,e" too is a negation that encloses the **infinitive** and the **participe passé** as well as the conjugated part of the verb. (You already know "ne... personne" and "ne... ni... ni".)

> *Example:*
> Grand-père **ne** sait parler **aucune langue étrangère**.
> *(Grandfather can't speak any foreign language.)*
> Quand il était jeune, il **n'**a fait **aucun effort** pour apprendre.
> *(When he was young, he didn't make any effort to learn (one).)*

Note:

Here are some commonly used set phrases.

> *Examples:*
> en aucun cas *(on no account, under no circumstances)*
> en aucune manière/d'aucune manière *(in no way)*
> en aucune façon/d'aucune façon *(in no way)*
> sans difficulté aucune *(without any difficulty; no "ne")*

Exercise C2.
Translate using the words in brackets. (solution p. 124)

1. My grandmother's house hasn't any heating. (la maison, la grand-mère, avoir, ne... aucun, le chauffage)
2. No restaurant is good enough for Mr Pognon. (être, ne... aucun, assez bien, pour)
3. No pupil at all has passed the test. (un élève, ne... aucun, réussir l'examen.)
4. *A customer at a shop:* Those dresses? Not a single one appeals to me. (la cliente, le magasin; la robe, ne... aucun, plaire à qn.)
5. That musician hasn't any talent at all. (le musicien, avoir, ne... aucun, le talent)
6. I can't recommend any one of these books. (pouvoir recommander qc., ne... aucun, de, le livre)
7. No witness has seen a thing. (le témoin, ne... aucun, voir quelque chose)
8. During the holidays, Daniel didn't watch a single movie. (pendant les vacances, regarder qc., un film, ne... aucun)

C3. ne... pas non plus

With "ne... pas non plus" *(also not)*, "ne... pas" encloses the conjugated part of the verb, as usual. However, if there is a participe passé or an infinitive, "non plus" is placed after it! Most of the time "non plus" is placed at the end of the sentence.

$$\textbf{ne} + \textit{conj. verb} + \textbf{pas} + \textit{participe/infinitif} + \textbf{non plus}$$

> *Example:*
> Je **ne** vais **pas** boire de café **non plus**.
> *(I'm not going to drink coffee either.)*
> Ginette **n'**a **pas** été au cinéma **non plus**.
> *(Ginette didn't go to the cinema either.)*

Note:
The same is the case if you emphasize "ne... pas" with "du tout".
ne... pas du tout *(not at all)*
> *Example:*
> Le prof **n'**a **pas** été content **du tout**.
> *(The teacher wasn't pleased at all.)*

Exercise C3.
Answer the questions with a negative sentence. (solution p. 124)

Hint: Pay attention to the articles (B2., 113).

1. Est-ce que tu as eu le temps? (ne... pas du tout)
2. Et toi? As-tu trouvé une bonne idée? (ne... pas non plus)
3. *Au restaurant:* Désirez-vous un café ou un dessert? (ne... ni... ni)
4. Qu'est-ce que tu as trouvé? (ne... rien)
5. Je n'ai pas aimé ce film. Et toi? (ne... pas non plus)
6. Est-ce que tu as déjà pris l'avion? (ne... jamais)
7. Avez-vous encore des questions? (ne... plus)
8. Qui a envie de faire la cuisine? (ne... personne)
9. Combien de crêpes as-tu mangées? (ne... aucun)
10. Je n'ai pas vu Christine. Est-ce que tu l'as vue? (ne... pas non plus)

Vocabulary:
avoir le temps *(to have time)*, trouver qc. *(to find s.th.)*, désirez-vous qc.? *(would you like s.th.?)*, déjà *(already)*, prendre l'avion *(m.; to take the plane)*, avoir envie de faire qc. *(to feel like doing s.th.)*, faire la cuisine *(to cook)*, combien de..? *(how much ..? /how many ..?)*, la crêpe *(the pancake)*

D. Other indefinite adjectives and pronouns

There are many different indefinite adjectives and pronouns. The following ones are commonly used, either as an adjective (before a noun) or as a pronoun (instead of a noun).

Adjective	Pronoun
chaque ... *(each /every ...)**	chacun,e *(each one, everyone)**
quelque,s ... *(some ...)*	quelques-un(e)s *(some)*
certain,e,s ... *(certain ...)*	certain,e,s *(certain, some)*
plusieurs ... *(several ...)*	plusieurs *(several)*

* always singular

D1. chaque and chacun,e

"chaque" (adjective) and "chacun,e" (pronoun) are always singular and mean "each .../each one" or "every .../everyone".

> *Examples for chaque/chacun,e:*
> J'envoie une carte à **chaque invité**.
> *(I'm sending a card to each invited guest.)*
> Les garçons? **Chacun** (d'eux/d'entre eux) a reçu une carte.
> *(The boys? Each one (of them) got a card.)*
> Les filles? **Chacune** (d'elles/d'entre elles) a reçu une carte.
> *(The girls? Each one (of them) got a card.)*

Exercise D1.
Add the appropriate form of chaque or chacun. (solution p. 124)

1. _____ chose (f.) en son temps. *(Everything in its own time.)*
2. Le capitaine de l'équipe a donné un maillot à _____.
3. Isabelle offre un cadeau à _____ de ses amies.
4. Le nouveau facteur se trompe à _____ fois d'adresse.
5. Quand il explique quelque chose, le prof fait une pause entre _____ phrase. Et il répond aux questions de _____.

6. Quand on travaille avec des scies électriques, il faut faire attention à _____ instant.

Vocabulary:
une équipe *(a team)*, un maillot *(here: a sports shirt)*, offrir qc. à qn. *(to give s.o. s.th. as a present; to offer s.o. s.th.)*, un cadeau /pl. -x *(a gift)*, le facteur *(the postman)*, se tromper de qc. *(to get s.th. wrong, to get/take the wrong ...)*, la fois *(the time; as in: last time, three times)*, expliquer qc. à qn. *(to explain s.th. to s.o.)*, la phrase *(the sentence)*, la scie *(the saw)*

D2. quelque,s and quelques-un(e)s

"quelque,s" (adjective) and "quelques-un(e)s" (pronoun) usually mean "some" or "a few".

Examples for quelque,s /quelques-un(e)s:
J'achète **quelques bananes** (f.). *(I'm buying some bananas.)*
Des bananes? J'en achète **quelques-unes**. *(Bananas? I'm buying some (of them).)*

> *Maybe you already know as well:*
> quelque chose *(something)*
> quelque part *(somewhere)*
> quelqu'un *(someone)*
> à quelque distance *(some distance)*
> il y a quelque temps *(some time ago)*
> pendant quelque temps *(for some time)*

Exercise D2.
Add the appropriate form of quelque,s or quelques-un(e)s. (solution p. 125)

1. M. Guillot est allé boire un coup avec _____ amis.
2. Dans le bar, il a vu _____'un qu'il connaissait, mais impossible de se rappeler son nom.
3. Il faut dire que M. Guillot avait déjà bu _____ verres de trop.
4. Un de ses amis lui a dit: «Tu devrais manger _____ chose. Regarde, il y a des cacahuètes (f.). Manges-en _____.»
5. _____ des clients du bar commençaient à regarder M. Guillot d'un air bizarre. La tête lui tournait. Il était ivre. D'ailleurs, ses amis aussi.
6. Le barman a dit: «Messieurs, _____ d'entre vous devraient rentrer à pied ou appeler un taxi...»

Vocabulary:
boire un coup *(coll.; to have a drink)*, connaître qn. *(to know s.o.)*, se rappeler qc. *(to remember s.th.)*, le nom *(the name)*, il faut dire que *(here: it must be said that)*, boire un verre de trop *(to have one too many)*, la cacahuète *(the peanut)*, le client *(the*

customer), commencer à faire qc. *(to start to do s.th.)*, regarder qn. d'un air bizarre *(to look at s.o. in a strange way)*, la tête lui tourne *(he is feeling dizzy, his head spins)*, ivre *(drunk)*, d'ailleurs *(besides)*, d'entre vous *(... of you)*, rentrer à pied *(to go home on foot, to walk home)*

D3. certain,e,s and plusieurs

"certain,e,s" (indefinite adjective or pronoun) means "certain" or "some".

> ### Examples for certain,e,s:
> **Certaines personnes** ne sont jamais contentes.
> *(Some people are never satisfied.)*
> Ces gens-là? **Certains** sont sympa.
> *(Those people? Some (of them) are nice.)*
> Je cherche **un certain M. Landru**.
> *(I'm looking for a Mr Landru.)*
> Note: "certain,e,s" may also be a "normal" adjective with the meaning of "sure".
> Example: C'est certain! *(To be sure! There is no doubt about it!)*

"plusieurs" (indefinite adjective or pronoun) has no special feminine form and means "several".

> ### Examples for plusieurs:
> Je pose **plusieurs questions**. *(I ask several questions.)*
> Des questions? J'en poserai **plusieurs**. *(Questions? I'm going to ask several (of them).)*

Exercise D3.
Add the appropriate form of "certain" or "plusieurs". (solution p. 125)

1. «Désirez-vous une pomme?» «Donnez-m'en _____ !»
2. Marc est parti, mais il est revenu au bout d'un _____ temps (m.sg.).
3. Mon petit frère est tombé malade _____ fois (f.pl.) cette année.
4. Dans _____ cas (m.pl.), ce médicament est dangereux.
5. Cette dame d'un _____ âge est encore très sportive.
6. Je vais t'aider, mais à une _____ condition!

Vocabulary:
désirez-vous qc.? *(would you like s.th.?)*, une pomme *(an apple)*, au bout de *(after; at the end of)*, le temps *(here: the time)*, tomber malade *(to fall ill)*, la fois *(the time; as in: last time, three times)*, une année *(a year)*, le cas *(the case)*, un médicament *(a medicine, a drug)*, l'âge *(m.; the age)*, sportif/f. sportive *(athletic, sporty; keen on sports)*, aider qn. *(to help s.o.)*, à une condition *(on one condition)*

Answer Keys

Solutions for A1.

(a)
L1. Nous allons faire une excursion avec <u>toute</u> la famille.
L2. Où as-tu trouvé <u>toutes</u> ces idées?
L3. <u>Tous</u> mes amis habitent à Nantes.
L4. C'est moi qui ai fait <u>tout</u> le travail.
L5. J'apprendrai <u>toutes</u> les langues du monde!

(b)
L1. Tous les élèves arrivent à onze heures.
L2. Toutes les photos sont mauvaises.
L3. Olivier fainéante toute la journée.
L4. Il pleut tout le temps.
L5. J'ai lu tous les livres.

Solutions for A2.

L1. J'oublie tout.
L2. Le témoin a tout vu.
L3. Venez tous à mon anniversaire!
L4. Les filles portaient toutes une robe élégante.
L5. C'est tout? (/Est-ce que c'est tout? /Est-ce tout?)
L6. Tous commandent un café. (*If there are only women:* Toutes commandent un café.)
L7. Ces chaussures sont toutes trop petites.
L8. Zoé a tout préparé.
L9. Ces trucs? Je les connais tous.
L10. Tu as fait tous les exercices.

Solutions for B1.

(a)
L1. Brigitte n'a plus soif.
L2. Gérard ne fait jamais ses devoirs.
L3. Le voisin n'aime pas les chats.
L4. Il n'y a personne.
L5. Je ne me souviens de rien.

(b)

L1. Je n'ai pas fini de manger.

L2. Demain, il ne va pas faire beau.

L3. Isabelle essaie de ne pas rater son examen.

L4. Je n'ai envie de parler à personne.

L5. L'accusé: Je n'ai tué personne.

Solutions for B2.

L1. M. Lebrun ne lit jamais le journal.

L2. Mme Lebrun ne regarde pas de films d'horreur.

L3. Grand-père ne boit plus d'alcool.

L4. Nadine ne prépare pas de quiche.

L5. Les garçons n'ont pas été malades. Ils n'ont pas perdu de poids.

L6. Je n'ai pas attendu le bus.

L7. Nous n'achetons pas de crème fraîche.

L8. Vous ne cherchez plus de renseignement?

Solutions for B3.

L1. Personne n'a cassé la fenêtre.

L2. Rien n'est arrivé par la poste ce matin.

L3. Je n'ai rien acheté.

L4. Je ne cherche personne.

L5. Rien ne m'inquiète.

L6. Je n'ai parlé à personne.

L7. Personne n'a réussi l'examen cette année.

L8. Rien ne me plaît.

Solutions for C1.

L1. Mon ami n'a ni le temps ni la patience d'apprendre une nouvelle langue étrangère.

L2. Ni les voitures ni les camions ne peuvent passer par ce pont.

L3. Ni les élèves ni le prof n'ont envie de travailler.

L4. Je ne vais acheter ni sandwich ni limonade.

L5. M. Danglard ne sait parler ni italien ni allemand.

L6. Didier ne veut inviter ni Paulette ni François.

L7. Le cuisinier n'a préparé ni la soupe ni le dessert.

L8. Ni la pluie ni le froid n'ont abîmé les fleurs du jardin.

Solutions for C2.

L1. La maison de ma grand-mère <u>n'a</u> <u>aucun chauffage</u>.
L2. <u>Aucun restaurant</u> <u>n'est</u> assez bien pour M. Pognon.
L3. <u>Aucun élève</u> <u>n'a</u> réussi l'examen.
L4. *Une cliente dans un magasin:* Ces robes? <u>Aucune</u> <u>ne</u> me plaît.
L5. Ce musicien <u>n'a</u> <u>aucun talent</u>.
L6. Je <u>ne</u> peux recommander <u>aucun</u> de ces livres.
L7. <u>Aucun témoin</u> <u>n'a</u> vu quelque chose.
L8. Pendant les vacances, Daniel <u>n'a</u> regardé <u>aucun film</u>.

Solutions for C3.

L1. Je <u>n'ai</u> <u>pas</u> eu le temps <u>du tout</u>.
L2. Je <u>n'ai</u> <u>pas</u> trouvé de bonne idée <u>non plus</u>.
L3. Je <u>ne</u> désire <u>ni</u> café <u>ni</u> dessert. (/Nous ne désirons...)
L4. Je <u>n'ai</u> <u>rien</u> trouvé.
L5. Je <u>n'ai</u> <u>pas</u> aimé ce film <u>non plus</u>.
(*Or:* Je <u>ne</u> l'ai <u>pas</u> <u>non plus</u>.)
L6. Je <u>n'ai</u> (encore) <u>jamais</u> pris l'avion.
L7. Je <u>n'ai</u> <u>plus</u> de questions. (/Nous <u>n'avons</u> <u>plus</u> de questions.)
L8. <u>Personne</u> <u>n'a</u> envie de faire la cuisine.
L9. Je <u>n'ai</u> mangé <u>aucune crêpe</u>.
Or: Je <u>n'en</u> ai mangé <u>aucune</u>.
L10. Je <u>n'ai</u> <u>pas</u> vu Christine <u>non plus</u>.
Or: Je <u>ne</u> l'ai <u>pas</u> vue <u>non plus</u>.

Solutions for D1.

L1. <u>Chaque</u> chose en son temps.
L2. Le capitaine de l'équipe a donné un maillot à <u>chacun</u>.
L3. Isabelle offre un cadeau à <u>chacune</u> de ses amies.
L4. Le nouveau facteur se trompe à <u>chaque</u> fois d'adresse.
L5. Quand il explique quelque chose, le prof fait une pause entre <u>chaque</u> phrase.
Et il répond aux questions de <u>chacun</u>.
L6. Quand on travaille avec des scies électriques, il faut faire attention à <u>chaque</u>
instant.

Solutions for D2.

L1. M. Guillot est allé boire un coup avec <u>quelques</u> amis.
L2. Dans le bar, il a vu <u>quelqu</u>'un qu'il connaissait, mais impossible de se rappeler son nom.
L3. Il faut dire que M. Guillot avait déjà bu <u>quelques</u> verres de trop.
L4. Un de ses amis lui a dit: «Tu devrais manger <u>quelque</u> chose. Regarde, il y a des cacahuètes (f.). Manges-en <u>quelques-unes</u>.»
L5. <u>Quelques-uns</u> des clients du bar commençaient à regarder M. Guillot d'un air bizarre. La tête lui tournait. Il était ivre. D'ailleurs, ses amis aussi.
L6. Le barman a dit: «Messieurs, <u>quelques-uns</u> d'entre vous devraient rentrer à pied ou appeler un taxi...»

Solutions for D3.

L1. «Désirez-vous une pomme?» «Donnez-m'en <u>plusieurs</u>!» *("Would you like an apple?" "Give me several (of them)!")*
L2. Marc est parti, mais il est revenu au bout d'un <u>certain</u> temps. *(Marc went away, but he returned after a while/after some time.)*
L3. Mon petit frère est tombé malade <u>plusieurs</u> fois cette année. *(My little brother has fallen ill several times this year.)*
L4. Dans <u>certains</u> cas, ce médicament est dangereux. *(In certain cases this medicine is dangerous.)*
L5. Cette dame d'un <u>certain</u> âge est encore très sportive. *(This elderly lady is still quite keen on sports.)*
L6. Je vais t'aider, mais à une <u>certaine</u> condition! *(I will help you, but on a certain condition!)*

8. Possessive pronouns

A. Brush up: possessive adjectives

You already know the possessive adjectives. They connect to a noun.
> *Example:*
> C'est **mon** livre. *(This is my book.)*

Here they are:

ONE possessed object		SEVERAL	
m.	f.	pl.	
mon	**ma** (mon*)	**mes**	*my*
ton	**ta** (ton*)	**tes**	*your*
son	**sa** (son*)	**ses**	*his/her/its*
notre	**notre**	**nos**	*our*
votre	**votre**	**vos**	*your*
leur	**leur**	**leurs**	*their*

* before a vowel or a silent h

Unlike in English, possessive adjectives in French agree in gender and number with the **possessed object** (the noun that follows them), not with the possessor.
> *Example:*
> **his** mother (Marc's mother)   => **sa** mère
> **her** mother (Isabelle's mother) => **sa** mère

Examples for one possessor:

Je cherche **mon livre /ma tasse /mon amie**. *(my book, my cup, my friend, f.)*
Je cherche **mes chaussures**. *(my shoes)*

Tu cherches **ton livre /ta tasse /ton amie**. *(your book, your cup, your friend, f.)*
Tu cherches **tes chaussures**. *(your shoes)*

Alice cherche **son livre /sa tasse /son amie**. *(her book, her cup, her friend, f.)*
Alice cherche **ses chaussures**. *(her shoes)*

Marc cherche **son livre /sa tasse /son amie**. *(his book, his cup, his friend, f.)*
Marc cherche **ses chaussures**. *(his shoes)*

Examples for several possessors:

Jeanne et moi, nous cherchons **notre voiture**. *(our car)*
Jeanne et moi, nous cherchons **nos enfants**. *(our children)*

Amélie et toi, vous cherchez **votre voiture**. *(your car)*
Amélie et toi, vous cherchez **vos enfants**. *(your children)*

Alice et Marc cherchent **leur voiture**. *(their car)*
Alice et Marc cherchent **leurs parapluies**. *(their umbrellas)*

Exercise A.
Add the appropriate possessive adjective. (solution p. 130)

1. M. et Mme Martin partent en vacances avec _____ chien (m.) et _____
deux enfants (m.).
2. La machine à laver est cassée. Nous lavons _____ linge (m.) à la main. À
cause de cela, _____ chaussettes (f.) ne sont pas très blanches.
3. J'ai quinze ans. _____ frère aîné a dix-huit ans et _____ petite sœur en a
douze. _____ amie Hortense a le même âge que moi, mais tous _____ autres
amis sont plus jeunes.
4. Est-ce que tu as retrouvé _____ téléphone portable (m.)? Il est peut-être
dans _____ valise (f.) ou dans _____ armoire (f.). Tu devrais faire plus
attention à _____ affaires (f.)!
5. Hé, monsieur! Vous perdez _____ livres parce que _____ sac à dos (m.)
est ouvert.
6. Christelle a oublié de faire _____ devoirs (m.). C'est parce que le jour
d'avant, c'était _____ anniversaire (m.). _____ famille et _____ amis ont
organisé une grande fête.

Vocabulary:
partir en vacances *(to go on holiday/vacation)*, le chien *(the dog)*, la machine à laver
(the washing machine), cassé *(broken)*, laver qc. *(to wash s.th.)*, le linge *(the
washing)*, à la main *(by hand)*, à cause de cela *(because of this)*, la chaussette *(the
sock)*, blanc/f. blanche *(white)*, le frère aîné *(the elder brother)*, la sœur *(the sister)*, le
même âge *(the same age)*, jeune *(young)*, retrouver qc. *(to find s.th. again)*, le
téléphone portable *(the mobile phone; also:* le portable*)*, la valise *(the suitcase)*, une
armoire *(a wardrobe)*, faire attention à qc. *(here: to take care of s.th.)*, les affaires
(here: the belongings), perdre qc. *(to lose s.th.)*, parce que *(because)*, le sac à dos *(the
rucksack, the backpack;* le dos *= the back)*, ouvert *(open)*, oublier de faire qc. *(to
forget to do s.th.)*, le jour d'avant *(the day before, the previous day)*, un anniversaire
(a birthday), une fête *(a party)*

B. Possessive pronouns

Possessive pronouns replace the noun and its possessive adjective. They agree in gender and number with the noun they replace and they always have a definite article.

m.		f.	
sg.	pl.	sg.	pl.
le mien	**les miens**	**la mienne**	**les miennes**
le tien	**les tiens**	**la tienne**	**les tiennes**
le sien	**les siens**	**la sienne**	**les siennes**
le nôtre	**les nôtres**	**la nôtre**	**les nôtres**
le vôtre	**les vôtres**	**la vôtre**	**les vôtres**
le leur	**les leurs**	**la leur**	**les leurs**

! Note the ^ at the 1st and 2nd p.pl.!

Examples:
C'est **ma chambre**. => C'est **la mienne**. *(This is my room. => This is mine.)*
C'est **votre voiture**. => C'est **la vôtre**. *(This is your car. => This is yours.)*
Ce sont **leurs crayons**. => Ce sont **les leurs**. *(These are their pencils. => These are theirs.)*

Remember:
The definite articles "le" and "les" contract with the prepositions à and de to "au/aux" and "du/des".
> *Example:*
> Je réfléchis à **mon problème**. => Je réfléchis **au mien**.
> *(I think about my problem. => I think about mine.)*

Exercise B.
(a) Change as in the examples above. (solution p. 130)

1. C'est mon ami.
2. C'est ma gomme.
3. Ce sont mes livres (m.).
4. Ce sont mes chaussures (f.).
5. C'est votre voiture (f.).
6. C'est votre chien (m.).
7. Ce sont vos cahiers (m.).

8. Alice cherche son sac.
9. Alice cherche sa clé.
10. Alice cherche ses mouchoirs (m.).
11. Alice cherche ses lunettes (f.).
12. Les Duval repeignent leur maison (f.).
13. Les Duval arrosent leurs fleurs (f.).
14. Les Duval pensent à leurs vacances (f.).
15. Nous rangeons nos affaires (f.).
16. Nous rangeons notre chambre (f.).
17. Tu manges ton croissant.
18. Tu laves ta chemise.
19. Tu es content de tes résultats (m.).
20. Tu regardes tes photos (f.).

Vocabulary:

la gomme *(the rubber, the eraser)*, la chaussure *(the shoe)*, la voiture *(the car)*, le chien *(the dog)*, le cahier *(the notebook)*, le sac *(the bag)*, la clé *(the key)*, le mouchoir *(the handkerchief /the tissue)*, les lunettes *(f.pl.; the glasses)*, repeindre qc. *(to repaint s.th.)*, la maison *(the house)*, arroser qc. *(to water s.th.)*, la fleur *(the flower)*, les vacances *(f.; the holidays, the vacation)*, penser à qn. *(to think of/about s.o.)*, ranger qc. *(to tidy s.th. up)*, les affaires *(here: the belongings)*, la chambre *(the room)*, manger qc. *(to eat s.th.)*, laver qc. *(to wash s.th.)*, la chemise *(the shirt)*, être content de qc. *(to be pleased with s.th.)*, le résultat *(the result)*

(b) Add the possessive adjective or the possessive pronoun. (solution p. 131)

1. Mme Vannier dit à _____ voisine: «Je n'ai plus de farine (f.). Pourriez-vous me prêter un peu de _____?»
2. La voisine répond: «_____ mari (m.) n'est pas encore rentré des courses. Je n'ai pas de farine non plus. Demandez à l'autre voisine de vous prêter un peu de _____.»
3. Les Henriot ont enfin trouvé la maison de _____ rêves (m.). _____ amis, les Grandjean, n'ont pas encore trouvé _____.
4. Quoi, vous avez déjà fini _____ petit déjeuner (m.)? Nous n'avons même pas encore commencé _____!
5. Dis-moi _____ nom (m.) et je te dirai _____.

Vocabulary:

la voisine *(the neighbo(u)r, f.)*, la farine *(the flour)*, pourriez-vous...? *(could you ...?* => *conditionnel of* pouvoir, see chapter 3), prêter qc. à qn. *(to lend s.th. to s.o.)*, un peu de ... *(a bit of ...)*, le mari *(the husband)*, rentrer des courses *(to return from shopping)*, ne... pas non plus *(also not, not either; see chapter 7 C3., 118)*, le rêve *(the dream)*, finir qc. *(to finish s.th.)*, le petit déjeuner *(the breakfast)*, ne... même pas *(not even)*, commencer qc. *(to start s.th.)*, dire qc. à qn. *(to say s.th. to s.o./to tell s.o. s.th.)*, le nom *(the name)*

Answer Keys

Solutions for A.

L1. M. et Mme Martin partent en vacances avec <u>leur</u> chien et <u>leurs</u> deux enfants.

L2. La machine à laver est cassée. Nous lavons <u>notre</u> linge à la main. À cause de cela, <u>nos</u> chaussettes ne sont pas très blanches.

L3. J'ai quinze ans. <u>Mon</u> frère aîné a dix-huit ans et <u>ma</u> petite sœur en a douze. <u>Mon</u> amie Hortense a le même âge que moi, mais tous <u>mes</u> autres amis sont plus jeunes.

L4. Est-ce que tu as retrouvé <u>ton</u> téléphone portable? Il est peut-être dans <u>ta</u> valise ou dans <u>ton</u> armoire. Tu devrais faire plus attention à <u>tes</u> affaires!

L5. Hé, monsieur! Vous perdez <u>vos</u> livres parce que <u>votre</u> sac à dos est ouvert.

L6. Christelle a oublié de faire <u>ses</u> devoirs. C'est parce que le jour d'avant, c'était <u>son</u> anniversaire. <u>Sa</u> famille et <u>ses</u> amis ont organisé une grande fête.

Solutions for B.

(a)

L1. C'est <u>le mien</u>.

L2. C'est <u>la mienne</u>.

L3. Ce sont <u>les miens</u>.

L4. Ce sont <u>les miennes</u>.

L5. C'est <u>la vôtre</u>.

L6. C'est <u>le vôtre</u>.

L7. Ce sont <u>les vôtres</u>.

L8. Alice cherche <u>le sien</u>.

L9. Alice cherche <u>la sienne</u>.

L10. Alice cherche <u>les siens</u>.

L11. Alice cherche <u>les siennes</u>.

L12. Les Duval repeignent <u>la leur</u>.

L13. Les Duval arrosent <u>les leurs</u>.

L14. Les Duval pensent <u>aux leurs</u>. (à + les)

L15. Nous rangeons <u>les nôtres</u>.

L16. Nous rangeons <u>la nôtre</u>.

L17. Tu manges <u>le tien</u>.

L18. Tu laves <u>la tienne</u>.

L19. Tu es content <u>des tiens</u>. (de + les)

L20. Tu regardes <u>les tiennes</u>.

(b)

L1. Mme Vannier dit à <u>sa</u> voisine: «Je n'ai plus de farine. Pourriez-vous me prêter un peu de <u>la vôtre</u>?»

L2. La voisine répond: «<u>Mon</u> mari n'est pas encore rentré des courses. Je n'ai pas de farine non plus. Demandez à l'autre voisine de vous prêter un peu de <u>la sienne</u>.»

L3. Les Henriot ont enfin trouvé la maison de <u>leurs</u> rêves. <u>Leurs</u> amis, les Grandjean, n'ont pas encore trouvé <u>la leur</u>.

L4. Quoi, vous avez déjà fini <u>votre</u> petit déjeuner? Nous n'avons même pas encore commencé <u>le nôtre</u>!

L5. Dis-moi <u>ton</u> nom et je te dirai <u>le mien</u>.

9. Demonstrative pronouns

A. Brush up: demonstrative adjectives

Demonstrative adjectives **connect to a noun** on which emphasis is placed.

	sg.	pl.
le livre *(the book)*	**ce** livre *(this book)*	**ces** livres *(these books)*
l'animal (m.) *(the animal)*	**cet*** animal *(this animal)*	**ces** animaux *(these animals)*
la voiture *(the car)*	**cette** voiture *(this car)*	**ces** voitures *(these cars)*

* m.sg. before a vowel or a silent h

Examples:
Comment est-ce que tu trouves **cet anorak**?
(How do you like this anorak?)
Je préfère **cette veste**. Et **ce manteau** me plaît aussi.
(I prefer this jacket. And I like this coat as well.)
Par contre, **ces chaussures** sont vraiment laides.
(However, these shoes are really ugly.)

It is optional to **add -ci or -là to the noun**. They mean "here" (closer) and "there" (further away) or correspond to the slight difference between "this" and "that".

Examples:
Cette maison-ci ou **cette maison-là**?
(This house here or that house there?)
Je vais prendre **ces chaussures-ci**. **Ces chaussures-là** sont trop petites.
(I will take these shoes (here). Those (other) shoes are too small.)

Compare the following expressions:
ce matin *(this morning)*
ce matin-**là** *(that (distant) morning)*
ce soir *(this evening, tonight)*
ce soir-**là** *(that evening (in the past))*

Exercise A.
Add the right demonstrative adjective and, when appropriate, -ci or -là.
(solution p. 139)

1. *Au marché:* «Quel marchand (m.) vend des produits de qualité? _____
marchand____ ou _____ marchand____?»
2. «Je vous conseille _____ marchand_____. Regardez _____ aubergines (f.) et
_____ artichauts (m.) magnifiques!»
3. «C'est vrai, tous _____ légumes (m.) font bonne impression. Je vais prendre
_____ artichaut____ et _____ botte (f.) de radis.
4. Tiens, et aussi _____ beau melon de la région. Et _____ concombre (m.). Et
_____ ananas (m.sg.).»
5. «Qui est-ce qui va manger toutes _____ bonnes choses? Vous m'avez dit que
votre famille n'aimait ni les fruits, ni les légumes...»

Vocabulary:
le marché *(the market)*, le marchand *(here: the greengrocer)*, vendre qc. *(to sell
s.th.)*, un produit *(a product)*, conseiller qc. à qn. *(to recommend s.th. to s.o.)*, un
artichaut *(an artichoke)*, magnifique *(gorgeous, magnificent)*, les légumes *(m.;
the vegetables)*, faire bonne impression *(to make a good impression)*, la botte de
radis *(the bunch of radishs)*, de la région *(from around here)*, le concombre *(the
cucumber)*, un ananas *(a pineapple)*, Qui est-ce qui ..? *(Who ..?)*, manger qc. *(to
eat s.th.)*, ne... ni... ni *(neither... nor; see chapter 7 C1., 115)*

B. Demonstrative pronouns

Forms:

	sg.	pl.
m. *(this /that one)*	**celui** (-ci/-là)	**ceux** (-ci/-là)
f. *(this /that one)*	**celle** (-ci/-là)	**celles** (-ci/-là)
neutr. *(this /that /it)*	**ce*, ceci, cela (/ça)**	

* e.g., in "c'est"; see B3., 137

B1. With "-ci" or "-là"

Demonstrative pronouns take the place of the noun they agree with or they refer to something mentioned in the sentence before. Note that **"celui", "celle", "ceux" and "celles" cannot stay alone.** This time you *have* to use **"-ci/-là"** or add a complement (see B2., 135).

Examples with "-ci/-là":

Marc pose une question à Lucien.
Celui-ci ne répond pas.
(Marc asks Lucien a question. He ("this one") doesn't answer.)

Quelle est ta chambre? **Celle-ci** ou **celle-là**?
Celle-ci.
(Which is your room? This one (here) or that one (over there)? This one.)

Quelles chaussures est-ce que tu choisis?
Je n'aime pas **celles-ci**. Je préfère **celles-là**.
(Which shoes do you choose? I don't like these ones. I like those ones better.)

Le boulanger propose un pain spécial à ses clients.
Mais **ceux-ci** ne sont pas intéressés.
(The baker offers his customers a special bread. But they ("these ones") are not interested.)

Note:
In the first and last examples (Marc ... /Le boulanger ...), the demonstrative
pronoun simply refers to something in the sentence before (that is, to Lucien /ses
clients; the meaning is like "the latter" or "who"). In this case, use "-ci".

Exercise B1.
Add either a demonstrative adjective or a demonstrative pronoun. (sol. p. 139)

1. _____ pâtisserie (f.) fait des gâteaux (m.) excellents. Regarde _____: Ils
sont aux abricots.
2. _____ appareil photo (m.) produit des photos (f.) décevantes. _____
sont toujours floues et les couleurs sont mauvaises.
3. J'ai fini _____ exercices (m.). Ils étaient très difficiles, surtout _____,
l'exercice D.
4. Quelle bague (f.) veux-tu? _____ ou _____?
5. Marcel aime les sucreries (f.). Pourtant, _____ lui font mal aux dents.

Vocabulary:
la pâtisserie *(here: the cake shop)*, le gâteau /pl. -x *(the cake)*, un appareil photo
(a camera), produire qc. *(to produce s.th.)*, décevant,e *(disappointing)*, flou,e
(blurred), la couleur *(the colo(u)r)*, difficile *(difficult)*, surtout *(especially)*, la
bague *(the ring)*, la sucrerie *(the sweet, the candy)*, pourtant *(yet, though)*, faire
mal aux dents à qn. *(to hurt one's teeth)*

B2. With a complement

Often you will use a relative clause instead of "-ci/-là" (e.g., with qui, que, dont,
où; see chapter 12) or a complement with a preposition (e.g., de, pour, avec ...).

Examples with a relative clause:

Quel livre est-ce que tu lis?
Celui qui est sur la table.
(Which book are you reading? The one (that is) on the table.)

Mes vêtements préférés sont **ceux que** je porte.
(My favo(u)rite clothes are the ones (that) I'm wearing.)

Regarde ces jeunes filles.
Celle dont je suis amoureux porte des lunettes.
*(Look at these girls. The one I'm in love with is wearing glasses. => être
amoureux de qn. = to be in love with s.o.; "dont" see chapter 12 B., 177)*

Examples with a preposition:

À qui appartient ce pullover?
C'est **celui de** Nadine.
(Whose pullover is this? It is Nadine's.)

Tu mets quelles chaussures, aujourd'hui?
Je mets **celles avec** les talons hauts.
(Which shoes are you putting on today? I am putting on the ones with the high heels.)

Exercise B2.
Add either a demonstrative adjective or a demonstrative pronoun. (sol. p. 139)

Hint: Look out for relative clauses or complements with prepositions.

1. _____ entreprise (f.) forme des jeunes (m.). À la fin de leur formation, _____ trouvent facilement du travail.
2. J'ai besoin de nouvelles pantoufles (f.). _____ que je mettais avant, le chien les a rongées.
3. Mathilde m'a écrit une lettre. _____ est pleine de fautes d'orthographe.
4. _____ ballon (m.) rouge, c'est _____ de Michel. _____ de Damien est bleu.
5. Le meilleur boulanger, c'est _____ qui fait son pain lui-même.
6. René a fait la connaissance d'une dame excentrique. _____ a décidé d'habiter toute seule dans un phare.
7. Je ne peux pas acheter mes livres scolaires, ils sont trop chers. J'emprunte _____ de l'école.
8. _____ marguerites (f.) sont magnifiques. _____ que j'ai plantées dans le jardin ne sont pas aussi belles.
9. Henriette cherche une nouvelle amie. _____ devra aimer les mêmes choses qu'elle.
10. De tous les livres de la bibliothèque, _____ qui m'intéressent le plus sont _____ qui traitent d'archéologie.

Vocabulary:
une entreprise *(a company, a firm)*, former qn. *(to educate/to train s.o.)*, la formation *(here: the professional training)*, trouver du travail *(to find a job)*, avoir besoin de qc. *(to need s.th.)*, la pantoufle *(the slipper)*, mettre qc. *(here: to put on s.th.)*, ronger qc. *(to gnaw at s.th.)*, être plein,e de qc. *(to be full of s.th.)*, la faute d'orthographe *(the spelling mistake)*, le ballon *(the ball)*, le meilleur... *(the best ...)*, le boulanger/la boulangère *(the baker)*, le pain *(the bread)*, lui-même *(himself)*, faire la connaissance de qn. *(to make s.o.'s acquaintance, to get to*

know s.o.), décider de faire qc. *(to decide to do s.th.)*, seul,e *(alone)*, le phare *(the lighthouse)*, le livre scolaire *(the school book, the textbook)*, emprunter qc. à qn. *(to borrow s.th. from s.o.)*, magnifique *(gorgeous, magnificent)*, planter qc. *(to plant s.th.)*, le jardin *(the garden)*, les mêmes choses *(f.; the same things)*, traiter de qc. *(here: to treat of s.th.)*

B3. ce, ceci, cela/ça

These are neutral, impersonal forms. They mean "it, this, that". "ce" is alway used in combination with other words (e.g., c'est, ce que, ...), while "ceci" *(this)* and "cela/ça" *(that)* may stand alone.

You already know the combination "ce + être".

ce + être: c'est *(this is, it is)*, c'était *(this was, it was)*, ...
    Examples:
    C'est important. *(It's important.)*
    C'était une bonne idée. *(That was a good idea.)*

Particularity:
You can always use "c'est". If you want to use "ce sont", note that it can only refer to a 3rd p.pl.!
                Example:
                C'est eux qui ont raison.
          OR **Ce sont eux** qui ont raison.
                (It's they who are right./They are the ones who ...)
BUT ONLY: **C'est nous** qui avons raison.
                (We are the ones who are right.)

Note:
With "ce + être" in the compound tenses (e.g., passé composé), "c'" becomes "ç'" before the "a" of auxiliary avoir to maintain the right pronunciation. This has nothing to do with "ça".
c'est (présent) => ç'a été (passé composé)

"cela" or colloquially "ça" may be used as a neutral subject or object. It may be used alone.
    Examples:
    Cela/Ça suffit, merci. *(That's enough, thanks.)*
    Je n'avais pas pensé à **cela/ça**. *(I didn't think of that.)*
    Qu'est-ce que tu regardes? **Ça.** *(What are you watching? This.)*

If used together, **"ceci"** *(this)* marks what is closer and **"cela"** *(that)* what is further away.

> *Example:*
> **Ceci** ne me plaît pas, **cela** encore moins.
> *(I don't like this, and that even less.)*
> **Ceci** ou **cela**.
> *(This or that.)*

Note:
For further emphasis, "ceci" can be used instead of "ce" before être (e.g., Ceci n'est pas une pipe. = *This isn't a pipe*.).

Exercise B3.
Translate using the words in brackets. Choose between "ce+être" and "ça".
(solution p. 140)

1. How are things? (comment, aller)
2. Where did you buy this? (où, acheter)
3. It's my faro(u)rite book. (le livre préféré)
4. It doesn't matter, never mind. (faire, ne... rien)
5. That's not funny. (drôle)
6. A salad?! And what are we eating with it? (une salade, on, manger, avec, qu'est-ce que)

Additional information:
There are lots of set phrases and colloquial expressions with "ça". Here are some examples:

> Ça alors! *(Well really!)*
> Pas de ça! *(No way!)*
> Ça y est! *(That's it! There you are!)*
> comme ça *(like this, in this way)*
> une idée comme ça *(just an idea)*
> c'est pour ça que *(that's why)*
> à part ça *(apart/aside from that)*
> sans ça *(without that)*
> Il ne manquait plus que ça! *(That's all we needed!)*
> Quand ça? Où ça? Qui ça? *(When (was that)? Where (was that)? Who?)*

Answer Keys

Solutions for A.

L1. *Au marché:* «Quel marchand vend des produits de qualité? <u>Ce</u> marchand<u>-ci</u> ou <u>ce</u> marchand-<u>là</u>?»

L2. «Je vous conseille <u>ce</u> marchand-<u>là</u> (/-ci). Regardez <u>ces</u> aubergines et <u>ces</u> artichauts magnifiques!»

L3. «C'est vrai, tous <u>ces</u> légumes font bonne impression. Je vais prendre <u>cet</u> artichaut-<u>ci</u> (/-là) et <u>cette</u> botte de radis.

L4. Tiens, et aussi <u>ce</u> beau melon de la région. Et <u>ce</u> concombre. Et <u>cet</u> ananas.»

L5. «Qui est-ce qui va manger toutes <u>ces</u> bonnes choses? Vous m'avez dit que votre famille n'aimait ni les fruits, ni les légumes...»

Solutions for B1.

L1. <u>Cette</u> pâtisserie fait des gâteaux excellents. Regarde <u>ceux-ci (/ceux-là)</u>: Ils sont aux abricots.

L2. <u>Cet</u> appareil photo produit des photos décevantes. <u>Celles-ci</u> sont toujours floues et les couleurs sont mauvaises.

L3. J'ai fini <u>ces</u> exercices. Ils étaient très difficiles, surtout <u>celui-ci (/celui-là)</u>, l'exercice D.

L4. Quelle bague veux-tu? <u>Celle-ci</u> ou <u>celle-là</u>?

L5. Marcel aime les sucreries. Pourtant, <u>celles-ci</u> lui font mal aux dents.

Solutions for B2.

L1. <u>Cette</u> entreprise forme des jeunes. À la fin de leur formation, <u>ceux-ci</u> trouvent facilement du travail.

L2. J'ai besoin de nouvelles pantoufles. <u>Celles</u> que je mettais avant, le chien les a rongées.

L3. Mathilde m'a écrit une lettre. <u>Celle-ci</u> est pleine de fautes d'orthographe.

L4. <u>Ce</u> ballon rouge, c'est <u>celui</u> de Michel. <u>Celui</u> de Damien est bleu.

L5. Le meilleur boulanger, c'est <u>celui</u> qui fait son pain lui-même.

L6. René a fait la connaissance d'une dame excentrique. <u>Celle-ci</u> a décidé d'habiter toute seule dans un phare.

L7. Je ne peux pas acheter mes livres scolaires, ils sont trop chers. J'emprunte <u>ceux</u> de l'école.

L8. <u>Ces</u> marguerites sont magnifiques. <u>Celles</u> que j'ai plantées dans le jardin ne sont pas aussi belles.

L9. Henriette cherche une nouvelle amie. <u>Celle-ci</u> devra aimer les mêmes choses qu'elle.

L10. De tous les livres de la bibliothèque, <u>ceux</u> qui m'intéressent le plus sont <u>ceux</u> qui traitent d'archéologie.

Solutions for B3.

L1. Comment <u>ça</u> va?

L2. Où est-ce que tu as acheté <u>ça</u>? (*Less colloquial:* Où as-tu acheté cela?)

L3. <u>C'est</u> mon livre préféré.

L4. <u>Ça</u> ne fait rien.

L5. <u>Ce n'est pas</u> drôle.

L6. Une salade?! Et qu'est-ce qu'on mange avec <u>ça</u>? (*Even more colloquial:* Et qu'est-ce qu'on mange avec?)

10. The interrogative pronoun lequel

A. Brush up

Note: This is a brief review of what is explained in Beginner's Edition I. If you would like more step-by-step explanations and exercises, have another look at that book.

A1. Asking questions

(1) Forms
There are basically three ways to ask a question in French. Here are examples with and without a question word.

Intonation (coll.)	Tu as faim? *(Are you hungry?)* Tu habites où? *(Where do you live?)*
"est-ce que"	Est-ce que tu as faim? Où est-ce que tu habites?
Inversion	As-tu faim? Où habites-tu?

With questions made by **intonation** you just raise your voice at the end of the sentence. If there is a question word (here: où?), place it at the end. This is colloquial language.

Adding **"est-ce que"** at the beginning of a sentence changes it into a question. Place question words before it.

When using **inversion**, the subject and the conjugated verb change positions. Question words are placed at the beginning. Use this form when the subject is a personal pronoun (je, tu, il, elle, nous, vous, ils, elles) or the "ce" of c'est, c'était and so on and attach it to the conjugated verb with a hyphen.
> *Examples:*
> Il dort. => Dort-il?
> *(He is sleeping. => Is he sleeping?)*
> C'est une bonne idée. => Est-ce une bonne idée?
> *(It's a good idea. => Is it a good idea?)*

Nous avons gagné. => Avons-nous gagné?
(We won. => Did we win?)

Important! If two vowels collide in inversion, i.e., if the last letter of the verb is a vowel and the subject pronoun is il, elle or on, insert a "**t**".
Examples:
Comment va-**t**-il? *(How is he?* a collides with i*)*
Où habite-**t**-elle? *(Where does she live?* e collides with e*)*
Pourra-**t**-on partir en vacances? *(Will we be able to go on holidays?*
a collides with o*)*

Note (1): It is not possible in every case to make an inversion with the personal pronoun "je"; however, the following examples are common.
Examples:
ai-je, dois-je, sais-je, suis-je, vais-je, puis-je (*!* not: peux-je!)

Note (2): Under some circumstances you can make an inversion with a noun as a subject (and no hyphen). (*Example:* Comment va ton frère? *How is your brother?)* There is also a more complex form of inversion. Explanations for advanced learners are to be found in the appendix, p. 246.

(2) Some question words

comment ..? *(how?)*
pourquoi ..? *(why?)*
où ..? *(where?)*
d'où ..? *(from where?)*
quand ..? *(when?)*
combien de ..? *(how much ..? how many ..?)*
qui ..? *(who ..?)*
qu'est-ce que/que/quoi ..? *(what?*; e.g., *est-ce que:* Qu'est-ce que tu fais? *Inversion:* Que fais-tu? *Intonation, coll.:* Tu fais quoi? = *What are you doing?)*

"qui" and "quoi" (as well as "quel", see A2., 144) can be used with prepositions.
Examples:
De qui parlez-vous? => Nous parlons **de** Patrick.
(Whom are you talking about? parler de qn./qc.)
À quoi pensez-vous? => Nous pensons **aux** vacances.
(What are you thinking about? penser à qn./qc.)

The "est-ce que" question with qui and que
If the question word is the subject of the sentence (i.e., if you are asking about the subject), "est-ce que" becomes "est-ce qui"! (*Hint:* Is there already a subject in your sentence or not?)

Who ...? (subject)	Qui est-ce qui...?
Whom ...? (object)	Qui est-ce que...?
What ...? (subject)	Qu'est-ce qui...?
What ...? (object)	Qu'est-ce que...?

Examples:
Qu'est-ce que tu (S) fais? Je fais **mes devoirs**.
(What are you doing? I'm doing my homework.)
Qu'est-ce qui (S) manque? => **Les verres** manquent.
(What is missing? => The glasses are missing.)

Note:
Brush up on indirect questions in chapter 4 A2., 76.

Exercise A1.
These are the answers. Ask the appropriate questions in the mentioned form. (solution p. 151)

1. Je pars à sept heures. (When are you leaving? Inversion)
2. Nous venons de Rouen. (Where do you come from? est-ce que)
3. Je voudrais un café, s'il vous plaît. (What would you like? Inversion; Verb: désirer qc.)
4. Je mange un sandwich. (What are you eating? Intonation)
5. Il va bien. (How is he? Inversion)
6. Nous sommes venus avec Patrick. (With whom did you come? est-ce que)
7. J'ai une bosse parce que je suis tombé dans l'escalier. (Why do you have a bump? est-ce que)
8. C'est M. Cocteau. (Who is this? Inversion)
9. Je rassemble mes affaires dans un sac. (In what are you gathering your belongings? est-ce que)
10. Ce bruit, c'est le voisin qui essaie sa moto. (What is making that noise? est-ce que; Verb: faire ce bruit)

Vocabulary:
voudrais => conditionnel of vouloir *(to want; here: I would like ...)*, s'il vous plaît *(please)*, la bosse *(the bump)*, parce que *(because)*, tomber *(to fall)*,

l'escalier *(m.; the stairs, the staircase)*, rassembler qc. *(to gather s.th.)*, le sac *(the bag)*, le bruit *(the noise)*, le voisin *(the neighbo(u)r)*, essayer qc. *(to try s.th.)*, la moto *(the motorbike)*

A2. The interrogative adjective quel

"quel" *(which)* is an interrogative adjective: **It is attached to a noun with which it agrees in number and gender.**

	sg.	pl.
m.	**quel** livre...? *(which book?)*	**quels** livres...? *(which books?)*
f.	**quelle** chaise...? *(which chair?)*	**quelles** chaises...? *(which chairs?)*

Examples:

Tu veux **quel sandwich**? Au jambon ou au fromage?
(Which sandwich do you want? With ham or with cheese?)

Quelle glace est-ce que tu préfères? À la fraise ou à la vanille?
(Which ice cream do you like better? Strawberry or vanilla?)

Quels livres as-tu déjà lus?
(Which books have you already read?)

Some commonly used questions with "quel" are translated with a different question word in English.

Examples:

Il est quelle heure? Quelle heure est-il? *(What time is it?)*
=> Il est deux heures. *(It is two o'clock.)*
Tu as quel âge? Quel âge as-tu? *(How old are you?)*
=> J'ai dix ans. *(I'm ten years old.)*
Quel temps est-ce qu'il fait? Quel temps fait-il? *(How is the weather?)*
=> Il pleut. *(It is raining.)* Il y a du vent. *(It is windy.)* Il fait beau. *(The weather is good.)* Il neige. *(It is snowing.)*

Like "qui" and "quoi" (see A1., 141), "quel" can be used with a preposition.

> *Examples:*
> **De quelle** ville venez-vous? => Nous venons **de** Strasbourg.
> *(Which town are you coming from?)*
> **Avec quel** livre avez-vous appris le français?
> *(With which book did you learn French?)*
> **Pour quelle** raison êtes-vous en retard?
> *(For which reason/Why are you late?)*
> **À quels** jeux allons-nous jouer?
> *(Which games are we going to play?)*

Note:
Very often "quel" is connected to the noun with "être" (predicative use).
Examples: Quel est ce bruit? *(What is that noise?)*; Quel est ton nom? *(What is your name?)*; Quelle est votre adresse? *(What is your address?)*

Exercise A2.
These are the answers. Ask the appropriate questions with "quel" in the form indicated. (solution p. 151)

Hint: Look out for prepositions.

1. Je vais acheter cette veste rouge. (est-ce que; tu)
2. Nous avons pris le bus qui passe devant la poste. (inversion)
3. J'ai envie de ce croissant aux amandes. (est-ce que; tu)
4. Il est dix heures (f.). (inversion)
5. Nous avons participé à toutes les excursions. (est-ce que)
6. Il fait froid. (le temps; inversion)
7. J'aime les desserts (m.) aux fruits. (est-ce que; tu)
8. J'ai vingt ans. (l'âge, m.; inversion; tu)
9. Je mets mes chaussures (f.) noires. (est-ce que; tu)
10. Nous préférons les romans (m.) historiques. (inversion)

Vocabulary:
la veste *(the jacket)*, rouge *(red)*, devant *(in front of, before)*, la poste *(the post office)*, avoir envie de qc. (j'ai envie de ... => *I would like ..., I wouldn't mind ..., I feel like ...)*, l'amande *(f.; the almond)*, participer à qc. *(to participate in s.th.)*, il fait froid *(weather: it's cold)*, mettre qc. *(here: to put on s.th.)*, la chaussure *(the shoe)*, noir *(black)*, le roman *(the novel)*, historique *(historical)*

B. The interrogative pronoun lequel

B1. Basic form

The interrogative pronoun "lequel" *(which one?)* replaces "quel + noun" or refers to a noun that has been previously mentioned. It agrees with it in number and gender.

adjective	pronoun
quel livre …?	lequel?
quelle chaise …?	laquelle?
quels livres …?	lesquels?
quelles chaises …?	lesquelles?

Examples:
Quel livre veux-tu? => **Lequel** veux-tu?
(Which book do you want? => Which one do you want?)
Regarde ces deux voitures. **Laquelle** préfères-tu?
(Look at these two cars. Which one do you prefer?)
Ce marchand propose des bonbons. **Lesquels** aimerais-tu avoir?
(This seller offers sweets. Which ones would you like to have?)
Mme Bertrand possède beaucoup de chaussures. **Lesquelles** va-t-elle mettre aujourd'hui?
(Mrs Bertrand owns lots of shoes. Which ones is she going to wear today?)

"lequel" can be used without a verb. Just like "quel", it may be used in interjections.
Examples:
«J'ai une idée!» «Ah bon? **Laquelle?**»
("I've got an idea!" "Is that so? Which one?")
Quelle catastrophe!
(What a disaster!)
Donne-moi une idée. N'importe laquelle!
(Give me an idea. Any one!)

The combination **"lequel de..."** (which of ...) is commonly used.
Examples:
Lequel de vos enfants est malade?
(Which one of your children is sick?)

Laquelle des deux voitures te plaît?
(Which one of the two cars do you like?)
Lesquels d'entre vous ont réussi?
(Which of you succeeded?)

Note:
"lequel" is also a relative pronoun. See chapter 12 C., 179.

Exercise B1.
(a) Add the appropriate form of "quel" or "lequel". (solution p. 151)

1. «_____ robe (f.) dois-je mettre? La noire ou la bleue?» «N'importe
_____!» *(No matter which one!)*
2. Ce restaurant propose plusieurs menus (m.). _____ est-ce que je vais
prendre? Et _____ vin (m.) est-ce que je vais boire?
3. *Une cliente chez l'opticien:* «Il me faut de nouvelles lunettes (f.). _____
me conseillez-vous?»
4. *En hiver:* Dans ce tiroir, il y a plusieurs gants (m.). _____ sont à toi? Et
_____ cache-nez (m.sg.) est-ce que tu mets, le rouge ou le jaune?
5. _____ sale temps (m.)! Il pleut et il fait froid! _____ de mes deux
manteaux (m.) est-ce que je vais sortir de l'armoire?

Vocabulary:
la robe *(the dress, the gown)*, mettre qc. *(here: to put on s.th.)*, proposer qc. à qn.
(here: to offer s.o. s.th.; to suggest s.th. to s.o.), plusieurs *(several; see chapter 7
D3., 121)*, le vin *(the wine)*, boire qc. *(to drink s.th.)*, la cliente *(the customer, f.)*,
il me faut qc. *(I need s.th.)*, les lunettes *(f.; the glasses)*, conseiller qc. à qn. *(to
recommend s.th. to s.o.)*, l'hiver *(m.; the winter)*, le tiroir *(the drawer)*, le gant
(the glove), être à qn. *(to belong to s.o.)*, le cache-nez *(the scarf; cacher qc. = to
hide s.th., le nez = the nose)*, un sale temps *(a lousy weather)*, il pleut *(it is
raining => pleuvoir)*, il fait froid *(weather: it's cold)*, le manteau /pl. -x *(the
coat)*, sortir qc. *(to take s.th. out)*, une armoire *(a wardrobe)*

**(b) Change the sentences into a question with "lequel de..." as in the
example.** (solution p. 152)

Example:
J'ai deux sandwichs. Quel sandwich est-ce que tu veux?
=> Lequel de ces deux sandwichs est-ce que tu veux?

1. Il y a deux exercices. Quel exercice est-ce que je vais faire d'abord?
2. M. Deschamps doit prendre quatre médicaments. Quels médicaments est-ce
qu'il doit prendre le matin?
3. J'ai cinq sortes (f.) de biscuits: vanille, fraise, chocolat, framboise, citron.
Quelles sortes de biscuits est-ce que tu préfères?

4. Tu as deux valises (f.), n'est-ce pas? Quelle valise est-ce que tu peux me prêter?

Vocabulary:
d'abord *(first)*, prendre un médicament *(to take a medicine)*, le matin *(here: in the morning)*, la fraise *(the strawberry)*, la framboise *(the raspberry)*, le citron *(the lemon)*, préférer qc. *(to prefer s.th., to like s.th. better)*, la valise *(the suitcase)*, n'est-ce pas? *(here: don't you?)*, prêter qc. à qn. *(to lend s.th. to s.o.)*

B2. With a preposition

Like "qui", "quoi" and "quel", **"lequel" can be used with prepositions.**
> *Example:*
> Mes crayons sont dans un carton. Mais **dans lequel**?
> *(My pencils are in a cardboard box. But in which one?)*
> Aurélie est partie avec une amie. Mais **avec laquelle**?
> *(Aurélie left with a friend. But with which one?)*

Important:
Remember that **the articles "le" and "les" contract with the prepositions "à" and "de".**
> à + le => au
> à + les => aux
> de + le => du
> de + les => des

This is the case as well with the corresponding forms of "lequel":

	sg.	pl.
m.	**auquel?**	**auxquels?**
	duquel?	**desquels?**
f.	à laquelle?	**auxquelles?**
	de laquelle?	**desquelles?**

Examples:
De quel film parlez-vous? => **Duquel** parlez-vous? (de + lequel)
(About which movie are you talking? About which one are you talking?)
À quel cours participes-tu? => **Auquel** participes-tu? (à + lequel)
(In which course are you taking part? In which one are you taking part?)

Exercise B2
Translate using the words in brackets. (solution p. 152)

Hint: Use qui, quoi, quel or lequel.

1. What are you thinking about? (tu, penser à qc.; inversion)
2. About whom are you talking? (tu, parler de qn.; est-ce que)
3. Which game are we playing? (jouer à qc., un jeu; est-ce que)
4. The cat is hiding under a wardrobe. But under which one? (le chat, se cacher, sous, une armoire, mais)
5. Alain is afraid of a teacher. But of which one? (avoir peur de qn., un prof, mais)
6. On which car park (/parking lot) did you park your car? (sur, le parking, garer ta voiture; est-ce que)
7. With whom did Brigitte dance? (danser, avec; intonation /question word at the end)
8. We dreamed of the holidays. But of which ones? (rêver de qc., les vacances f.pl.)
9. You didn't answer all the questions. Which ones did you answer? And which ones didn't you answer? (répondre à qc., toutes les questions f.pl.; est-ce que)
10. Against what are you protesting? (protester contre qc.; intonation /question word at the end)

Note: There is another exercise for the forms of "preposition + lequel" at chapter 12 C., 179 (exercise C1. (a)).

C. "quel"/"lequel" and the participe passé

In chapter 1 B2. (16) you can brush up on the agreement of the participe passé when using compound tenses. If you don't remember how to do this, look at section (b) in particular before you carry on reading here.

The participe passé of verbs with the auxiliary "avoir" agrees only with direct objects placed BEFORE the verb.

The question words "quel + noun" and "lequel" are direct objects.

> *Examples:*
> **Quelles questions** est-ce que le prof a pos**ées**?
> *(Which questions did the teacher ask?)*
> Regarde ces livres. **Lesquels** est-ce que tu as lu**s**?
> *(Look at these books. Which ones did you read?)*

Exercise C.
Add the appropriate form of "quel" or "lequel". Does the participe passé have to agree? (solution p. 152)

1. Mme Daubreuil revient des courses. Lucien, son fils de neuf ans, lui demande:
«_____ bonbons (m.) est-ce que tu m'as acheté___?»
2. Son mari, lui, veut savoir: «_____ voiture (f.) est-ce que tu as pris___ pour faire les courses? La mienne ou la tienne?»
3. Lucien insiste: «Tu as dit que tu me rapporterais une tablette de chocolat aux noisettes ou une tablette de chocolat aux raisins secs. _____ des deux est-ce que tu m'as rapporté___?»
4. Sa fille Aurélie s'en mêle: «Tu as pensé à prendre des pêches (f.)? _____ as-tu choisi___, les blanches ou les jaunes?»
5. Mme Daubreuil répond: «_____ famille (f.) d'impatients! La prochaine fois, vous viendrez avec moi, comme ça, vous choisirez vos petites affaires vous-mêmes.»

Vocabulary:
revenir des courses *(to return from shopping)*, le fils *(the son)*, le bonbon *(the sweet)*, acheter qc. à qn. *(to buy s.o. s.th.)*, le mari *(the husband)*, la voiture *(the car)*, rapporter qc. à qn. *(here: to take s.th. along for s.o.)*, la tablette de chocolat *(the chocolate bar)*, la noisette *(the hazelnut)*, le raisin sec *(the raisin; le raisin = the grape)*, se mêler de qc. *(here: to meddle/interfere with s.th.)*, penser à faire qc. *(to remember to do s.th.)*, la pêche *(here: the peach)*, choisir qc. *(to choose s.th.)*, blanc/f. blanche *(white)*, jaune *(yellow)*, la prochaine fois *(next time)*, vos petites affaires *(coll.; here: your stuff, your things)*

Answer Keys

Solutions for A1.

L1. Quand pars-tu?
L2. D'où est-ce que vous venez?
L3. Que désirez-vous?
L4. Tu manges quoi? *(coll.; better:* Qu'est-ce que tu manges?*)*
L5. Comment va-t-il?
L6. Avec qui est-ce que vous êtes venus?
L7. Pourquoi est-ce que tu as une bosse?
L8. Qui est-ce?
L9. Dans quoi est-ce que tu rassembles tes affaires?
L10. Qu'est-ce qui fait ce bruit? *(qu'est-ce qui = subject)*

Solutions for A2.

L1. Quelle veste est-ce que tu vas acheter?
L2. Quel bus avez-vous pris?
L3. De quel croissant est-ce que tu as envie?
L4. Quelle heure est-il?
L5. À quelles excursions est-ce que vous avez participé?
L6. Quel temps fait-il?
L7. Quels desserts est-ce que tu aimes?
L8. Quel âge as-tu?
L9. Quelles chaussures est-ce que tu mets?
L10. Quels romans préférez-vous?

Solutions for B1.

(a)
L1. «<u>Quelle</u> robe dois-je mettre? La noire ou la bleue?» «N'importe <u>laquelle</u>!»
L2. Ce restaurant propose plusieurs menus. <u>Lequel</u> est-ce que je vais prendre? Et <u>quel</u> vin est-ce que je vais boire?
L3. *Une cliente chez l'opticien:* «Il me faut de nouvelles lunettes. <u>Lesquelles</u> me conseillez-vous?»
L4. *En hiver:* Dans ce tiroir, il y a plusieurs gants. <u>Lesquels</u> sont à toi? Et <u>quel</u> cache-nez est-ce que tu mets, le rouge ou le jaune?
L5. <u>Quel</u> sale temps! Il pleut et il fait froid! <u>Lequel</u> de mes deux manteaux est-ce que je vais sortir de l'armoire?

(b)

L1. Lequel de ces deux exercices est-ce que je vais faire d'abord?

L2. Lesquels de ces quatre médicaments est-ce qu'il doit prendre le matin? (*Or:* Lesquels de ces quatre médicaments est-ce que M. Deschamps doit prendre le matin?)

L3. Lesquelles de ces cinq sortes de biscuits est-ce que tu préfères?

L4. Laquelle de ces deux valises est-ce que tu peux me prêter?

Solutions for B2.

L1. À quoi penses-tu?

L2. De qui est-ce que tu parles?

L3. À quel jeu est-ce que nous jouons? (/... est-ce qu'on joue?)

L4. Le chat se cache sous une armoire. Mais sous laquelle?

L5. Alain a peur d'un prof. Mais duquel?

L6. Sur quel parking est-ce que tu as garé ta voiture?

L7. Brigitte a dansé avec qui?

L8. Nous avons rêvé des vacances. Mais desquelles? (de + lesquelles)

L9. Tu n'as pas répondu à toutes les questions. Auxquelles est-ce que tu as répondu? Et auxquelles est-ce que tu n'as pas répondu? (à + lesquelles)

L10. Vous protestez contre quoi?

Solutions for C.

L1. Mme Daubreuil revient des courses. Lucien, son fils de neuf ans, lui demande: «Quels bonbons est-ce que tu m'as achetés?»

L2. Son mari, lui, veut savoir: «Quelle voiture est-ce que tu as prise pour faire les courses? La mienne ou la tienne?»

L3. Lucien insiste: «Tu as dit que tu me rapporterais une tablette de chocolat aux noisettes ou une tablette de chocolat aux raisins secs. Laquelle des deux est-ce que tu m'as rapportée?»

L4. Sa fille Aurélie s'en mêle: «Tu as pensé à prendre des pêches? Lesquelles as-tu choisies, les blanches ou les jaunes?»

L5. Mme Daubreuil répond: «Quelle famille d'impatients! La prochaine fois, vous viendrez avec moi, comme ça, vous choisirez vos petites affaires vous-mêmes.»

11. Two object pronouns in a sentence

A. Brush up: basic sentences with objects

This is the basic pattern for main clauses:

$$\mathbf{S}\text{ubject} + \mathbf{P}\text{redicate} + \mathbf{O}\text{bjects (direct => indirect)}$$

Remember:
Subject = word/phrase about which the sentence makes a statement, usually a noun or a subject pronoun
Predicate = usually the verb that belongs to the subject
Objects = complements to the verb that answer questions such as whom? what? which? to whom? of what?
Adverbial elements = complements that give further details and answer questions such as when? how? why? where?

> *Example:*
> *Verb:* apporter qc. à qn. *(to bring s.o. s.th.)*
> Valérie (**S**) apporte (**P**) un cadeau (dir. **O**.) à Marc (ind. **O**.).

IMPORTANT:
Always learn verbs along with their complements, that is, the objects they can have and the prepositions they may take, like in the example above. When remembered in this way, a verb can serve as a blueprint for correct sentences. For a short list of verbs, see the appendix, p. 249.

A direct object is an object that is placed **directly next to the verb**, i.e., **without a preposition**.
> *Example:*
> regarder **qn./qc.** => Marc regarde **le film**.
> *(to look at/watch s.o./s.th. => Marc is watching the film.)*

An indirect object is an object that comes with the **preposition "à"** – it is therefore *not* placed directly next to the verb.
> *Example:*
> parler **à qn.** => Brigitte parle **à Zoé**.
> *(to talk to s.o. => Brigitte is talking to Zoé.)*

Prepositional objects are objects that come with **other prepositions**.

> *Examples:*
> parler **de qc.** => Nous parlons **de la fête.**
> *(to talk about s.th. => We are talking about the party.)*
> danser **avec qn.** => Marc danse **avec Amélie.**
> *(to dance with s.o. => Marc is dancing with Amélie.)*

"Intransitive" verbs do not have an object. (For intransitive verbs with a transitive usage, see chapter 1 B3., 20)

> *Example:*
> arriver *(to arrive)*
> => Le bus arrive. *(The bus is arriving.)*

About the terminology:
Usually prepositional objects are simply called indirect objects too. Nevertheless, it is useful to make that distinction, because they do not take the same pronouns; see B., 156.

Exercise A.
(a) What kind of object is it? Indirect, direct or prepositional? (solution p. 169)

1. Je n'ai pas trouvé la sortie du labyrinthe. => ?
2. Téléphone à Philippe, il voulait te parler. => ?
3. Géraldine joue de la guitare. => ?
4. Nous protestons contre la hausse des prix. => ?

Vocabulary:
la sortie *(the exit)*, jouer de qc. *(to play s.th.: an instrument)*, contre *(against)*, la hausse des prix *(the increase in prices)*

(b) Build sentences in the présent with the following words. If necessary, add "à" or "de". (S = subject; solution p. 169)

Hint: Remember the complete verb with its complements first. For this exercise you can look up the verbs in the appendix, p. 249.

1. sauver – l'incendie – le pompier (S) – les enfants
2. la dame – la porte – ouvrir – l'homme poli (S)
3. sa bonne note en français – être content – Adrien
4. une question – les élèves – le prof (S) – poser
5. les spectateurs – montrer – son numéro – l'acrobate (S)
6. un voyage autour du monde – rêver – nous
7. l'accord du participe passé – je – ma petite sœur – expliquer

Vocabulary:

un incendie *(a fire, a blaze)*, le pompier *(the fireman)*, un enfant *(a child)*, la dame *(the lady)*, la porte *(the door)*, un homme *(a man)*, poli *(polite)*, la note *(here: the mark, the grade at school)*, un élève *(a pupil)*, le prof *(coll.; the teacher)*, le numéro *(here: the circus act)*, un voyage autour du monde *(a trip around the world)*, l'accord (m.) du participe passé *(the agreement of the participe passé, see chapter 1 B2., 16)*, la sœur *(the sister)*

B. Brush up: objects and their pronouns

Note: This is a brief review of what is explained in Beginner's Edition I. If you would like more step-by-step explanations and exercises, have another look at that book.

B1. Object pronouns

Direct object pronouns replace direct objects (people and things).

	regarder qn./qc.: Nadine regarde <u>quelqu'un</u>. *(Nadine is looking at s.o.)*	
me*	Nadine **me** regarde.	*(at me)*
te*	Nadine **te** regarde.	*(at you)*
le*, la*	Nadine **le/la** regarde.	*(at him, her, it)*
nous	Nadine **nous** regarde.	*(at us)*
vous	Nadine **vous** regarde.	*(at you)*
les	Nadine **les** regarde.	*(at them)*

* before a vowel or a silent h: **m'**, **t'** and **l'**

Indirect object pronouns replace indirect objects (only people; for things, see B2., 158).

	répondre à qn. Frank répond <u>à quelqu'un</u>. *(Frank is responding to s.o.)*	
me*	Frank **me** répond.	*(me)*
te*	Frank **te** répond.	*(you)*
lui	Frank **lui** répond.	*(him, her)*
nous	Frank **nous** répond.	*(us)*
vous	Frank **vous** répond.	*(you)*
leur	Frank **leur** répond.	*(them)*

* before a vowel or a silent h: **m'** and **t'**

Put the pronouns before the conjugated verb or, if there is one, before the infinitive.

> *Example:*
> Je lui parle. *(I'm talking to him/her.)*
> Je vais lui parler. *(I'm going to talk to him/her.)*

IMPORTANT:

If there is a direct object pronoun before a verb in a compound tense (e.g., passé composé), the participe passé has to agree with it in gender and number. See chapter 1 B2. (b), p. 17.

> *Example:*
> J'ai visité l'exposition (f.). => Je l'ai visitée.
> *(I visited the exhibition. => I visited it.)*

Note:
The direct object pronoun "le" can be used as a neutral pronoun, meaning "it".
> *Example:* Je le sais. *(I know it.)*

Exercise B1.
(a) Replace the marked object with the appropriate object pronoun, direct or indirect. (solution p. 169)

1. Je demande une information à Sophie.
2. M. Pradel cherche la solution.
3. Le prof parle aux parents.
4. Le cuisinier prépare le gâteau.
5. Les élèves oublient leurs devoirs.
6. Nous avons regardé la télé.
7. Adrien a répondu à sa grand-mère.
8. Vous avez compris ces explications (f.)?
9. Cette maison a appartenu à mes grands-parents (m.).
10. Je n'ai pas retrouvé mes gants (m.).

Vocabulary:
le cuisinier/f. -ière *(the cook)*, le gâteau/pl. -x *(the cake)*, oublier qc. *(to forget s.th.)*, les devoirs *(m.; the homework)*, comprendre qc. *(to understand s.th.)*, une explication *(an explanation)*, appartenir à qn. *(to belong to s.o.)*, retrouver qc. *(to find s.th. again)*, le gant *(the glove)*

(b) Translate using the words in brackets. (p.c. = passé composé; solution p. 169)

1. M. André asks him for a coffee. (demander qc. à qn., un café)
2. Marcel is phoning them. (them = les filles, f.; téléphoner à qn.)
3. We help them. (them = les parents, m.; aider qn.)
4. I'm listening to him. (écouter qn.)

5. Someone has seen us. (p.c.; us = m.pl.; quelqu'un, voir qn.)
6. Amélie brought you a cake. (p.c.; you = f.pl.; apporter qc. à qn., un gâteau)
7. My friends waited for me. (p.c.; me = f.; attendre qn., mes amis)
8. The policeman asked you a question. (p.c.; you = f.sg.; poser une question à qn., le policier)
9. I helped you. (p.c.; you = f.sg.; aider qn.)
10. You listened to me. (p.c.; me = f.; écouter qn.)

B2. Adverbial pronouns

"y"

"y" replaces indirect objects that are things. (people see B1., 156).
> *Example:*
> Frank répond **à la lettre**. *(Frank replies to the letter.)*
> => Frank **y** répond. *(Frank replies to it.)*

"y" replaces **adverbial elements of place** – except those with the preposition "de".
> *Example:*
> Le chat est **sous le lit**. *(The cat is under the bed.)*
> => Le chat **y** est. *(The cat is there.)*

"en"

"en" replaces prepositional objects with "de" if they are things. (for people, see B3., 160, disjunctive personal pronouns)
> *Example:*
> Nous parlons **de notre voyage**. *(We talk about our trip.)*
> => Nous **en** parlons. *(We talk about it.)*

"en" replaces **adverbial elements of place with "de".**
> *Example:*
> Je viens **de Paris**. *(I'm coming from Paris.)*
> => J'**en** viens. *(I'm coming from there.)*

"en" replaces **quantities and numbers**. Numbers and expressions of quantity remain in their former place while you replace whatever they are quantifying. *Important:* The articles **un/une** are treated like a number. The other indefinite articles (des; du, de la, de l') are indefinite quantities.
> *Numbers:*
> Nous désirons **une chambre**. *(We would like to have a room.)*
> => Nous **en** désirons **une**. *(We would like to have one.)*
> Je mange **deux poires**. *(f.; I'm eating two pears.)*
> => J'**en** mange **deux**. *(I'm eating two of them.)*

Expressions of quantity:
Je voudrais **un kilo de haricots**. *(I would like a kilo of beans.)*
=> J'**en** voudrais **un kilo**. *(I would like a kilo (of them).)*
Nous avons **peu d'argent**. *(We have little money.)*
=> Nous **en** avons **peu**. *(We have little (of it).)*

Quantities: Indefinite plural article and partitive articles:
Vous prenez **des biscuits**? *(Do you take (some) biscuits?)*
=> Vous **en** prenez? *(Do you take some?)*
Vous prenez **du sucre**? *(Do you take (some) sugar?)*
=> Vous **en** prenez? *(Do you take some?)*

Exercise B2.
Replace the marked words with the appropriate object or adverbial pronoun. (solution p. 170)

1. Je veux <u>le journal</u>.
2. Je veux <u>un journal</u>.
3. Tu achètes <u>des pommes</u>.
4. Tu achètes <u>les pommes</u>.
5. Nous répondons <u>au prof</u>.
6. Nous répondons <u>à la question</u>.
7. Vous participez <u>au jeu</u>.
8. Vous téléphonez <u>à grand-mère</u>.
9. Maman rêve <u>d'une soirée à l'opéra</u>.
10. Je vais <u>à Calais</u>.
11. Je viens <u>de Calais</u>.
12. Nous sommes contents <u>de notre voyage</u>.
13. Le matin, je bois <u>deux verres d'eau</u>.
14. Il faut avoir <u>du courage</u>!
15. Je n'ai pas <u>beaucoup de temps</u>.

Vocabulary:
le journal /pl. -aux *(the newspaper)*, acheter qc. *(to buy s.th.)*, la pomme *(the apple)*, participer à qc. *(to participate in s.th.)*, le jeu /pl. -x *(the game)*, rêver de qc. *(to dream of s.th.)*, la soirée *(the evening)*, le voyage *(the trip, the journey)*, le matin *(here: in the morning)*, le verre d'eau *(the glass of water)*, le temps *(here: the time)*

B3. Disjunctive personal pronouns as objects

Prepositional objects that are people are replaced with the disjunctive personal pronouns. These stay where they are, along with their preposition.

> *Example:* compter **sur qn.** *(to count on s.o.)*
>
> Jacques compte **sur moi**. *(on me)*
> Jacques compte **sur toi**. *(on you)*
> Jacques compte **sur lui/elle**. *(on him /her)*
> Jacques compte **sur nous**. *(on us)*
> Jacques compte **sur vous**. *(on you)*
> Jacques compte **sur eux/elles**. *(on them)*

For advanced learners:
The following verbs with "à" require (with people) the disjunctive personal pronouns as well (instead of the indirect object pronouns): penser à qn. *(to think of/about s.o.)*, renoncer à qn. *(to renounce s.o.)*, faire attention à qn. *(to keep an eye on s.o., to look after s.o., to pay attention to s.o.)*, comparer qn. à qn. *(to compare s.o. to s.o.)*, être habitué à qn. *(to be accustomed to s.o.)*
Example: Je pense à lui. *(I think of him.)*

Exercise B3.
Replace the marked words with the appropriate pronoun. (solution p. 170)

1. Nous parlons <u>de Marc</u>.
2. Nous parlons <u>de l'école</u>.
3. Laurent danse <u>avec les filles</u>.
4. Vous asseyez le bébé <u>dans la petite chaise</u>.
5. Les gens protestent <u>contre les hommes politiques corrompus</u>.
6. M. Guillot rêve <u>de ses enfants</u>.
7. M. Guillot rêve <u>de son travail</u>.
8. On retournera <u>au ciné</u> demain.

Vocabulary:
une école *(a school)*, la fille *(the girl)*, asseoir qn. *(to sit s.o. down; N.O. assoir)*, le bébé *(the baby)*, les gens *(m.pl.; people)*, un homme politique *(a politician)*, corrompu *(corrupt)*, rêver de qn./qc. *(to dream of s.o./s.th.)*, retourner *(here: to go again)*, le ciné *(coll. for le cinéma)*, demain *(tomorrow)*

B4. Reflexive pronouns

Reflexive pronouns of reflexive verbs are objects too. There is a short list of reflexive verbs in the appendix, p. 253.

	se laver *(to wash oneself)*
me*	Je **me** lave. *(myself)*
te*	Tu **te** laves. *(yourself)*
se*	Il/Elle **se** lave. *(himself/herself/itself)*
nous	Nous **nous** lavons. *(ourselves)*
vous	Vous **vous** lavez. *(yourselves)*
se*	Ils/Elles **se** lavent. *(themselves)*

* before a vowel or a silent h: **m', t'** and **s'**

Note:
With compound tenses you have to check whether the reflexive pronoun in a given sentence is a direct object or not, because if it is, the participe passé has to agree with it in gender and number. See more about this in chapter 1 B2.(c), 18.

Exercise B4.
Translate using the words in brackets. (solution p. 171)

1. You (pl.) wake up. (se réveiller)
2. You (sg.) are mistaken. (se tromper)
3. We see each other again. (se revoir)
4. I remember you (sg.). (se souvenir de qn./qc.)
5. You (pl.) are making fun of me. (se moquer de qn.)
6. The ladies are going away. (les dames, s'en aller)

B5. Pronouns and the imperative

With a negated imperative the pronouns (object, adverbial or reflexive) keep the same position as in a clause of statement, which in the following examples is before the conjugated verb.
> *Examples:*
> Ne **me** regarde pas. *(Don't look at me.)*
> Ne **lui** écris pas. *(Don't write to him/her.)*
> N'**y** va pas. *(Don't go (there).)*
> N'**en** mange pas. *(Don't eat any of it.)*
> Ne **te** lève pas. *(Don't get up.)*

With an affirmative imperative the pronoun is placed after the verb and connected with a hyphen; **me and te become moi and toi.**

> *Examples:*
> Regarde-**moi**. *(Look at me.)*
> Écris-**lui**. *(Write to him/her.)*
> Vas-**y**. *(Go (there).)*
> Manges-**en**. *(Eat of it/some.)*
> Lève-**toi**. *(Get up.)*

IMPORTANT:
Concerning the imperative of the verbs in -er, you will need to reinsert the -s in the 2nd p.sg. if "y" or "en" follows, because of the liaison. (Va. Vas-y. Mange. Manges-en.)

Note: That position does not apply if the pronoun belongs to an infinitive.
> Va l'aider. *(Go (and) help him/her.)*
> => "l'" refers to "aider", not to "va".

Exercise B5.
Change into the affirmative imperative. (solution p. 171)

1. Ne le dis pas à Eric. *(Don't tell it Eric.)*
2. Ne nous montrez pas la solution. *(Don't show us the solution.)*
3. Ne te mouche pas. *(Don't blow your nose.)*
4. N'en donne pas à Giselle. *(Don't give of it to Giselle.)*
5. N'y pense plus. *(Don't think about it anymore.)*
6. Ne nous amusons pas. *(Let's not have fun.)*
7. Ne m'aide pas. *(Don't help me.)*
8. Ne leur demande pas le chemin. *(Don't ask them the way.)*
9. Ne lui parle pas. *(Don't talk to him /her.)*
10. Ne les dérangeons pas. *(Let's not disturb them.)*

Vocabulary:
se moucher *(to blow one's nose)*, s'amuser *(to have fun)*, déranger qn./qc. *(to disturb s.o./s.th.)*

C. Two object pronouns in a sentence

C1. Clauses of statement and questions

Combining two pronouns (object, adverbial or reflexive) within a sentence raises the question of **where and in which order to place them**.

First, let's form three groups:
I.   me, te, se, nous, vous *(direct, indirect, reflexive)*
II. le, la, les *(direct, 3rd p.)*
III. lui, leur *(indirect, 3rd p.)*

1st case: One of the pronouns is "le, la or les"

These pronouns can be combined with every other one, the order being the one of the groups – the pronouns in group I come before "le, la, les"; the pronouns in group III come after it.

=>	=>	=>	=>
me te se *(refl.)* nous vous	**le** **la** **les**	lui leur	y, en
I.	II.	III.	

Examples:
Combination of pronouns in groups II and III:
Je raconte **mon histoire à Philippe**.
=> Je **la lui** raconte.
(I tell Philippe my story. => I tell him about it.)

Combination of pronouns in groups I and II:
Le chien **m'apporte mes pantoufles**.
=> Le chien **me les** apporte.
(The dog brings me my slippers. => The dog brings them to me.)

Exercise C1. (a)
Replace the marked words with the appropriate pronouns. (solution p. 171)

Hint: First find out which pronouns are needed. Then remember the order of the three groups.

1. Le prof explique l'exercice (m.) aux élèves.
2. Viviane se rappelle sa grand-mère.
3. Le concierge nous a ouvert la porte.
4. Je montre les photos (f.) de mes vacances à ma sœur.
5. M. Lemaire me présente sa femme.
6. Nous vous donnons la clé de notre voiture.
7. Tu l'as déjà dit à Jean? (l'/le = *it*)

Vocabulary:
expliquer qc. à qn. *(to explain s.th. to s.o.)*, se rappeler qn./qc. *(to remember s.o./s.th.)*, le concierge *(here: the caretaker, the porter)*, ouvrir qc. à qn. *(to open s.th. for s.o.)*, la porte *(the door)*, montrer qc. à qn. *(to show s.o. s.th.)*, la sœur *(the sister)*, présenter qn. à qn. *(to introduce s.o. to s.o.)*, la femme *(here: the wife)*, la clé *(the key)*, dire qc. à qn. *(to say s.th. to s.o./to tell s.o. s.th.)*, déjà *(already)*

2nd case: Combinations with "y" or "en"

Any pronoun in the three groups can be combined with "y" or "en" (the order is shown in the table above – y and en come last in combinations of pronouns).

Examples:
Je parle **de l'affaire à Isabelle**. => Je **lui en** parle.
(I talk to Isabelle about the matter. => I talk to her about it.)

J'accompagne **Marthe à Nice**. => Je **l'y** accompagne.
(I go with Marthe to Nice. I go there with her.)

Pierre **nous** offre **des chocolats**. => Pierre **nous en** offre.
(Pierre is giving us chocolates. => Pierre is giving us some.)

Il **y** a **du café**. => Il **y en** a.
(There is coffee. => There is some.)

Exercise C1. (b)
Replace the marked words with the appropriate pronouns. (solution p. 171)

1. Anne remercie <u>Claudette de son cadeau</u>.
2. Nous avons rencontré <u>nos copains (m.)</u> au cinéma.
3. Xavier a parlé <u>de ses problèmes à ses parents</u>.
4. Mon ami m'achète <u>trois limonades</u>.
5. Et moi, j'apporte <u>du café à mon ami</u>.
6. Le prof t'a inscrit <u>au cours de rattrapage</u>.
7. Bastien s'est cassé <u>une jambe</u>.
8. Il y a <u>des sandwichs</u> sur la table.

Vocabulary:
remercier qn. de qc. *(to thank s.o. for s.th.)*, le cadeau /pl. -x *(the gift)*, rencontrer qn. *(to meet s.o.)*, le copain *(the friend, the pal; f.: la copine)*, acheter qc. à qn. *(to buy s.o. s.th.)*, apporter qc. à qn. *(to bring s.o. s.th.)*, inscrire qn. à qc. *(to enrol, to register s.o. for s.th.)*, le cours de rattrapage *(remedial class)*, se casser une jambe *(to break one's leg)*

3rd case: Neither "le, la, les" nor "y, en"

For clauses with a combination of pronouns in groups I (me, te, se, nous, vous) and III (lui, leur) or a combination of pronouns in group I (as direct and indirect objects), you need a different pattern. In these cases the direct object pronouns remain before the verb and the **indirect object pronouns are put after it, but in the form of à + disjunctive pronoun**.

direct object		**indirect object**
=>	=>	=>
me		à moi
te		à toi
se (refl.)	VERB	à lui/elle
nous		à nous
vous		à vous
se (refl.)		à eux/elles

Example:
Martin **s'**intéresse **à Nadja**. *(Martin is interested in Nadja.)*
Problem: "se" cannot be combined with "lui".
Solution: Martin **s'**intéresse **à elle**. *(Martin is interested in her.)*

Note: This often concerns reflexive verbs taking the form of "se ... à qn." such as s'adresser à qn., se confier à qn., se montrer à qn., se présenter à qn., se recommander à qn., se joindre à qn., s'intéresser à qn., ...

Exercise C1. (c)
Replace the marked words with the appropriate pronouns. (solution p. 172)

Hint: All three cases are to be found, and prepositional objects as well.

1. Le directeur s'adresse <u>à ses employés</u>.
2. Je m'intéresse <u>au sport</u>.
3. Le journaliste pose <u>une question à l'homme politique</u>.
4. Tu ne t'habitues pas <u>à tes nouveaux voisins</u>?
5. Vous vous occupez <u>de cette affaire</u>.
6. Marcel parle <u>de sa copine à ses parents (m.)</u>.
7. Grand-mère se souvient <u>de son enfance</u>.
8. Elle se souvient aussi <u>de son premier ami</u>.
9. Jacqueline prête <u>ses chaussures à Amélie</u>.
10. Amélie donne <u>un livre à Jacqueline</u>.

Vocabulary:
s'adresser à qn. *(to speak to s.o., to address s.o.)*, un employé *(an employee)*, un homme politique *(a politician)*, s'habituer à qn./qc. *(to get accustomed to s.o./s.th.)*, le voisin *(the neighbo(u)r)*, s'occuper de qc. *(to deal with s.th.)*, la copine *(the friend, the pal; m.:* le copain*)*, se souvenir de qn./qc. *(to remember s.o./s.th.)*, l'enfance *(f.; the childhood)*, prêter qc. à qn. *(to lend s.th. to s.o.)*

C2. Affirmative imperative clauses

As you already know, with a **negated imperative** the pronouns keep the same position as in a clause of statement.

> *Example:*
> Ne donne pas **la clé à Mireille**. => Ne **la lui** donne pas.
> *(Don't give the key to Mireille. => Don't give it to her.)*

The **affirmative imperative** has its own rules (brush up on the basics at B5., 161, if necessary).

1st case: One of the pronouns is "le, la, les"

The order in this case is:

"le, la, les" => every other pronoun

> *Examples:*
> Apprends-**moi cette chanson**. => Apprends-**la-moi**.
> *(Teach me that song. => Teach it to me.)*
>
> Rends **le livre à ton frère**. => Rends-**le-lui**.
> *(Give the book back to your brother. => Give it back to him.)*

2nd case: Combinations with "y" or "en"

As mentioned above, every pronoun can be combined with "y" or "en", but "me" and "te" get apostrophized instead of becoming moi and toi (avoid the combinations "m'y" and "t'y" because they sound clumsy).

> *Examples:*
> Parle-**moi de tes soucis**. => Parle-**m'en**.
> *(Tell me about your worries. => Tell me about them.)*
>
> Rendez-**vous à Paris**. => Rendez-**vous-y**.
> *(Go to Paris. => Go there. verb:* se rendre*)*
>
> Look at that very common expression:
> **s'en aller**
> => Va-t'en! *(Go away!)*
> => Allez-vous-en! *(Go away!)*

3rd case: Neither "le, la, les" nor "y, en"

As with the clause of statement, the indirect object pronouns are placed after the verb in the form of "à + disjunctive pronoun".

> *Example:*
> Adresse-toi à Pierre. => Adresse-toi à lui.
> *(Speak to Pierre. => Speak to him. verb:* s'adresser à qn.*)*

Exercise C2.
Replace the marked words with the appropriate pronouns. (solution p. 172)

1. Pose <u>ta question au prof</u>.
2. Explique-moi <u>cet exercice</u>.
3. Donne-moi <u>du lait</u>.
4. Écris-lui <u>une lettre</u>.
5. Plains-toi <u>à Adrien</u>.
6. Montre <u>les jouets aux enfants</u>.
7. Souviens-toi <u>de tes amis</u>.
8. Souvenez-vous <u>des dernières vacances</u>.
9. Demande <u>trois cafés au barman</u>.
10. Occupe-toi <u>de la réparation de la voiture</u>.

Vocabulary:
poser une question à qn. *(to ask s.o. a question)*, expliquer qc. à qn. *(to explain s.th. to s.o.)*, donner qc. à qn. *(to give s.o. s.th./s.th. to s.o.)*, le lait *(the milk)*, écrire qc. à qn. *(to write s.o. s.th.)*, se plaindre à qn. (to complain to s.o.), montrer qc. à qn. *(to show s.o. s.th.)*, le jouet *(the toy)*, se souvenir de qn./qc. *(to remember s.o./s.th.)*, demander qc. à qn. *(to ask s.o. for s.th.)*, s'occuper de qc. *(to deal with s.o./s.th.)*, la réparation *(the repair)*, la voiture *(the car)*

Answer Keys

Solutions for A.

(a)
L1. direct object (trouver qc.)
L2. indirect object (téléphoner à qn.)
L3. prepositional object (jouer de qc.; instrument)
L4. prepositional object (protester contre qc.)

(b)
L1. Le pompier sauve les enfants de l'incendie. (sauver qn. de qc. = *to save s.o. from s.th.*)
L2. L'homme poli ouvre la porte à la dame. (ouvrir qc. à qn. = *to open s.th. for s.o.*)
L3. Adrien est content de sa bonne note en français. (être content de qc. = *to be pleased with s.th.*)
L4. Le prof pose une question aux élèves. (poser une question à qn. = *to ask s.o. a question*)
L5. L'acrobate montre son numéro aux spectateurs. (montrer qc. à qn. = *to show s.o. s.th.*)
L6. Nous rêvons d'un voyage autour du monde. (rêver de qc. = *to dream of s.th.*)
L7. J'explique l'accord du participe passé à ma petite sœur. (expliquer qc. à qn. = *to explain s.th. to s.o.*)

Solutions for B1.

(a)
L1. Je <u>lui</u> demande une information. (demander qc. <u>à qn.</u>)
L2. M. Pradel <u>la</u> cherche. (chercher qc.)
L3. Le prof <u>leur</u> parle. (parler à qn.)
L4. Le cuisinier <u>le</u> prépare. (préparer qc.)
L5. Les élèves <u>les</u> oublient. (oublier qc.)
L6. Nous <u>l'</u>avons regardé<u>e</u>. (regarder qc.)
L7. Adrien <u>lui</u> a répondu. (répondre à qn.)
L8. Vous <u>les</u> avez compris<u>es</u>? (comprendre qc.)
L9. Cette maison <u>leur</u> a appartenu. (appartenir à qn.)
L10. Je ne <u>les</u> ai pas retrouvé<u>s</u>. (retrouver qc.)

(b)
L1. M. André <u>lui</u> demande un café. *(demander qc. <u>à qn.</u>)*
L2. Marcel <u>leur</u> téléphone. *(téléphoner <u>à qn.</u>)*

L3. Nous <u>les</u> aidons. *(aider qn.)*
L4. Je <u>l'</u>écoute. *(écouter qn.)*
L5. Quelqu'un <u>nous</u> a vu<u>s</u>. *(voir qn.; nous = direct, agreement)*
L6. Amélie <u>vous</u> a apporté un gâteau. *(apporter qc. à qn.; vous = indirect, no agreement)*
L7. Mes amis <u>m'</u>ont attendu<u>e</u>. *(attendre qn.; me = direct, agreement)*
L8. Le policier <u>t'</u>a posé une question. *(poser une question à qn.; te = indirect, no agreement)*
L9. Je <u>t'</u>ai aidé<u>e</u>. *(aider qn.; te = direct, agreement)*
L10. Tu <u>m'</u>as écouté<u>e</u>. *(écouter qn.; me = direct, agreement)*

Solutions for B2.

L1. Je <u>le</u> veux.
L2. J'<u>en</u> veux <u>un</u>. *(indefinite article "un" = number 1)*
L3. Tu <u>en</u> achètes. *(indefinite article "des" = an indefinite quantity; You buy "some" of them.)*
L4. Tu <u>les</u> achètes.
L5. Nous <u>lui</u> répondons. *(people: indirect object pronouns)*
L6. Nous <u>y</u> répondons. *(things: y)*
L7. Vous <u>y</u> participez. *(things: y)*
L8. Vous <u>lui</u> téléphonez. *(people: indirect object pronouns)*
L9. Maman <u>en</u> rêve. *(object with "de": en)*
L10. J'<u>y</u> vais. *(element of place: y)*
L11. J'<u>en</u> viens. *(element of place with "de": en)*
L12. Nous <u>en</u> sommes contents. *(object with "de": en)*
L13. Le matin, j'<u>en</u> bois <u>deux verres</u>. *(expression of quantity)*
L14. Il faut <u>en</u> avoir! *(partitive article "du" = an indefinite quantity; You need to have "some"!)*
L15. Je n'<u>en</u> ai pas <u>beaucoup</u>. *(expression of quantity)*

Solutions for B3.

L1. Nous parlons <u>de lui</u>.
L2. Nous <u>en</u> parlons. *(a thing with "de": en)*
L3. Laurent danse <u>avec elles</u>.
L4. Vous <u>y</u> asseyez le bébé. *(element of place: y)*
L5. Les gens protestent <u>contre eux</u>.
L6. M. Guillot rêve <u>d'eux</u>.
L7. M. Guillot <u>en</u> rêve. *(a thing with "de": en)*
L8. On <u>y</u> retournera demain. *(element of place: y)*

Solutions for B4.

L1. Vous vous réveillez.
L2. Tu te trompes.
L3. Nous nous revoyons. (/On se revoit.)
L4. Je me souviens de toi.
L5. Vous vous moquez de moi.
L6. Les dames s'en vont.

Solutions for B5.

L1. Dis-le à Eric.
L2. Montrez-nous la solution.
L3. Mouche-toi.
L4. Donnes-en à Giselle.
L5. Penses-y.
L6. Amusons-nous.
L7. Aide-moi.
L8. Demande-leur le chemin.
L9. Parle-lui.
L10. Dérangeons-les.

Solutions for C1.

(a)
L1. Le prof le leur explique. *(le = l'exercice, leur = aux élèves)*
L2. Viviane se la rappelle.
L3. Le concierge nous l'a ouverte. *(l'= la porte)*
L4. Je les lui montre. *(les = les photos de mes vacances, lui = à ma sœur)*
L5. M. Lemaire me la présente.
L6. Nous vous la donnons. *(la = la clé de notre voiture)*
L7. Tu le lui as déjà dit?

(b)
L1. Anne l'en remercie. *(l' = Claudette, en = de son cadeau)*
L2. Nous les y avons rencontrés. *(les = nos copains, y = au cinéma)*
L3. Xavier leur en a parlé. *(leur = à ses parents, en = de ses problèmes)*
L4. Mon ami m'en achète trois.
L5. Et moi, je lui en apporte. *(lui = à mon ami, en = du café)*
L6. Le prof t'y a inscrit.
L7. Bastien s'en est cassé une.
L8. Il y en a sur la table.

(c)

L1. Le directeur <u>s'</u>adresse <u>à eux</u>.
L2. Je <u>m'y</u> intéresse.
L3. Le journaliste <u>lui en</u> pose <u>une</u>.
L4. Tu ne <u>t'</u>habitues pas <u>à eux</u>?
L5. Vous <u>vous en</u> occupez. *(de + thing: en)*
L6. Marcel <u>leur</u> parle <u>d'elle</u>. *(de + person: disjunctive pronoun; see B3., 160)*
L7. Grand-mère <u>s'en</u> souvient.
L8. Elle <u>se</u> souvient aussi <u>de lui</u>.
L9. Jacqueline <u>les lui</u> prête.
L10. Amélie <u>lui en</u> donne <u>un</u>.

Note: How often did you choose the wrong pronoun? Review the basics as many times as needed (see B., 156)!

Solutions for C2.

L1. Pose-<u>la-lui</u>.
L2. Explique-<u>le-moi</u>.
L3. Donne-<u>m'en</u>.
L4. Écris-<u>lui-en</u> une.
L5. Plains-toi <u>à lui</u>.
L6. Montre-<u>les-leur</u>.
L7. Souviens-toi <u>d'eux</u>. *(people)*
L8. Souvenez-<u>vous-en</u>. *(things)*
L9. Demande-<u>lui-en</u> trois.
L10. Occupe-<u>t'en</u>.

12. Relative clauses

A. Brush up

This is a brief review of what is explained in Beginner's Edition I. If you would like more step-by-step explanations and exercises, have another look at that book.

A1. Relative clauses with "qui" and "que"

Relative clauses are subordinate clauses that usually give further information about a part of the main clause. They are introduced with a **relative pronoun**.

"**qui**" (= who, which, that) **is always the subject of the relative clause.** It does not get apostrophized.
> *Examples:*
> Giselle a une amie *qui* **habite à Nantes**.
> *(Giselle has a friend who lives in Nantes.)*
> Le bus *qui* **arrive** n'est pas le bon.
> *(The bus that is arriving isn't the right one.)*

"**que**" (= whom, which, that) **is always the direct object of the relative clause.** Before a vowel or a silent h it gets apostrophized to "qu'".
> *Examples:*
> Le livre *que* **je lis** est intéressant.
> *(The book I'm reading is interesting.)*
> Laurent m'a présenté la fille *qu'***il aime**.
> *(Laurent has introduced to me the girl he loves.)*

IMPORTANT:
Because "que" is a direct object placed before the verb of the relative clause, the participe passé has to agree with it in gender and number if the verb is in a compound tense (like the passé composé). See chapter 1 B2., 16.
> *Example:*
> La table **que j'ai achetée hier** est en bois massif.
> *(The table I bought yesterday is made of solid wood.)*
> => "que" refers to "la table", therefore "acheté" gets an additional "-e".

Exercise A1.
Add "qui" or "que". Does the participe passé have to agree? (solution p. 186)

Hint: Is there a subject in the relative clause or does it still need one?

1. Ensemble, nous mangeons la tarte _____ maman a préparé___.
2. Maman a choisi une recette _____ n'a pas demandé___ beaucoup de travail.
3. Dedans, il y a beaucoup d'amandes (f.) _____ elle a mélangé___ avec des œufs.
4. Même Nathalie, _____ a toujours détesté____ les sucreries, adore cette tarte-là.
5. La tarte est même meilleure _____ les biscuits (m.) au chocolat que maman a fait___ à Noël.
6. Moi, c'est le fait de prendre un goûter en famille _____ j'apprécie le plus.

Vocabulary:
ensemble *(together)*, manger qc. *(to eat s.th.)*, préparer qc. *(to prepare s.th.)*, choisir qc. *(to choose s.th.)*, la recette *(the recipe)*, beaucoup de travail *(a lot of work)*, dedans *(in it, inside)*, une amande *(an almond)*, mélanger qc. avec qc. *(to mix s.th. with s.th.)*, un œuf *(an egg)*, même *(here: even)*, la sucrerie *(the sweet)*, Noël *(m.; Christmas)*, le fait de + inf. *(the fact of ...ing)*, le goûter en famille *(the afternoon tea with the family)*, apprécier qn./qc. *(here: to appreciate s.th.)*

A2. Relative clauses with "où"

The relative pronoun "où" *(where)* usually refers to **places**.

Examples:

Voilà la rue **où j'habite**.
(Here is the street where I live/I'm living in.)

L'endroit **où la maison se trouvait** a subi un tremblement de terre.
(The place where the house was located was hit by an earthquake.)

Note:
"où" is also used in combination with some prepositions, e.g., "d'où" *(where from)*. Furthermore, "où" can be used in combinations with a temporal meaning, e.g., "à l'heure où" *(at the time (when))*, "au moment où" *(the moment (when))*.

Exercise A2.

Change the underlined sentence into a relative clause with "qui", "que" or "où". (solution p. 186)

Example:
J'ai une amie. <u>Elle habite à Nantes.</u>
=> J'ai une amie qui habite à Nantes.

1. Nous cherchons un hôtel. <u>Nous pourrions passer la nuit à l'hôtel.</u>
2. Matthias prépare un exposé. <u>Il présentera l'exposé la semaine prochaine.</u>
3. M. Vantard possède une voiture. <u>Elle peut rouler à 200 kilomètres à l'heure.</u>
4. J'habite dans un quartier. <u>Il y a beaucoup de maisons anciennes dans ce quartier.</u>
5. Marcelline aide Amélie. <u>Amélie a des problèmes en maths.</u>

Vocabulary:
passer la nuit *(to spend the night)*, un exposé *(here: a presentation at school)*, la semaine prochaine *(next week)*, posséder qc. *(to own s.th., to possess s.th.)*, rouler à 200 kilomètres à l'heure *(to go 200 km per hour: train, car)*, le quartier *(the district, the part of town)*, la maison *(the house)*, ancien/f. ancienne *(ancient)*

A3. Relative clauses with "ce qui" and "ce que"

The relative pronouns "ce qui" and "ce que" mean **"what"** or **"(that) which"**. They can refer to a a whole sentence or line of thought. "ce qui" is the subject and "ce que" the direct object of the relative clause.

Examples:

Je regrette tout **ce qui s'est passé**.
(I regret what happened.)

Je fais **ce que je veux**.
(I do what I want.)

Note:
If the relative clause gives only additional information about the main clause rather than indispensable information, you usually need a comma. This is often the case with "ce qui" and "ce que".

Example:
M. Vernet est en retard, ce qui m'étonne. *(Mr Vernet is late, which astonishes me.)*

Exercise A3.

Add the appropriate relative pronoun. Don't forget to make any necessary agreement. (qui, que, où, ce qui, ce que; solution p. 186)

1. Au self, les élèves mangent _____ leur plaît.
2. La rue _____ j'ai garé__ ma voiture est bloquée par un camion.
3. M. Bertin fait tout _____ il peut pour trouver un nouvel emploi.
4. La solution _____ Marc a trouvé__ n'est pas la bonne.
5. Cédric cherche quelqu'un _____ l'aiderait à faire ses devoirs.
6. Le dimanche, Frédéric dort jusqu'à midi, _____ son père trouve scandaleux.
7. Mme Marteau ne se rappelle plus _____ elle a mis__ son sac.
8. La matière _____ Philippe préfère, c'est le français.
9. Est-ce que tu sais déjà _____ est arrivé__ ce matin?
10. _____ j'aime le plus pendant l'été, c'est aller à la piscine avec mes amis.

Vocabulary:

le self *(= le self-service; i.e., the self-service restaurant)*, plaire à qn. *(to please s.o.;* ça me plaît *= I like it/this)*, garer une voiture *(to park a car)*, bloqué *(blocked)*, le camion *(the lorry, the truck)*, pour + inf. *(to, in order to)*, un emploi *(a job)*, le dimanche *(here: on Sundays)*, jusqu'à midi *(until noon/twelve o'clock)*, se rappeler qc. *(to remember s.th.)*, le sac *(the bag)*, la matière *(here: the subject at school)*, arriver *(here: to happen)*, ce matin *(this morning)*, pendant *(during)*, l'été *(m.; the summer)*, la piscine *(the swimming pool)*

B. Relative clauses with "dont"

The relative pronoun "dont" (= whose, of which, etc.) refers to all kinds of **complements with "de"** and to **numbers**.

There may be **complements with "de"** with:
verbs (parler **de qc.** = *to talk about s.th.*),
adjectives (être content **de qc.** = *to be pleased with s.th.*) and
nouns (le mari **de** Mme Blanche = *Mrs Blanche's husband*).

Examples:

Nous parlons d'un film. Le film était génial.
=> Le film **dont nous parlons** était génial.
(The film about which we are talking was great.)

Je suis content de ce dessin. Le dessin représente un oiseau.
=> Le dessin **dont je suis content** représente un oiseau.
(The drawing I'm pleased with represents a bird.)

Le mari de Mme Blanche est très malade. Mme Blanche se rend souvent à l'hôpital.
=> Mme Blanche, **dont le mari est très malade**, se rend souvent à l'hôpital.
(Mrs Blanche, whose husband is very sick, often goes to the hospital.)

With **numbers** the verb of the relative clause may be dropped.
Example:
Je mange trois biscuits. Deux **de** ces biscuits sont au chocolat.
(I'm eating three biscuits. Two of these biscuits are with chocolate.)
=> Je mange trois biscuits **dont deux au chocolat.**
(I'm eating three biscuits, two of which are with chocolate.)

Note:
If "de" is part of a prepositional expression like "près de" *(close to)* or "à côté de" *(next to, beside)*, "dont" cannot be used. In this case a relative clause with "de + lequel" is possible. See C2., 181.

Exercise B.

Change the underlined sentence into a relative clause with "dont". (solution p. 186)

Hint: The relative clause is to be placed after the word to which it refers.

1. <u>Brigitte a besoin d'un crayon.</u> Le crayon a disparu.
2. L'accident n'a heureusement pas fait de blessé. <u>Nous sommes responsables de cet accident.</u>
3. Julien possède une centaine de livres. <u>Quatre-vingts pour cent de ces livres sont de science-fiction.</u>
4. L'ami habite dans un village. <u>Pascal me parle souvent de cet ami.</u>
5. La maison est trop froide. <u>Le chauffage de la maison ne fonctionne pas bien.</u>
6. Le chien est un berger allemand. <u>Tout le monde a peur de ce chien.</u>
7. <u>M. Guérin est fier de son diplôme.</u> Le diplôme est un diplôme de chimie.
8. Je voudrais quatre sandwichs, s'il vous plaît. <u>Deux de ces sandwichs sont à emporter.</u>
9. <u>Nous rêvons d'un voyage.</u> Le voyage est un tour du monde.
10. L'ordinateur portable n'est plus bon à rien. <u>L'écran de l'ordinateur est cassé.</u>

Vocabulary:
avoir besoin de qc. *(to need s.th.)*, le crayon *(the pencil)*, disparaître *(to disappear)*, l'accident n'a pas fait de blessé *(nobody was hurt in the accident)*, le blessé *(the wounded person/casualty)*, être responsable de qc. *(to be responsible for s.th.)*, posséder qc. *(to own s.th., to possess s.th.)*, une centaine *(here: about hundred)*, pour cent *(percent)*, souvent *(often)*, froid *(cold)*, le chauffage *(the heating)*, le berger allemand *(the German shepherd)*, tout le monde *(everyone)*, avoir peur de qn./qc. *(to be afraid of s.o./s.th.)*, être fier de qc. *(to be proud of s.th.)*, la chimie *(the chemistry)*, à emporter *(to take away/along)*, rêver de qc. *(to dream of s.th.)*, le voyage *(the trip, the journey)*, le tour du monde *(the world trip)*, un ordinateur portable *(a laptop)*, n'être plus bon à rien *(to be not much good anymore)*, un écran *(a screen)*, cassé *(broken)*

C. Relative clauses with "preposition + lequel"

C1. Basics

If there is a preposition in your relative clause (e.g., pour, avec, sans, sur, par), use the relative pronoun "lequel".

Unlike the relative pronouns you know this far, "lequel" agrees in gender and number with the word it refers to (see "lequel" as an interrogative pronoun, chapter 10 B., 146).

	sg.	pl.
m.	**lequel**	**lesquels**
f.	**laquelle**	**lesquelles**

Examples:
Le livre **dans lequel j'ai trouvé cette idée** est très vieux.
(The book in which I found that idea is very old.)

Cette chose **pour laquelle tu as dépensé tout ton argent,** qu'est-ce que c'est?
(That thing on which you spent all your money, what is it?)

Voilà les médicaments **sans lesquels je ne peux plus vivre**.
(Here are the drugs without which I can't live anymore.)

Toutes les petites villes **par lesquelles nous sommes passés** étaient très jolies.
(All the small towns we passed through were very nice.)

Note: Unlike in English, French relative pronouns cannot be omitted and prepositions cannot be placed elsewhere.
  Example:
  La maison dans laquelle je vis ...
  (The house in which I'm living .../The house I'm living in ...)

Additional information:
Colloquially, preposition + lequel is used for things as well as for people, but with people it is often less awkward to use "preposition + qui" instead. See D1., 184.

Exercise C1.
(a) Add the appropriate form of "lequel". (solution p. 187)

1. Le bus par _____ mon ami doit arriver est en retard.
2. La raison pour _____ il est en retard? Je ne sais pas.
3. Dans ma ville, les bus sont des moyens (m.) de transport peu fiables sans _____ il serait impossible de se déplacer.
4. C'est parce que les rues du centre-ville sont toutes piétonnes. Il n'y a que quelques voies (f.) par _____ passent uniquement les bus.

Vocabulary:
en retard *(late)*, la raison *(the reason)*, la ville *(the town)*, le moyen de transport *(the means of transportation)*, peu fiable *(not very reliable)*, se déplacer *(to move)*, parce que *(because)*, le centre-ville *(the town centre)*, la rue piétonne *(the pedestrian street)*, la voie *(here: the lane)*

(b) Change the underlined sentence into a relative clause with "prep. + lequel". (solution p. 187)

1. Patricia essuie la table. <u>Elle a renversé son verre d'eau sur cette table</u>.
2. L'appareil (m.) photo a disparu. <u>Nous avons pris toutes nos photos avec cet appareil</u>.
3. Les fenêtres (f.) ont besoin d'être isolées. <u>Les courants d'air passent par ces fenêtres</u>.
4. Les toits (m.) d'abribus ne protègent pas des rafales de vent. <u>Nous nous abritons sous ces toits</u>.

Vocabulary:
essuyer qc. *(to wipe s.th., to dry s.th.)*, renverser qc. *(to knock s.th. over; to spill s.th.)*, le verre d'eau *(the glass of water)*, un appareil photo *(a camera)*, disparaître *(to disappear)*, la fenêtre *(the window)*, avoir besoin d'être isolé *(to need to be isolated)*, le courant d'air *(the draught/the draft)*, le toit *(the roof)*, un abribus *(a bus shelter; un abri = a shelter)*, protéger de qc. *(to protect from s.th.)*, la rafale de vent *(the gust of wind)*, s'abriter sous qc. *(to take shelter under s.th.)*

C2. With "à" or "de"

If the prepositions are "de" or "à", remember that they **contract** with the articles "le" and "les" (à + le => au; à + les => aux; de + le => du; de + les => des). You get the following forms:

	sg.	pl.
m.	**auquel**	**auxquels**
	duquel	**desquels**
f.	à laquelle	**auxquelles**
	de laquelle	**desquelles**

Important:
Here we are referring to the "de" in prepositional expressions such as "**à cause de**" *(because of)*. If "de" is on its own, you need to use the relative pronoun "dont" (see B., 177)

Examples:

Verneuil est un village **près duquel il y a un ruisseau**.
(Verneuil is a village near to which there is a stream.)

Le livre **auquel je pense** n'est plus imprimé.
(The book I'm thinking of isn't in print anymore)

Prepositional expressions include the following:
près de *(close to, near)*
loin de *(far from)*
à côté de *(by, next to)*
autour de *(around)*
au milieu de *(among, in the middle of)*
au-dessus de *(above)*
au-dessous de *(under)*
au bout de *(at the end of; after)*
à cause de *(because of)*
grâce à *(thanks to)*

Exercise C2.
Change the underlined sentence into a relative clause with "prep. + lequel".
(solution p. 187)

1. <u>Nous participons à un jeu.</u> Le jeu est un jeu de piste.
2. Nous passons par un tunnel. <u>Au bout de ce tunnel, on voit la lumière du jour.</u>
3. Cet acteur célèbre reçoit beaucoup de lettres (f.). <u>Il ne répond pas personnellement à ces lettres.</u>
4. La question est épineuse. <u>Je réfléchis à cette question.</u>
5. Les magasins (m.) marchent bien. <u>Il y a un grand parking près de ces magasins.</u>
6. Les vaches (f.) restent calmes. <u>Je me trouve au milieu de ces vaches.</u>
7. Les livres appartiennent à la bibliothèque. <u>Marcel a réussi ses études grâce à ces livres.</u>
8. La panne d'électricité a duré trente minutes. <u>Nous avons été bloqués dans l'ascenseur à cause de cette panne.</u>

Vocabulary:
participer à qc. *(to participate in s.th.)*, le jeu/pl. -x *(the game)*, le jeu de piste *(a treasure hunt kind of game)*, la lumière du jour *(the daylight)*, un acteur/f. actrice *(an actor)*, célèbre *(famous)*, recevoir qc. *(to get s.th., to receive s.th.)*, la lettre *(the letter)*, personnellement *(personally, in person)*, une question épineuse *(a tricky question;* épineux = *thorny)*, marcher bien *(here: to go well, to do good business)*, la vache *(the cow)*, rester calme *(to stay calm)*, se trouver *(to be; to find oneself)*, appartenir à qn./qc. *(to belong to s.o./s.th.)*, la bibliothèque *(the library)*, réussir ses études *(f.; to succeed in one's studies)*, la panne d'électricité *(the power failure)*, durer *(to last)*, être bloqué *(to be stuck)*, un ascenseur *(a lift, an elevator)*

C3. Summary

Here is an exercise with all the relative pronouns you have learned so far.

qui	who, which, that	*subject of the clause*
que	whom, which, that	*dir. object of the cl.*
où (d'où)	where (where from)	*places*
dont	whose, etc.	*with "de"*
prep.+lequel	on which, etc.	*with other prep.*
ce qui/ce que	what, etc.	*line of thought*

Final remark:
Relative clauses are a complex subject. If you like, expand your knowledge with section D. Advanced learners will find further information and more difficult exercises in the Advanced Learner's Edition.

Exercise C3.
Add the appropriate relative pronoun. (solution p. 187)

Hint: Look at the verbs. Do they need a preposition? If they do, which one? (appendix p. 249)

1. La voiture _____ je t'ai parlé n'est plus à vendre.
2. Le film _____ je pense ne passe pas au cinéma.
3. La montre _____ tu m'as donnée est déjà cassée!
4. Mon café est trop sucré, _____ je déteste.
5. C'est un exercice _____ rassemble tous les pronoms relatifs.
6. Le carrefour _____ a eu lieu l'accident est très dangereux.
7. La boulangerie près _____ j'ai garé ma voiture est pleine de clients.
8. Xavier a oublié le livre _____ il a besoin à l'école.
9. Pendant mon temps libre, je fais _____ me plaît.
10. L'armoire (f.) sous _____ la souris se cache est trop lourde pour être déplacée.

Vocabulary:
à vendre *(for sale)*, la montre *(the watch)*, cassé *(broken)*, sucré *(sweetened, sugared)*, détester qn./qc. *(to hate s.o./s.th.)*, rassembler qn./qc. *(to gather s.o./s.th.)*, le carrefour *(the crossroads)*, avoir lieu *(to take place, to happen)*, la boulangerie *(the bakery, the baker's shop)*, près de *(close to, near)*, garer une voiture *(to park a car)*, plein,e de ... *(full of ...)*, le client *(the customer)*, oublier qc. *(to forget s.th.)*, avoir besoin de qc. *(to need s.th.)*, le temps libre *(the free time)*, plaire à qn. *(to please s.o.; ça me plaît = I like it /this)*, une armoire *(a wardrobe)*, sous *(under)*, la souris *(the mouse)*, se cacher *(to hide)*, lourd *(heavy)*, pour + inf. *(to, in order to)*, déplacer qc. *(to move s.th.)*

D. Expansion

D1. "Prep. + lequel" or "prep. + qui"?

As mentioned, "preposition + lequel" should be used for things and "**preposition + qui**" for **people**. (You *do not* have to choose between qui and que in this case.)

> *Example:*
> La voiture **avec laquelle je suis venu** est en panne.
> *(The car I came with has broken down.)*
> L'ami **avec qui je suis venu** est parti.
> *(The friend I came with has left.)*

Exercise D1.
Change the underlined sentence into a relative clause with a preposition. Use "prep. + qui" when referring to people. (solution p. 188)

1. Le pont est en mauvais état. <u>Nous passons sur ce pont</u>.
2. La dame est professeur d'histoire. <u>Zoé parle à cette dame</u>.
3. La rue est barrée. <u>Il y a un chantier au bout de cette rue</u>.
4. Bastien enregistre une chanson. <u>Il espère gagner un concours avec cette chanson</u>.
5. Brigitte est une amie. <u>Je suis prête à tout faire pour cette amie</u>.
6. Grand-mère a perdu ses lunettes (f.). <u>Elle ne voit rien sans ces lunettes</u>.
7. Le collègue est vraiment casse-pieds. <u>Je ne m'entends pas très bien avec lui</u>.

Vocabulary:
le pont *(the bridge)*, le mauvais état *(the bad condition)*, barré *(here: closed)*, le chantier *(the building site)*, au bout de *(at the end of)*, enregistrer qc. *(here: to record s.th.)*, une chanson *(a song)*, espérer faire qc. *(to hope to do s.th.)*, gagner qc. *(to win s.th.)*, un concours *(here: a contest)*, être prêt à faire qc. *(to be ready to do s.th.)*, perdre qc. *(to lose s.th.)*, les lunettes *(f.pl.; the glasses)*, le collègue *(the colleague)*, casse-pieds *(coll.; who gets on your nerves; un casse-pieds = a pain in the neck)*, s'entendre bien avec qn. *(to get on/along well with s.o.)*

D2. ce dont

You already know "ce qui" and "ce que" *(what, which, etc.; see A3., 175)*. Those relative pronouns can refer to an entire sentence or line of thought. **However, if you have a verb or an expression with "de", you need "ce dont"** instead.

Examples:

Je regrette tout **ce qui s'est passé**. (qc. s'est passé)
(I regret what happened.)

Tout le monde se met à crier, **ce que je déteste**. (détester qc.)
(Everyone starts to shout, which I can't stand.)

Ma mère n'est plus malade, **ce dont je suis très content.** (être content de qc.)
(My mother isn't sick anymore, which I'm very glad about.)

Note:
For advanced learners: With things and other prepositions there is the combination "ce + prep. + quoi" *(about what, etc.)*.
> *Example:*
> Je dois arroser les plantes, ce à quoi je ne pense jamais.
> *(I have to water the plants, which I never think about.)*

Exercise D2.
Add "ce qui", "ce que" or "ce dont". (solution p. 188)

Hint: Look at the verb of the relative clause. Does it need "de" as a preposition? (appendix p. 249)

1. _____ je rêve, c'est d'une croisière en paquebot.
2. _____ j'aimerais faire, c'est partir en voyage.
3. _____ m'ennuie, c'est de travailler la nuit.
4. Ce supermarché est mal rangé. On ne trouve jamais _____ on a besoin.
5. Vous m'avez bien aidé, _____ je vous remercie.
6. Rire, voilà _____ je ferais à ta place.
7. Ce type prétend qu'il fera le tour du monde en 80 jours, _____ je doute.
(=> Jules Verne: Le tour du monde en 80 jours.)
8. Le ciel est plein de nuages, _____ m'inquiète.
9. _____ j'ai peur, c'est de rater mon examen.
10. Pierre est malade, mais il ne m'a pas dit _____ il souffre.

Vocabulary:
la croisière *(the cruise)*, le paquebot *(the ocean liner)*, ennuyer qn. *(to annoy s.o.)*, la nuit *(here: at night)*, rangé *(tidy, orderly)*, remercier qn. de qc. *(to thank s.o. for s.th.)*, rire *(to laugh)*, prétendre qc. *(to claim/to pretend s.th.)*, le ciel *(the sky)*, plein de ... *(full of ...)*, le nuage *(the cloud)*, inquiéter qn. *(to worry s.o.)*, rater un examen *(coll.; to fail an exam/a test)*, malade *(sick)*, souffrir de qc. *(to suffer from s.th.)*

Answer Keys

Solutions for A1.

L1. Ensemble, nous mangeons la tarte que maman a préparée.
L2. Maman a choisi une recette qui n'a pas demandé beaucoup de travail.
L3. Dedans, il y a beaucoup d'amandes qu'elle a mélangées avec des œufs.
L4. Même Nathalie, qui a toujours détesté les sucreries, adore cette tarte-là.
L5. La tarte est même meilleure que les biscuits au chocolat que maman a faits à Noël.
L6. Moi, c'est le fait de prendre un goûter en famille que j'apprécie le plus.

Solutions for A2.

L1. Nous cherchons un hôtel où nous pourrions passer la nuit.
L2. Matthias prépare un exposé qu'il présentera la semaine prochaine.
L3. M. Vantard possède une voiture qui peut rouler à 200 kilomètres à l'heure.
L4. J'habite dans un quartier où il y a beaucoup de maisons anciennes.
L5. Marcelline aide Amélie qui a des problèmes en maths.

Solutions for A3.

L1. Au self, les élèves mangent ce qui leur plaît.
L2. La rue où j'ai garé ma voiture est bloquée par un camion.
L3. M. Bertin fait tout ce qu'il peut pour trouver un nouvel emploi.
L4. La solution que Marc a trouvée n'est pas la bonne.
L5. Cédric cherche quelqu'un qui l'aiderait à faire ses devoirs.
L6. Le dimanche, Frédéric dort jusqu'à midi, ce que son père trouve scandaleux.
L7. Mme Marteau ne se rappelle plus où elle a mis son sac.
L8. La matière que Philippe préfère, c'est le français.
L9. Est-ce que tu sais déjà ce qui est arrivé ce matin?
L10. Ce que j'aime le plus pendant l'été, c'est aller à la piscine avec mes amis.

Solutions for B.

L1. Le crayon dont Brigitte a besoin a disparu.
L2. L'accident dont nous sommes responsables n'a heureusement pas fait de blessé.
L3. Julien possède une centaine de livres, dont quatre-vingts pour cent (sont) de science-fiction.
L4. L'ami dont Pascal me parle souvent habite dans un village.

L5. La maison <u>dont le chauffage ne fonctionne pas bien</u> est trop froide.
L6. Le chien <u>dont tout le monde a peur</u> est un berger allemand.
L7. Le diplôme <u>dont M. Guérin est fier</u> est un diplôme de chimie.
L8. Je voudrais quatre sandwichs <u>dont deux à emporter,</u> s'il vous plaît.
L9. Le voyage <u>dont nous rêvons</u> est un tour du monde.
L10. L'ordinateur portable <u>dont l'écran est cassé</u> n'est plus bon à rien.

Solutions for C1.

(a)
L1. Le bus par <u>lequel</u> mon ami doit arriver est en retard.
L2. La raison pour <u>laquelle</u> il est en retard? Je ne sais pas.
L3. Dans ma ville, les bus sont des moyens de transport peu fiables sans <u>lesquels</u> il serait impossible de se déplacer.
L4. C'est parce que les rues du centre-ville sont toutes piétonnes. Il n'y a que quelques voies par <u>lesquelles</u> passent uniquement les bus.

(b)
L1. Patricia essuie la table <u>sur laquelle elle a renversé son verre d'eau.</u>
L2. L'appareil photo <u>avec lequel nous avons pris toutes nos photos</u> a disparu.
L3. Les fenêtres <u>par lesquelles les courants d'air passent</u> ont besoin d'être isolées.
L4. Les toits d'abribus <u>sous lesquels nous nous abritons</u> ne protègent pas des rafales de vent.

Solutions for C2.

L1. Le jeu <u>auquel nous participons</u> est un jeu de piste.
L2. Nous passons par un tunnel <u>au bout duquel on voit la lumière du jour.</u>
L3. Cet acteur célèbre reçoit beaucoup de lettres <u>auxquelles il ne répond pas personnellement.</u>
L4. La question <u>à laquelle je réfléchis</u> est épineuse.
L5. Les magasins <u>près desquels il y a un grand parking</u> marchent bien.
L6. Les vaches <u>au milieu desquelles je me trouve</u> restent calmes.
L7. Les livres <u>grâce auxquels Marcel a réussi ses études</u> appartiennent à la bibliothèque.
L8. La panne d'électricité <u>à cause de laquelle nous avons été bloqués dans l'ascenseur</u> a duré trente minutes.

Solutions for C3.

L1. La voiture <u>dont</u> je t'ai parlé n'est plus à vendre.
L2. Le film <u>auquel</u> je pense ne passe pas au cinéma.
L3. La montre <u>que</u> tu m'as donnée est déjà cassée!

L4. Mon café est trop sucré, <u>ce que</u> je déteste.
L5. C'est un exercice <u>qui</u> rassemble tous les pronoms relatifs.
L6. Le carrefour <u>où</u> a eu lieu l'accident est très dangereux.
L7. La boulangerie <u>près de laquelle</u> j'ai garé ma voiture est pleine de clients.
L8. Xavier a oublié le livre <u>dont</u> il a besoin à l'école.
L9. Pendant mon temps libre, je fais <u>ce qui</u> me plaît.
L10. L'armoire <u>sous laquelle</u> la souris se cache est trop lourde pour être déplacée.

Solutions for D1.

L1. Le pont <u>sur lequel nous passons</u> est en mauvais état.
L2. La dame <u>à qui Zoé parle</u> est professeur d'histoire.
L3. La rue <u>au bout de laquelle il y a un chantier</u> est barrée.
L4. Bastien enregistre une chanson <u>avec laquelle il espère gagner un concours</u>.
L5. Brigitte est une amie <u>pour qui je suis prête à tout faire</u>.
L6. Grand-mère a perdu ses lunettes <u>sans lesquelles elle ne voit rien</u>.
L7. Le collègue <u>avec qui je ne m'entends pas très bien</u> est vraiment casse-pieds.

Solutions for D2.

L1. <u>Ce dont</u> je rêve, c'est d'une croisière en paquebot. (rêver de qc.)
L2. <u>Ce que</u> j'aimerais faire, c'est partir en voyage.
L3. <u>Ce qui</u> m'ennuie, c'est de travailler la nuit.
L4. Ce supermarché est mal rangé. On ne trouve jamais <u>ce dont</u> on a besoin. (avoir besoin de qc.)
L5. Vous m'avez bien aidé, <u>ce dont</u> je vous remercie. (remercier qn. de qc.)
L6. Rire, voilà <u>ce que</u> je ferais à ta place.
L7. Ce type prétend qu'il fera le tour du monde en 80 jours, <u>ce dont</u> je doute. (douter de qc.)
L8. Le ciel est plein de nuages, <u>ce qui</u> m'inquiète.
L9. <u>Ce dont</u> j'ai peur, c'est de rater mon examen. (avoir peur de qc.)
L10. Pierre est malade, mais il ne m'a pas dit <u>ce dont</u> il souffre. (souffrir de qc.)

13. Infinitive clauses

A. Brush up: verbs with infinitives

You reviewed the basic pattern of main clauses in chapter 11 A. (153) and you know that it is useful to learn verbs along with their complements, that is, the objects they can have (e.g., **aider qn.** = *to help s.o.*).

Many verbs can have an **infinitive** as a complement as well, which is represented by "faire qc.": **aider qn. à faire qc.** *(to help s.o. do s.th.)*.

> *Examples:*
>
> **aimer qc.:**
> J'aime la musique. *(I like music.)*
> **aimer faire qc.:**
> J'aime **voyager**. *(I like trave(l)ling.)*
>
> **aider qn.:**
> J'aide mon ami. *(I help my friend.)*
> **aider qn. à faire qc.:**
> J'aide mon ami **à faire ses devoirs**. *(I help my friend do his homework.)*
>
> **oublier qc.:**
> J'oublie toujours ma clé. *(I always forget my key.)*
> **oublier de faire qc.:**
> J'oublie toujours **de fermer la porte**. *(I always forget to close the door.)*

As the last example shows, the prepositions used to connect the objects are not always the same as those used to connect infinitives. Extend your knowledge of verbs and their prepositions! There is a short list of them in the appendix, p. 251.

Exercise A.
Build a sentence in the présent using the verb and the words in brackets. (S = subject; solution p. 196)

Hint: Replace "faire qc." with the appropriate verb as an infinitive – in a way that makes sense. Watch out: Every verb has its own particular complements.

Example:
aimer faire qc. (des crêpes, Patrick, manger qc.)
=> Patrick aime manger des crêpes.

1. essayer de faire qc. (battre qc., le record du monde, ce sprinter)
2. dire à qn. de faire qc. (maman (S), les enfants, venir faire qc., manger)
3. proposer à qn. de faire qc. (aller, Adrienne (S), ses amies, au cinéma)
4. regarder qn./qc. faire qc. (dans le ciel, les avions, nous, voler)
5. venir de faire qc. (donner qc. à qn., je (S), de l'eau, le chien)
6. être en train de faire qc. (les verbes irréguliers, Patrick, apprendre qc.)
7. avoir envie de faire qc. (M. et Mme Gagnot, au restaurant, manger, aller faire qc.)
8. vouloir faire qc. (devenir qc., réussir à faire qc., Robert, une star de cinéma)
9. savoir faire qc. (nous, les échecs, jouer à qc.)
10. être content de faire qc. (avoir fini qc., cet exercice compliqué, Bernadette)

Vocabulary:
essayer de faire qc. *(to attempt to do s.th.)*, battre qc. *(to beat s.th.)*, le record du monde *(the world record)*, dire à qn. de faire qc. *(to tell s.o. to do s.th.)*, proposer à qn. de faire qc. *(to suggest doing s.th. to s.o.)*, regarder qn./qc. faire qc. *(to watch s.o. doing s.th.)*, un avion *(a plane)*, le ciel *(the sky)*, voler *(to fly)*, venir de faire qc. *(to have just done s.th.)*, l'eau *(f.; the water)*, être en train de faire qc. *(to be (just/in the middle of) doing s.th.)*, avoir envie de faire qc. *(to feel like doing s.th.)*, devenir qc. *(to become s.th.)*, réussir à faire qc. *(to succeed in doing s.th.)*, une star de cinéma *(a film star)*, les échecs *(m.pl.; chess)*, être content de faire qc. *(to be pleased to do s.th.)*, finir qc. *(to finish s.th.; avoir fini qc. = to have finished s.th.)*, compliqué *(complicated)*

B. Infinitive clauses with pour, avant de, après, sans

An infinitive clause is a kind of subordinate clause that is very commonly used. Infinitive clauses require the **subject to be the same in the main clause and in the subordinate clause**.

Example:
Marc s'entraîne tous les jours. Il veut courir le marathon.
=> Marc s'entraîne tous les jours **pour courir le marathon**.
(Marc trains every day (in order) to run the marathon.)

These are the four most important ones:

pour + infinitif *(to, in order to)*

Example:
M. Giraud achète un roman policier **pour lire dans le train**.
(Mr Giraud buys a detective novel to read in the train.)

Note:
An alternative is **afin de + inf.** *(to, in order to)*:
M. Giraud achète un roman policier **afin de lire dans le train**.

avant de + infinitif *(before doing s.th.)*

Example:
Les enfants se brossent les dents **avant d'aller dormir**.
(The children brush their teeth before going to sleep.)

après + infinitif passé *(after doing s.th.)*

Example:
Après avoir pris une douche, Nadine met des vêtements propres.
(After taking a shower, Nadine puts on clean clothes.)

Note: If the subordinate clause is first, add a comma.

sans + infinitif (/passé) *(without doing s.th.)*

Example:
Les enfants jouent **sans faire de bruit**.
(The children are playing without making a noise.)

Frédéric part à l'école **sans avoir pris son petit déjeuner**.
(Frédéric leaves for school without having eaten his breakfast.)

Note: After sans + infinitif (/passé), the indefinite and the partitive articles usually change to "de", as with a negation (faire du bruit => sans faire de bruit; negation and articles see chapter 7 B2., 113); though colloquially "du" and "des" are often kept.

About the infinitif passé:

An infinitif passé (infinitive of the past) consists of **avoir/être + participe passé**, e.g., être arrivé *(to have arrived)*, avoir vu *(to have seen)*. As usual, the participe passé has to agree with the subject or direct object (see chapter 1 B2., 16). Note that in infinitive clauses it is often simply translated with a gerund.

Examples:
Tout de suite **après être arrivée** à l'hôtel, Mme Renard défait sa valise.
(Right after arriving at the hotel, Mrs Renard unpacks her suitcase.)
=> "être arrivée" agrees with the subject Mme Renard.

Patrick achète des chaussures **sans les avoir essayées**.
(Patrick buys shoes without trying them on.)
=> "avoir essayées" agrees with the direct object pronoun "les" before the infinitive, which refers to "chaussures" (f.pl.).

Exercise B.
(a) Change the underlined sentence into an infinitive clause that makes sense. (solution p. 196)

Example:
Marc s'entraîne tous les jours. Il veut courir le marathon. (to/in order to)
=> Marc s'entraîne tous les jours pour courir le marathon.

Hint: A negated infinitive looks like this: ne pas entrer *(not to enter)*. Be careful about the meaning of your sentence, especially with "sans"!

1. Tu n'arriveras pas à passer ton examen. Tu ne révises pas. (without)
2. Vous avez terminé l'exercice A.? Faites l'exercice B. (after)
3. M. Ragondin va faire les courses. Ensuite, il rentre à la maison. (before)
4. Mme Nerval prépare une crème au caramel. Elle veut faire plaisir à ses enfants. (in order to)
5. Marcel conduit lentement. Il ne veut pas avoir d'accident. (in order to)
6. M. Malotru entre dans l'appartement. Il n'a pas enlevé ses chaussures boueuses. (without)

7. *Le médecin:* Mangez quelque chose. <u>Puis, prenez ce médicament</u>. (before)
8. <u>Liliane est allée chez le coiffeur</u>. Liliane se sent enfin présentable. (after)
9. Pierrot traverse la rue. <u>Il ne fait pas attention</u>. (without)
10. Laurent se lève tôt. <u>Ainsi, il n'est pas en retard à l'école</u>. (in order to)

Vocabulary:
arriver à faire qc. *(to succeed in doing s.th.)*, passer un examen *(to pass a test)*, réviser qc. *(to review s.th., to brush up on s.th.)*, terminer qc. *(to finish s.th.)*, faire les courses *(to go shopping)*, faire plaisir à qn. *(to please s.o.)*, conduire *(to drive)*, enlever qc. *(here: to take off s.th.)*, la chaussure *(the shoe)*, boueux/f. -euse *(muddy)*, le médicament *(the medicine, the drug)*, le coiffeur/f. -euse *(the hairdresser)*, se sentir présentable *(to feel presentable)*, traverser la rue *(to cross the road)*, faire attention *(to be careful)*, se lever tôt *(to get up early)*, être en retard *(to be late)*

(b) Translate using the words in brackets. (solution p. 196)

1. I write down the appointment (in order) to not forget it. (noter qc., le rendez-vous, oublier qc.)
2. That man has won the lottery without knowing it. (cet homme, gagner au loto, savoir qc.)
3. After having been at the butcher's, Mrs Mathieu went to the baker's. (se rendre chez le boucher, aller à la boulangerie)
4. Phone me before coming to see me. (téléphoner à qn., venir voir qn.)

C. Infinitive clause or other subordinate clause?

You can do this section only if you know the subjonctif (see chapter 14).

As you remember, you can use infinitive clauses only if there is the same subject in the main clause and in the subordinate clause.

> *Example:*
> Tu es parti **sans dire au revoir**.
> *(You left without saying goodbye.)*

If you have **two different subjects**, you have to use a "normal" subordinate clause (chapter 14, 198).

> *Example:*
> Tu es parti **sans que je l'aie remarqué**.
> *(You left without my noticing it.)*

Compare the conjunctions used in both cases. Remember that some of them trigger the subjonctif.

pour + inf. *(to, in order to)*	pour que + **subj**. *(so that)*
afin de + inf. *(to, in order to)*	afin que + **subj**. *(so that)*
avant de + inf. *(before doing s.th.)*	avant que + **subj**. *(before)*
après + inf. passé *(after doing s.th.)*	après que *(after)*
sans + inf. *(without doing s.th.)*	sans que + **subj**. *(without one's doing s.th.)*

Examples:

Je bois du café **pour me réveiller**. *(I'm drinking coffee to wake me up.)*
Je te fais du café **pour que tu te réveilles**. *(I'm making you some coffee so that you wake up.)*

Marc se lève tôt **afin d'être à l'heure**. *(Marc gets up early to be on time.)*
Marc vient chez moi **afin que nous puissions faire nos devoirs ensemble**.
(Marc comes to my place so that we can do our homework together.)

Isabelle se maquille **avant de sortir**. *(Isabelle puts on her make-up before going out.)*
Isabelle se maquille **avant que son ami vienne la chercher**. *(Isabelle puts on her make-up before her friend comes to fetch her.)*

Après avoir fait les courses, nous préparons le dîner.
(After doing the shopping, we prepare the dinner.)
Après que tout le monde a fini de manger, les enfants débarrassent la table.
(After everyone has finished eating, the children clear the table.)

Les hommes politiques discutent **sans faire de pause**.
(The politicians discuss without taking a break.)
Les hommes politiques discutent **sans que personne ne les interrompe**.
(The politicians discuss without anyone interrupting them.)

Note: There are even more infinitive clauses. *Example:* **à condition de + inf.**
<=> à condition que + subj. Tu peux participer à la fête à condition d'apporter un gâteau. *(You can take part in the celebration on condition that you bring a cake.)* Je viens avec toi à condition que nous prenions ta voiture.*(I'm coming with you provided that we take your car.)*

Exercise C.
Build compound sentences with either infinitive clauses or other subordinate clauses. (solution p. 197)

Hint: Are there two subjects? Remember to use the subjonctif if necessary.

1. Je vais à l'université. Je prends le bus. (pour)
2. Nous partons en voyage. Nous faisons nos valises. (avant)
3. Nous partons en voyage. Maman fait nos valises. (avant)
4. Le prof explique l'accord du participe passé. Les élèves ne prennent pas de notes. (sans)
5. Vous avez fait du sport. Prenez une douche. (après)
6. M. Martin ouvre la porte. Les employés peuvent entrer. (pour)
7. Cet athlète peut courir pendant deux heures. Il n'est pas fatigué. (sans)
8. Je t'envoie une invitation. Tu viens à mon anniversaire. (afin)
9. La neige a fondu. Le sol est mouillé. (après)
10. Patrick apprend l'allemand. Il peut faire des études à Berlin. (afin)

Vocabulary:
partir en voyage *(to go on a journey)*, la valise *(the suitcase)*, l'accord du participe passé *(the agreement of the participe passé)*, prendre des notes *(f.; to take notes)*, la douche *(the shower)*, la porte *(the door)*, un employé *(an employee)*, un athlète *(an athlete)*, courir *(to run)*, fatigué *(tired)*, envoyer qc. à qn. *(to send s.o. s.th.)*, un anniversaire *(a birthday)*, la neige *(the snow)*, fondre *(to melt)*, le sol *(the ground)*, mouillé *(wet)*, l'allemand *(m.; German)*, faire des études *(f.; to study, to do studies)*

Answer Keys

Solutions for A.

L1. Ce sprinter essaie de battre le record du monde.
L2. Maman dit aux enfants de venir manger.
L3. Adrienne propose à ses amies d'aller au cinéma.
L4. Nous regardons les avions voler dans le ciel.
L5. Je viens de donner de l'eau au chien.
L6. Patrick est en train d'apprendre les verbes irréguliers.
L7. M. et Mme Gagnot ont envie d'aller manger au restaurant.
L8. Robert veut réussir à devenir une star de cinéma.
L9. Nous savons jouer aux échecs.
L10. Benadette est contente d'avoir fini cet exercice compliqué.

Solutions for B.

(a)
L1. Tu n'arriveras pas à passer ton examen <u>sans réviser</u>. *(You will not succeed in passing your test without revising/studying.)*
L2. <u>Après avoir terminé l'exercice A.</u>, faites l'exercice B.
L3. M. Ragondin va faire les courses <u>avant de rentrer à la maison</u>. (*Or:* Avant de rentrer à la maison, M. Ragondin va faire les courses.)
L4. Mme Nerval prépare une crème au caramel <u>pour faire plaisir à ses enfants</u>. (*Or:* ... afin de faire plaisir à ses enfants.)
L5. Marcel conduit lentement <u>pour ne pas avoir d'accident</u>. (*Or:* ... afin de ne pas avoir d'accident.)
L6. M. Malotru entre dans l'appartement <u>sans avoir enlevé ses chaussures boueuses</u>.
L7. *Le médecin:* Mangez quelque chose <u>avant de prendre ce médicament</u>.
L8. <u>Après être allée chez le coiffeur</u>, Liliane se sent enfin présentable.
L9. Pierrot traverse la rue <u>sans faire attention</u>.
L10. Laurent se lève tôt <u>pour ne pas être en retard à l'école</u>. (*Or:* ... afin de ne pas être en retard à l'école.)

(b)
L1. Je note le rendez-vous pour ne pas l'oublier. (*Or:* ... afin de ne pas l'oublier.)
L2. Cet homme a gagné au loto sans le savoir.
L3. Après s'être rendue chez le boucher, Mme Mathieu est allée à la boulangerie.
L4. Téléphone-moi avant de venir me voir.

=> Do you need to brush up on object pronouns? See chapter 11 B., 156!

Solutions for C.

L1. Pour aller à l'université, je prends le bus.

L2. Avant de partir en voyage, nous faisons nos valises.

L3. Avant que nous partions en voyage, maman fait nos valises.

L4. Le prof explique l'accord du participe passé sans que les élèves prennent de notes.

L5. Après avoir fait du sport, prenez une douche.

L6. M. Martin ouvre la porte pour que les employés puissent entrer.

L7. Cet athlète peut courir pendant deux heures sans être fatigué.

L8. Je t'envoie une invitation afin que tu viennes à mon anniversaire.

L9. Après que la neige a fondu, le sol est mouillé.

L10. Patrick apprend l'allemand afin de pouvoir faire des études à Berlin.

14. Subjonctif

A. Basics

A1. Main clauses and subordinate clauses

Main clauses are not dependent on other clauses. Their most basic structure is S-P(-O). You already know a lot about them! See for example chapter 11 A., 153.

Subordinate clauses are dependent on a main clause. They start with a **conjunction** or **a question word**. You already know some of them!

> *Example: conditional clause* => chapter 3 D., 64
> **Si** tu m'aides, nous finirons plus vite.
> *(If you help me, we will finish faster.)*

> *Example: relative clause* => chapter 12, 173
> Le livre **que** je lis est passionnant.
> *(The book I'm reading is gripping.)*

> *Example: indirect question* => chapter 4 A2., 76
> Mon ami me demande **comment** je vais.
> *(My friend asks me how I am.)*

Two main clauses are of equal value. A connection between two main clauses is called "coordination" and is made with a conjunction such as **et** *(and)*, **ou** *(or)*, **mais** *(but)*, **donc** *(so)*, **car** *(for)*.
> *Example:*
> Je suis fatigué **et** j'ai faim. *(I'm tired and I'm hungry.)*

For compound sentences with a main clause and a subordinate clause ("subordination" of the SC, as it is dependent) there is a great diversity of conjunctions. The most commonly used one is "**que**" *(that)*.
> *Example:*
> Je pense **que** tu as raison. *(I think (that) you are right.)*

Other important conjunctions are, e.g., **quand** *(when)*, **parce que** *(because)*, **sauf que** *(except that)*, **bien que** *(although)*, **pour que** *(so that, in order to)*, **de façon que** *(so that)*. Some of them are used as prepositions as well, which is why you need to understand the difference.

Conjunction	Preposition
après que* *(after)*	après *(after)*
avant que* *(before)*	avant *(before)*
pour que* *(so that)*	pour *(for)*
sans que* *(without)*	sans *(without)*
depuis que *(since)*	depuis *(since, for)*
dès que *(as soon as)*	dès *(from... on)*
jusqu'à ce que *(until)*	jusqu'à *(until)*
pendant que *(while)*	pendant *(during, for)*
malgré que *(although)*	malgré *(in spite of)*

* For infinitive clauses, see chapter 13, p. 189.

Compare:

Je dors **pendant** les cours.
(I'm sleeping during the classes.)
Je dors **pendant que** le prof explique quelque chose.
(I sleep while the teacher explains s.th.)

=> The first example is simply a main clause with an adverbial element: "pendant" does not mark the beginning of a subordinate clause, while "pendant que" in the second example does.

Exercise A1.
Add the preposition or the conjunction. (solution p. 220)

Hint: A subordinate clause has its own verb.

1. Ne grignotez pas _____ le déjeuner! (avant/avant que)
2. Ne vous levez pas de table _____ tout le monde ait fini! (avant/avant que)
3. Mais je n'ai rien mangé _____ le petit déjeuner! (depuis/depuis que)
4. Mais je n'ai rien mangé _____ nous sommes allés au restaurant! (depuis/depuis que)
5. Nous faisons la fête _____ trois heures du matin. (jusqu'à/jusqu'à ce que)
6. Nous faisons la fête _____ nous tombions de fatigue. (jusqu'à/jusqu'à ce que)
7. Ce coureur du Tour de France a fini l'étape _____ une chute. (malgré/malgré que)
8. Ce coureur du Tour de France a fini l'étape _____ il ait fait une chute. (malgré/malgré que)

9. Le coq du village réveille tout le monde _____ le soleil se lève. (dès/dès que)

10. Le coq du village réveille tout le monde _____ l'aube. (dès/dès que)

Vocabulary:

grignoter qc. *(to nibble; here: to snack between meals)*, se lever de table *(to get up from the table)*, le petit déjeuner *(the breakfast)*, faire la fête *(to celebrate, to have a party)*, tomber de fatigue *(to be dead tired)*, le coureur *(here: the racing cyclist)*, le Tour de France *(= a famous cycle race)*, la chute *(the fall)*, faire une chute *(to have a fall)*, le coq *(the cock)*, réveiller qn. *(to wake s.o. up)*, le soleil se lève *(the sun rises)*, l'aube *(f.; dawn)*

A2. Brush up: mood

A verb can be used as a "tense" (time) or a "mood" (manner). As you learned in chapter 3 B. (conditionnel as a mood), mood refers to an attitude expressed toward what is being said. In this chapter you will learn about the subjonctif mood. First, let's recapitulate the three moods you already know:

l'indicatif (certainty; reality of the events; facts)
It includes every tense you know, e.g., présent, imparfait, futur simple, passé composé ...
> *Example:*
> Tu viens avec moi. *(You are coming with me. = simply noticing a fact)*

l'impératif (requests, orders)
> *Example:*
> Viens avec moi. *(Come with me.)*

le conditionnel (politeness, conjecture, possibility, etc.)
For the conditionnel as a mood, see chapter 3 B., 56 Here is an example with a polite request.
> *Example:*
> Pourrais-tu venir avec moi? *(Could you come with me?)*

NEW:
le subjonctif (doubt, subjectivity, wish, etc.)
This is what you are going to learn in the following sections! For now, just note that it is mostly to be found in subordinate clauses with "que".
> *Example:*
> Je veux que tu **viennes** avec moi. *(I want you to come with me.)*

Exercise A2.
Which mood is it? (solution p. 220)

Hint: If it is a compound sentence, look only at the subordinate clause.

1. Pourriez-vous faire attention?
2. Fais attention.
3. Je veux que tu fasses attention.
4. Je ne fais jamais attention à rien.
5. Passe-moi le sel, s'il te plaît.
6. Je voudrais une botte de radis et un kilo de tomates. Merci.
7. L'année prochaine, nous partirons au Canada.
8. Je suis content que nous partions au Canada.

Vocabulary:
faire attention *(to be careful)*, faire attention à qn./qc. *(to keep an eye on s.o., to look after s.o.)*, passer qc. à qn. *(here: to give/to pass s.th. to s.o.)*, le sel *(the salt)*, s'il te plaît *(please)*, une botte de radis *(a bunch of radishs)*, l'année prochaine *(f.; next year)*

B. Subjonctif: basics and forms

The subjonctif is a mood used mostly in **subordinate clauses with "que".** Its use is triggered in the main clause by an expression of will (volition), emotion, doubt, wish or opinion. See more about this in C., 207.

> *Example:*
> Le prof veut que nous **fassions** cet exercice.
> *(The teacher wants us to do this exercise.)*

B1. Subjonctif présent

(a) Regular forms

You derive the stem of the subjonctif présent from the 3rd person plural of the présent. The endings are same as those of -er verbs in the présent, except in the 1st and 2nd p.pl., which take the endings of the imparfait.

Stem: 3rd person pl. (présent)
+
Endings: -e, -es, -e, -ions, -iez, -ent

Examples:

	parler ils parl-ent	**répondre** ils répond-ent	**finir** ils finiss-ent
que je	parle	réponde	finisse
que tu	parles	répondes	finisses
qu'il/elle	parle	réponde	finisse
que nous	parlions	répondions	finissions
que vous	parliez	répondiez	finissiez
qu'ils/elles	parlent	répondent	finissent

Exercise B1. (a)
Conjugate the following verbs in the subjonctif. (solution p. 220)

1. partir
2. entendre
3. regarder
4. réfléchir

(b) Verbs with a second stem in the présent

Every verb that has a second stem in the présent of its 1st and 2nd p.pl. keeps that particularity in the subjonctif.

Examples:

	prendre => ils prennent; **nous prenons**	**acheter** => ils achètent; **nous achetons**
que je/j' que tu qu'il/elle que nous que vous qu'ils/elles	prenne prennes prenne **prenions** **preniez** prennent	achète achètes achète **achetions** **achetiez** achètent

Likewise, e.g.: devoir, venir, voir, tenir, croire, boire, employer, payer, lever, mener, peser, jeter, appeler, préférer, espérer ...

Note:
There is a table of verbs in the appendix, p. 254.

Exercise B1. (b)
Conjugate the following verbs in the subjonctif. (solution p. 221)

Hint: Conjugate them first in the présent.

1. appeler
2. devoir

(c) The most important irregular forms

	avoir	être	aller	faire
que je/j'	aie	sois	aille	fasse
que tu	aies	sois	ailles	fasses
qu'il/elle	ait	soit	aille	fasse
que nous	ayons	soyons	allions	fassions
que vous	ayez	soyez	alliez	fassiez
qu'ils/elles	aient	soient	aillent	fassent
	pouvoir	**savoir**	**vouloir**	
que je	puisse	sache	veuille	**falloir**
que tu	puisses	saches	veuilles	qu'il
qu'il/elle	puisse	sache	veuille	faille
que nous	puissions	sachions	voulions	**pleuvoir**
que vous	puissiez	sachiez	vouliez	qu'il
qu'ils/elles	puissent	sachent	veuillent	pleuve

Exercise B1. (c)
Add the verb in the appropriate form of the subjonctif. (solution p. 221)

1. Le prof veut que tu _____ attention. (faire)
2. Je trouve important que les jeunes _____ parler des langues étrangères. (savoir)
3. Nadine doute que Marc _____ raison. (avoir)
4. Bastien est déçu que son ami ne _____ pas partir en vacances avec lui. (pouvoir)
5. Il faut que vous _____ prêts à partir à trois heures. (être)
6. Nous sortons jouer au foot bien qu'il _____. (pleuvoir)
7. Maman exige que les enfants _____ au lit. (aller)
8. Je suis triste que tu ne _____ pas m'aider. (vouloir)

Vocabulary:
faire attention *(to pay attention)*, trouver important que *(to think it is important that)*, la langue étrangère *(the foreign language)*, douter que *(to doubt that)*, avoir raison *(to be right)*, être déçu que *(to be disappointed that)*, il faut que *(it is necessary that)*, être prêt à faire qc. *(to be ready to do s.th.)*, bien que *(although)*, exiger que *(to demand /require that)*, aller au lit *(to go to bed)*, être triste que *(to be sad that)*

B2. Subjonctif passé and sequence of tenses

The subjonctif passé refers to events in the **past** ("earlier"). It is a **compound form** (like, e.g., the passé composé). You have to know avoir and être in the subjonctif présent and the participe passé of the verb.

avoir/être (subjonctif présent) + participe passé

Examples:
Marc est heureux que son amie **ait réussi** son examen.
(Marc is happy that his friend passed her test.)

Je suis content que ma famille **soit venue** me voir.
(I'm glad that my family came to see me.)

The **sequence of tenses** of the subjonctif is quite simple (at least nowadays). Whatever is the point of view in time of your narrative (present, past or future), you only need either the subjonctif présent or the subjonctif passé.

<= <= <=	**Present** **Past** **Future**	=> => =>
earlier	*"now"*	*later*
subjonctif passé	subjonctif présent	subjonctif présent

Example:

Je suis content => que tu viennes.
J'étais content => que tu viennes.
Je serai content => que tu viennes.
(I am/was/will be happy => that you are/were coming.)

Example for an event in the past:

Je suis content => que tu sois venu(e).
J'étais content => que tu sois venu(e).
Je serai content => que tu sois venu(e).
(I am/was/will be happy => that you came.)

Exercise B2.
Add the verb either in the subjonctif présent or in the subjonctif passé.
(solution p. 221)

Hint: Look out for expressions of time.

1. Les parents sont fiers que leurs enfants _____ le bac l'année dernière. (passer)
2. Il faut que nous _____ voir grand-mère aujourd'hui. (aller)
3. Malheureusement, je doute que vous _____ partir en vacances l'année prochaine. (pouvoir)
4. Isabelle est furieuse que son ami _____ au rendez-vous d'hier. (ne pas venir)
5. Il est normal que vous _____ toujours la bonne réponse. (ne pas savoir)
6. Patrick a oublié tous les verbes irréguliers bien qu'il _____ toute une journée à les apprendre la semaine dernière. (mettre)
7. À l'avenir, il faudrait qu'il _____ plus souvent et par petits paquets de verbes. (réviser)
8. Le patron décide de discuter avec ses employés avant que ceux-ci _____ la grève. (faire)
9. Je suis surprise que vous _____ de la fondue à l'invitation d'hier soir. D'habitude, vous n'aimez pas cela. (manger)
10. Le médecin dit à M. Dugoulot: «Il vaudrait mieux que vous _____ moins.» (boire)

Vocabulary:
fier/f. fière *(proud)*, le bac *(the school leaving certificate)*, l'année dernière *(last year)*, aller voir qn. *(to go and see s.o., to pay s.o. a visit)*, douter que *(to doubt that)*, l'année prochaine *(next year)*, furieux /f. furieuse *(furious)*, hier *(yesterday)*, il est normal que *(it is normal that)*, bien que *(although)*, mettre toute une journée à faire qc. *(to spend a whole day doing s.th.)*, la semaine dernière *(last week)*, à l'avenir *(in future)*, il faudrait que *(cond. of falloir; it would be necessary that)*, réviser qc. *(to revise/study s.th.)*, le paquet *(the bundle, the parcel)*, le patron *(the employer, the boss)*, décider de faire qc. *(to decide to do s.th.)*, un employé *(an employee)*, avant que *(before)*, faire la grève *(to go on strike)*, la fondue *(a dish with melted cheese)*, hier soir *(last evening, last night)*, d'habitude *(usually)*, le médecin *(the doctor)*, il vaudrait mieux que *(cond. of valoir; it would be better that)*

C. Subjonctif: triggers and usage

Before we get going: Subordinate clause or construction with infinitive?

In the following sections there will be a lot of subordinate clauses with "que", and you will learn in which cases they require the subjonctif.

However, there is another construction to which you should give preference if the conditions to its usage are met: the construction with an infinitive as a complement to the verb or, with some conjunctions, the infinitive clause (chapter 13, 189).

Use subordinate clauses if the subject in the main clause is different from that in the subordinate clause.
> *Example:*
> Je suis triste. Tu es toujours en retard.
> => **Je** suis triste que **tu** sois toujours en retard.
> *(I'm sad that you are always late.)*

Constructions with infinitives or infinitive clauses are ususally preferred (if their conditions are met) **if otherwise you would have the same subject in the main clause and in the subordinate clause.**
> *Example:*
> Je suis désolé. Je suis toujours en retard.
> => **Je** suis désolé d'être toujours en retard. (être désolé de faire qc.)
> *(I'm sorry that I'm always late.)*

=> Look at exercise C1. (b)

C1. Expressions of will

An expression of will/volition in the main clause triggers the use of the subjonctif in the subordinate clause.

> *Example:*
> **Je veux** que tu **fasses** tes devoirs.
> *(I want you to do your homework.)*

Here is a short list of some typical expressions of that kind – with an important exception at the end.

> vouloir que *(to want that)*
> aimer que *(to like that)*
> aimer mieux que *(to prefer that)*
> préférer que *(to prefer that)*
> désirer que *(to wish that)*
> souhaiter que *(to wish that)*
> attendre que *(to expect that)*
> demander que *(to ask that)*
> interdire que *(to forbid that)*
> permettre que *(to allow that)*
> proposer que *(to propose that)*
> faire attention (à ce) que *(to be careful that)*
> accepter que *(to accept that)*
> avoir envie que *(to desire that)*
> empêcher que *(to prevent that)*
> exiger que *(to require that)*
> refuser que *(to refuse that)*
> tenir à ce que *(to attach importance to)*
> (dés)approuver que *(to (dis)approve that)*
>
> EXCEPTION:
> espérer que + indicatif *(to hope that)*
> *Example:*
> J'espère que tu vas bien. *(I hope you are fine.)*

Note:
It is very common to shorten such a clause to make a forceful request by dropping the main clause.
> *Examples:*
> Qu'il fasse attention. *(He is to be careful.)*
> Que tout le monde vienne à l'heure. *(Everyone has to be on time./Everyone is to be on time.)*

Exercise C1.
(a) Translate using the words in brackets and a subordinate clause with "que". (solution p. 222)

1. Marc wants his brother to do the dishes. (vouloir qc., son frère, faire la vaisselle)
2. The teacher wants us to think. (le prof, exiger qc., réfléchir)
3. I want you (pl.) to believe me. (désirer qc., croire qn.)
4. We disallow our friend to be excluded. (refuser qc., notre ami, être exclu)
5. The opposition demands that the government face up to its responsibilities. (l'opposition (f.), demander qc., le gouvernement, prendre ses responsabilités (f.))
6. We hope that everything will be all right (/alright). (espérer qc., tout, aller bien)

(b) Build sentences: Either with an infinitive construction or with a subordinate clause with the subjonctif. (solution p. 222)

Hint: How many subjects are there?

1. **aimer que/aimer faire qc.** *(conditionnel)* – les voisins – je – moins de bruit – faire
2. **aimer que/aimer faire qc.** *(conditionnel)* – en voyage – je – partir – pour toute une année
3. **vouloir que/vouloir faire qc.** *(présent)* – mon patron – finir – mon travail – je – lundi
4. **accepter que/accepter de faire qc.** *(présent)* – faire qc. – cet employé – des heures supplémentaires
5. **préférer que/préférer faire qc.** *(conditionnel)* – je – vous – venir – demain
6. **souhaiter que/souhaiter faire qc.** *(présent)* – la mère – sa fille – pouvoir faire des études
7. **proposer que/proposer de faire qc.** *(présent)* – tu – avec tous nos copains – aller au bistro

Vocabulary:
le voisin *(the neighbo(u)r)*, le bruit *(the noise)*, le voyage *(the trip, the journey)*, le patron *(the employer, the boss)*, lundi *(here: this Monday)*, un employé *(an employee)*, faire des heures supplémentaires *(to work overtime)*, demain *(tomorrow)*, la mère *(the mother)*, la fille *(here: the daughter)*, faire des études *(to study, to do studies)*, le copain *(the friend, the pal; f.:* la copine*)*

C2. Subjectivity: emotion and judgement

Expressions of emotion and of subjective judgement (opinion) in the main clause trigger the use of the subjonctif in the subordinate clause.

> *Example:*
> **Je suis content** que mon ami **ait** réussi son examen.
> *(I'm happy that my friend passed his exam.)*
> **Je trouve bien** que tu **viennes** me voir.
> *(I think it's nice that you come and see me.)*

Another short list with some typical expressions of that kind – and again an important exception at the end:

> trouver bien/mal que *(to think it's good /bad that)*
> trouver important /naturel /insupportable que *(to think it's important /normal /unbearable that)*
> etc.
> être (mal)heureux que *(to be (un)happy that)*
> être (mé)content que *(to be glad that /displeased that)*
> être triste que *(to be sad that)*
> être déçu que *(to be disappointed that)*
> être surpris/étonné que *(to be surprised that)*
> être fier que *(to be proud that)*
> etc.
> avoir peur que *(to be afraid that)*
> avoir honte que *(to be ashamed that)*
> craindre que *(to fear that)*
> regretter que *(to regret that)*
> détester que *(to hate that)*
> admirer que *(to admire that)*

> EXCEPTION:
> heureusement que + indicatif *(it's fortunate that; fortunately)*
> *Example:*
> Heureusement que tu es là! *(Thank goodness you are here!)*

Exercise C2.
Connect the sentences to a compound sentence with "que". Don't forget to change the mood. (solution p. 222)

Hint: Words in italics are not needed anymore.

1. Marc est furieux. Son frère lui a chipé son ordinateur portable.
2. Tu prends part à toutes les activités sportives de l'école. Je trouve *ça* important.
3. Le prof de français est mécontent. Ses élèves ne savent toujours pas accorder le participe passé.
4. Mme Dutilleul a peur. *Est-ce que* son fils a eu un accident de moto?
5. Tu ne veux pas m'aider? Je *le* regrette.
6. Grand-mère est triste. Ses petits-enfants ne sont pas venus la voir.
7. Adrien est déçu. Ses amis ne peuvent pas aller au cinéma avec lui.
8. Tu ne finis jamais ton assiette. Je ne trouve pas *ça* bien.
9. Le coureur cycliste est ennuyé. Il pleut.
10. Ce libraire doit fermer boutique. Je *le* crains.

Vocabulary:

furieux /f. furieuse *(furious)*, chiper qc. *(coll.; to pinch s.th.; here: to borrow s.th. without asking first)*, un ordinateur portable *(a laptop)*, prendre part à qc. *(to take part in s.th., to participate in s.th.)*, accorder le participe passé *(to make the participe passé agree)*, un accident de moto *(a motorbike accident)*, les petits-enfants *(the grandchildren)*, finir son assiette *(to eat up, to empty one's plate)*, le coureur cycliste *(the racing cyclist)*, ennuyé *(here: annoyed)*, pleuvoir *(to rain)*, devoir fermer boutique *(to have to close shop)*

C3. Conjunctions with the subjonctif

Some conjunctions trigger the use of the subjonctif.

> *Example:*
> Nous allons à la plage **bien qu**'il ne fasse pas beau.
> *(We are going to the beach although the weather isn't good.)*

Here are the most important ones:

> bien que *(although, though)*
> quoique *(although, though)*
> malgré que *(although, though)*
> jusqu'à ce que *(until)*
> avant que* *(before)*
> pour que* *(so that, in order that)*
> afin que* *(so that, in order that)*
> sans que* *(without)*

* With **avant, pour, afin** and **sans** and the same subject in the MC and in the SC you should use infinitive clauses; see chapter 13 B. and particularly 13 C., 194.

Exercise C3.
Build a compound sentence with the conjunction in brackets. (solution p. 223)

Hint: Watch out: Not every conjunction triggers the use of the subjonctif!

1. Nadine range sa chambre. Ses amies peuvent venir la voir. (pour que)
2. Les enfants mettent la table. Mme Gaillot fait la cuisine. (pendant que)
3. J'explique un exercice de maths à ma sœur. Je n'y comprends rien moi-même. (bien que)
4. Le petit frère embête son grand frère. Celui-ci lui prête sa console de jeux. (jusqu'à ce que)
5. Nous allons gagner. Nous sommes les meilleurs. (parce que)
6. Luc a des ennuis. Personne ne le sait. (sans que)
7. Mme Delabarre va danser tous les soirs. Elle a 84 ans. (bien que)
8. Ferme la porte. Le chat sort. (avant que)
9. Je t'apporte un pullover. Tu n'auras pas froid. (afin que)
10. Olivier aime faire du ski. Il tombe tout le temps. (quoique)

Do exercise 13 C. (p. 195) as well.

Vocabulary:
ranger qc. *(to tidy s.th. up)*, venir voir qn. *(to come and see s.o., to pay s.o. a visit)*, mettre la table *(to set the table)*, faire la cuisine *(to cook)*, pendant que *(while)*, expliquer qc. à qn. *(to explain s.th. to s.o.)*, n'y rien comprendre *(not to understand a thing about it)*, embêter qn. *(to bother s.o.)*, prêter qc. à qn. *(to lend s.th. to s.o.)*, la console de jeux *(the video game console)*, gagner *(to win)*, parce que *(because)*, avoir des ennuis *(to be in trouble)*, fermer qc. *(to close s.th.)*, le chat *(the cat)*, apporter qc. à qn. *(to bring s.o. s.th.)*, avoir froid *(to be (feeling) cold)*, faire du ski *(to ski)*, tomber *(to fall)*, tout le temps *(all the time)*

C4. Doubt

Expressions of doubt in the main clause trigger the use of the subjonctif in the subordinate clause.

These may be for example **negated verbs of thought or opinion** – if they are negated, they usually express doubt and trigger the subjonctif; if they are in the affirmative (not negated), they express certainty and the SC takes an indicatif form.

> *Example:*
> **Certainty:**
> Je pense que Marc a raison. *(I think that Marc is right.)*
> **Doubt:**
> Je ne pense pas que Marc **ait** raison. *(I don't think that Marc is right.)*

ne pas penser que *(not to think that)*
ne pas croire que *(not to believe that)*
ne pas trouver que *(not to think/believe that)*
ne pas être sûr que *(not to be sure that)*
ne pas avoir l'impression que *(not to be under the impression that)*
ne pas admettre que *(not to admit that)*

With the verb "**to doubt**", "**douter**" (douter de qc. = *to doubt s.th.*), it is usually the other way round. "douter que" *(to doubt that)* triggers the use of the subjonctif, whereas the negated form "ne pas douter que" *(not to doubt that)* expresses certainty and does not.

> *Example:*
> **Doubt:**
> Je doute que tu **aies** raison. *(I doubt that you are right.)*
> **Certainty:**
> Je ne doute pas que tu as raison. *(I have no doubt that you are right.)*

Exercise C4.
Add the subjonctif or an appropriate form of the indicatif. (solution p. 223)

Dans un magasin de vêtements d'occasion, Nathalie discute avec sa mère.
1. Nathalie: «Je ne pense pas que nous _____ (trouver) des vêtements intéressants dans ce magasin. Les vieux trucs, c'est moche.»
2. La mère: «Mais moi, je suis sûre que des trésors _____ (se cacher) ici. Il suffit d'un coup de chance pour trouver la perle rare. Et puis, je ne crois pas que les vêtements _____ (être) vraiment vieux et usés.»
3. Nathalie: «Je ne doute pas que mes amies _____ (se moquer) de moi si je vais à l'école avec un pullover démodé.»
4. La mère: «Ah, c'est donc ça. Je ne trouve pas que tu _____ (devoir) faire comme toutes les autres. Et l'originalité, alors? Si tout le monde portait le même pullover...»
5. Nathalie: «Tant pis pour l'originalité. Mes amies n'admettent pas qu'on _____ (pouvoir) porter ce qu'on veut. Elles rigolent quand elles voient une fille mal fagotée.»
6. La mère: «Je trouve que ce/c'_____ (être) stupide. Chacun son goût. Et je doute que tes amies _____ (avoir) assez d'argent pour s'acheter des vêtements neufs tous les six mois, juste parce que la mode change.»
7. Nathalie: «Peut-être. C'est vrai que l'armoire de Nadja _____ (être) pleine de fringues qu'elle ne porte plus. Pourtant, je n'ai pas l'impression qu'elle _____ (mettre) toujours des vêtements neufs.»
8. La mère: «Peu importe. Je pense que tu _____ (devoir) simplement choisir ce qui te va le mieux. Et tant pis pour la mode!»

Vocabulary:

le magasin de vêtements d'occasion *(the secondhand clothes shop)*, le vêtement *(the piece of clothing)*, le truc *(here: the thing)*, moche *(coll.; ugly)*, le trésor *(the treasure)*, se cacher *(to hide)*, il suffit de qc. *(it only takes s.th., s.th. is sufficient)*, un coup de chance *(a stroke of luck)*, la perle rare *(here: an exceptional piece of clothing that is just right for s.o.)*, usé *(worn)*, se moquer de qn. *(to laugh at s.o., to make fun of s.o.)*, démodé *(out of fashion, old-fashioned)*, c'est donc ça *(so that's what is behind it all)*, tant pis pour ... *(here: too bad for ...; never mind)*, rigoler *(coll; to laugh)*, mal fagoté *(badly dressed, rigged up)*, chacun son goût *(everyone to his own taste)*, assez de ... *(enough ...)*, l'argent *(m.; the money)*, neuf /f. neuve *(new, brand new)*, juste parce que *(only because)*, peut-être *(maybe)*, une armoire *(a wardrobe)*, plein,e de ... *(full of ...)*, les fringues *(f., coll.; the cloths)*, pourtant *(yet, though)*, peu importe *(it doesn't matter, never mind)*, choisir qc. *(to choose s.th.)*, aller bien à qn. *(to suit s.o., to fit s.o.)* => ce qui te va le mieux *(what suits you best)*

C5. Some impersonal expressions

Impersonal phrases that express will, emotion, judgement or doubt trigger the use of the subjonctif.

> *Example:*
> **Il faut que** tu viennes!
> *(It is necessary for you to come!)*

> il faut que/il faudrait que *(it is/would be necessary that)*
> il vaut/vaudrait mieux que *(it is/would be better that)*
> il est important que *(it is important that)*
> il est nécessaire que *(it is necessary that)*
> il est temps que *(it is time that)*

> cela m'énerve que *(it annoys me that)*
> cela m'amuse que *(it amuses me that)*
> cela m'étonne que *(it surprises me that)*
> cela me plaît que *(it pleases me that)*
> cela m'embarrasse que *(it embarrasses me that)*
> cela me gêne/me dérange que *(it disturbs me that)*
> cela m'inquiète que *(it worries me that)*

> il est/c'est agréable que *(it is pleasant that)*
> il est/c'est désagréable que *(it is unpleasant that)*
> il est/c'est bon/mauvais que *(it is good /bad that)*
> il est/c'est honteux que *(it is a shame that)*

il est/c'est intéressant que *(it is interesting that)*
il est/c'est (in)juste que *(it is (un)fair that)*
il est/c'est (im)possible que *(it is (im)possible that)*
il est/c'est normal que *(it is normal that)*
il est/c'est surprenant que *(it is surprising that)*
il est/c'est curieux que *(it is strange that)*
il est/c'est logique que *(it is logical that)*
il est/c'est (in)utile que *(it is useful/useless that)*
c'est une chance que *(it is lucky that)*

Compare:
Here are some expressions that refer to facts or express certainty instead of doubt, and as a result, the SC takes an indicatif form (for negated forms expressing doubt, see C4.).

> *Example:*
> Il est évident que ton ami se fait des soucis.
> *(It is obvious that your friend is worried.)*
> il est/c'est vrai que *(it is true that)*
> il est/c'est certain que *(it is certain that)*
> il est/c'est évident que *(it is obvious that)*
> il est/c'est sûr que *(it is sure that)*
> il est/c'est exact que *(it is right that)*

Note:
Constructions with infinitive are possible with adjectives if there isn't another subject mentioned.
Basic pattern: Il est/c'est + adj. + de faire qc.

> *Example:*
> Il est mauvais de s'énerver.
> *(It's bad to get worked up.)*

Exercise C5.
(a) Add the subjonctif or an appropriate form of the indicatif. (solution p. 224)

1. Il est important que nous _____ (aller) voir notre grand-mère à l'hôpital.
2. C'est évident que Ginette n'_____ (avoir) pas envie de venir.
3. Cela l'embarrasse que grand-mère _____ (avoir) l'air aussi maigre et fatiguée.
4. Pourtant, il faut que Ginette y _____ (aller) aussi.
5. Il est possible que ce _____ (être) la dernière fois que nous puissions lui parler avant l'opération.
6. En tout cas, il est sûr que grand-mère _____ (être) contente de nous voir.

Vocabulary:

aller voir qn. *(to go and see s.o., to pay s.o. a visit)*, avoir envie de faire qc. *(to feel like doing s.th.)*, avoir l'air maigre et fatigué *(to look thin and tired)*, pourtant *(nevertheless)*, la dernière fois *(last time)*, en tout cas *(in any case)*, être content de faire qc. *(to be pleased to do s.th.)*

(b) Translate using the words in brackets and a subordinate clause with "que". (solution p. 224)

1. It would be better for us to have a break. (valoir mieux, nous, faire une pause)
2. It is time that you learn to sew buttons on again. (il est temps, tu, apprendre à faire qc., recoudre les boutons)
3. It is lucky that my pal knows how to repair cars. (c'est une chance, mon copain, savoir réparer les voitures)
4. It is right that the admission into the museum is free today. (être exact, l'entrée (f.) du musée (m.), être gratuit, aujourd'hui)
5. It is necessary that our guests can rest in a calm place. (falloir, nos invités, pouvoir, se reposer, dans un endroit calme)

D. Mixed exercises

The following more difficult exercises may contain any of the triggers you have learned in this book. **You have to decide whether or not the subjonctif is needed**.

Note:
There are other situations in which the subjonctif is used or may be used. More information can be found, for example, in the Advanced Learner's Edition.

Exercise D1.
Build sensible sentences with subordinate clauses. (solution p. 224)

Hint: Watch out for impersonal subjects.

1. je – tu – ce jean sale et troué – mettre – ne pas vouloir – que
2. c'est nul – je – ne pas savoir faire de ski – que
3. être sûr – le météorologue – demain – faire beau – il – que
4. au dernier contrôle de français – être déçu – Marcel – donner une mauvaise note – le prof – lui – que
5. se promener – ce type – bien que – en sandales et en t-shirt – faire très froid – il
6. bon en maths – Aurélie – être – être – prof de maths – son père – parce que
7. aller bien – cette robe extravagante – me – que – je – ne pas penser
8. falloir – il – prendre – que – M. Trainard – le train de 9 h
9. regretter – son mari – Mme Vernet – que – ne jamais venir – à l'opéra – avec elle
10. Matthieu – passer l'aspirateur – sa sœur – pendant que – faire la vaisselle

Vocabulary:
sale *(dirty)*, troué *(full of holes)*, mettre qc. *(here: to put on s.th.)*, c'est nul *(coll.; here: it's stupid)*, demain *(tomorrow)*, il fait beau *(the weather is good)*, le contrôle de français *(the French test)*, déçu *(disappointed)*, se promener *(to have/go for a stroll /walk)*, un type *(coll.: a guy)*, il fait froid *(weather: it's cold)*, qc. va bien à qn. *(s.th. suits s.o.)*, la robe *(the dress, the gown)*, l'opéra *(m.; the opera)*, passer l'aspirateur *(to vacuum, to hoover)*, la sœur *(the sister)*, faire la vaisselle *(to wash up, to do the dishes)*

Exercise D2.
Translate using the words in brackets. (solution p. 224)

1. Come (pl.) home before it rains. (rentrer, avant que, pleuvoir)
2. I don't believe that it's a good idea. (ne pas croire, que, ce, être, une bonne idée)
3. I even believe that it's a very bad idea. (croire, même, que, ce, être, une très mauvaise idée)
4. The neighbo(u)r says that her cat has disappeared. (la voisine, dire, que, son chat, disparaître)
5. Mr Marcellin is saving money so that his family can go away on vacation. (épargner de l'argent, pour que, sa famille, pouvoir partir en vacances)
6. I demand that you (pl.) apologize to me! (exiger, que, faire des excuses à qn.)

Exercise D3.
Connect the sentences to a sensible compound sentence. (solution p. 225)

1. Ce chien se roule dans la boue. Son maître lui dit d'arrêter. (jusqu'à ce que)
2. Tu bois de la limonade au petit déjeuner? C'est bizarre. (que)
3. Papa n'a pas oublié d'acheter du lait. Heureusement! (que)
4. Marc est triste. Son meilleur ami ne veut plus lui parler. (que)
5. Alexandre organise une fête. Ses parents ne le savent pas. (sans que)
6. Ça ne fait rien. Ses parents seront sûrement d'accord. (parce que)
7. Ils sont contents. Alexandre a beaucoup d'amis. (que)

Vocabulary:
se rouler dans la boue *(to roll about in the mud)*, le maître *(the master)*, dire à qn. de faire qc. *(to tell s.o. to do s.th.)*, arrêter de faire qc. *(to stop doing s.th.)*, bizarre *(strange, odd)*, oublier de faire qc. *(to forget to do s.th.)*, le lait *(the milk)*

Exercise D4.
Add the verb in the appropriate form. (solution p. 225)

Hint: Infinitives are possible as well.

Lire des livres? Une discussion.
1. Raphaël: Mes parents veulent que je _____ (lire) plus de livres parce qu'ils _____ (croire) que cela améliorerait mes notes à l'école. Mais moi, je n'aime pas _____ (lire). Je trouve que ce/c'_____ (être) ennuyeux.
2. Laure: Ah bon? Moi, je _____ (lire) beaucoup. Quelquefois, je _____ (finir) un livre par jour! Il faut même que je _____ (faire) attention à ne pas lire toute la nuit. Depuis que j'_____ (avoir) accès à la bibliothèque municipale, je dévore tous les romans historiques que je _____ (trouver). Et aussi les romans d'amour...
3. Philippe: Je ne suis pas sûr que les romans d'amour _____ (être) des livres indispensables à lire. C'est toujours pareil. Mon frère et moi, bien que nous _____ (aimer) assez les bouquins de science-fiction, nous _____ (préférer) les documentaires. Les océans, les animaux préhistoriques, l'astronomie... J'adore qu'il y _____ (avoir) des images fabuleuses dans ce genre de livre, ça fait rêver.
4. Marie-Claire: Raphaël, c'est important que tu _____ (savoir) lire sans problèmes. Il faut _____ (pouvoir) s'informer. Tu ne vas pas signer un contrat sans le _____ (lire) avant? Moi, je trouve nécessaire que les jeunes _____ (se tenir) au courant des sujets de société, par les journaux, les histoires vécues... Et puis, c'est évident que tu ne _____ (pouvoir) pas te servir d'Internet si tu ne savais pas lire.
5. Raphaël: Hé! Je ne dis pas que je ne _____ (lire) jamais! Et puis maintenant, vous me/m'_____ (donner) un tas d'idées... Philippe, est-ce que tu _____ (avoir) un livre de science-fiction intéressant que tu _____ (pouvoir) me prêter?

Vocabulary:
améliorer qc. *(to improve s.th.)*, ennuyeux/f. -euse *(boring)*, quelquefois *(sometimes)*, un livre par jour *(a book a/per day)*, avoir accès à qc. *(to have access to s.th.)*, dévorer qc. *(to devour s.th.)*, pareil /f. pareille *(similar, the same)*, assez *(here: rather, quite)*, le bouquin *(coll.; the book)*, une image *(a picture)*, fabuleux /f. -euse *(fabulous)*, le genre de ... *(the kind of ...)*, ça fait rêver *(that fires the imagination)*, signer un contrat *(to sign a contract)*, se tenir au courant *(to keep oneself informed, to keep up with things)*, le sujet de société *(the topic/the subject relevant to society)*, l'histoire vécue *(f.; the real-life story)*, se servir de qc. *(to make use of s.th./to use s.th.)*, un tas de ... *(here: lots of ...; un tas = a heap)*, prêter qc. à qn. *(to lend s.th. to s.o.)*

Answer Keys

Solutions for A1.

L1. Ne grignotez pas <u>avant</u> le déjeuner!
L2. Ne vous levez pas de table <u>avant que</u> tout le monde ait fini!
L3. Mais je n'ai rien mangé <u>depuis</u> le petit déjeuner!
L4. Mais je n'ai rien mangé <u>depuis que</u> nous sommes allés au restaurant!
L5. Nous faisons la fête <u>jusqu'à</u> trois heures du matin.
L6. Nous faisons la fête <u>jusqu'à ce que</u> nous tombions de fatigue.
L7. Ce coureur du Tour de France a fini l'étape <u>malgré</u> une chute.
L8. Ce coureur du Tour de France a fini l'étape <u>malgré qu'</u>il ait fait une chute.
L9. Le coq du village réveille tout le monde <u>dès que</u> le soleil se lève.
L10. Le coq du village réveille tout le monde <u>dès</u> l'aube.

Solutions for A2.

L1. <u>Pourriez</u>-vous faire attention? => **conditionnel**
L2. <u>Fais</u> attention. => **impératif**
L3. Je veux que tu <u>fasses</u> attention. => **subjonctif**
L4. Je ne <u>fais</u> jamais attention à rien. => **indicatif** (présent)
L5. <u>Passe</u>-moi le sel, s'il te plaît. => **impératif**
L6. Je <u>voudrais</u> une botte de radis et un kilo de tomates. Merci. => **conditionnel**
L7. L'année prochaine, nous <u>partirons</u> au Canada. => **indicatif** (futur simple)
L8. Je suis content que nous <u>partions</u> au Canada. => **subjonctif**

Solutions for B1. (a)

	partir ils part-ent	**entendre** ils entend-ent
que je/j'	part**e**	entend**e**
que tu	part**es**	entend**es**
qu'il/elle	part**e**	entend**e**
que nous	part**ions**	entend**ions**
que vous	part**iez**	entend**iez**
qu'ils/elles	part**ent**	entend**ent**

	regarder ils regard-ent	**réfléchir** ils réfléchiss-ent
que je que tu qu'il/elle que nous que vous qu'ils/elles	regarde regarde**s** regarde regard**ions** regard**iez** regard**ent**	réfléchisse réfléchisse**s** réfléchisse réfléchiss**ions** réfléchiss**iez** réfléchiss**ent**

Solutions for B1. (b)

	appeler => ils appellent; **nous appelons**	**devoir** => ils doivent; **nous devons**
que je/j' que tu qu'il/elle que nous que vous qu'ils/elles	appelle appelles appelle **appelions** **appeliez** appellent	doive doives doive **devions** **deviez** doivent

Solutions for B1. (c)

L1. Le prof veut que tu <u>fasses</u> attention.
L2. Je trouve important que les jeunes <u>sachent</u> parler des langues étrangères.
L3. Nadine doute que Marc <u>ait</u> raison.
L4. Bastien est déçu que son ami ne <u>puisse</u> pas partir en vacances avec lui.
L5. Il faut que vous <u>soyez</u> prêts à partir à trois heures.
L6. Nous sortons jouer au foot bien qu'il <u>pleuve</u>.
L7. Maman exige que les enfants <u>aillent</u> au lit.
L8. Je suis triste que tu ne <u>veuilles</u> pas m'aider.

Solutions for B2.

L1. Les parents sont fiers que leurs enfants <u>aient passé</u> le bac l'année dernière.
L2. Il faut que nous <u>allions</u> voir grand-mère aujourd'hui.
L3. Malheureusement, je doute que vous <u>puissiez</u> partir en vacances l'année prochaine.

L4. Isabelle est furieuse que son ami <u>ne soit pas venu</u> au rendez-vous d'hier.

L5. Il est normal que vous <u>ne sachiez pas</u> toujours la bonne réponse.

L6. Patrick a oublié tous les verbes irréguliers bien qu'il <u>ait mis</u> toute une journée à les apprendre la semaine dernière.

L7. À l'avenir, il faudrait qu'il <u>révise</u> plus souvent et par petits paquets de verbes.

L8. Le patron décide de discuter avec ses employés avant que ceux-ci <u>fassent</u> la grève.

L9. Je suis surprise que vous <u>ayez mangé</u> de la fondue à l'invitation d'hier soir. D'habitude, vous n'aimez pas cela.

L10. Le médecin dit à M. Dugoulot: «Il vaudrait mieux que vous <u>buviez</u> moins.»

Solutions for C1.

(a)

L1. Marc veut que son frère fasse la vaisselle.

L2. Le prof exige que nous réfléchissions.

L3. Je désire que vous me croyiez.

L4. Nous refusons que notre ami soit exclu.

L5. L'opposition demande que le gouvernement prenne ses responsabilités.

L6. Nous espérons que tout ira bien. (ira = futur simple; "espérer que + indicatif" is an exception you should remember!)

(b)

L1. J'aimerais que les voisins fassent moins de bruit. (*Or:* Les voisins aimeraient que je fasse moins de bruit.)

L2. J'aimerais partir en voyage pour toute une année.

L3. Mon patron veut que je finisse mon travail lundi.

L4. Cet employé accepte de faire des heures supplémentaires.

L5. Je préférerais que vous veniez demain. (*Or:* Vous préféreriez que je vienne demain.)

L6. La mère souhaite que sa fille puisse faire des études.

L7. Tu proposes d'aller au bistro avec tous nos copains.

Solutions for C2.

L1. Marc est furieux que son frère lui <u>ait chipé</u> son ordinateur portable.

L2. Je trouve important que tu <u>prennes</u> part à toutes les activités sportives de l'école.

L3. Le prof de français est mécontent que ses élèves ne <u>sachent</u> toujours pas accorder le participe passé.

L4. Mme Dutilleul a peur que son fils <u>ait eu</u> un accident de moto.

L5. Je regrette que tu ne <u>veuilles</u> pas m'aider.

L6. Grand-mère est triste que ses petits-enfants <u>ne soient pas venus</u> la voir.

L7. Adrien est déçu que ses amis ne <u>puissent</u> pas aller au cinéma avec lui.
L8. Je ne trouve pas bien que tu ne <u>finisses</u> jamais ton assiette.
L9. Le coureur cycliste est ennuyé qu'il <u>pleuve</u>.
L10. Je crains que ce libraire <u>doive</u> fermer boutique.

Solutions for C3.

L1. Nadine range sa chambre pour que ses amies <u>puissent</u> venir la voir.
L2. Les enfants mettent la table pendant que Mme Gaillot fait la cuisine.
L3. J'explique un exercice de maths à ma sœur bien que je n'y <u>comprenne</u> rien moi-même.
L4. Le petit frère embête son grand frère jusqu'à ce que celui-ci lui <u>prête</u> sa console de jeux.
L5. Nous allons gagner parce que nous sommes les meilleurs.
L6. Luc a des ennuis sans que personne ne le <u>sache</u>.
L7. Mme Delabarre va danser tous les soirs bien qu'elle <u>ait</u> 84 ans.
L8. Ferme la porte avant que le chat <u>sorte</u>.
L9. Je t'apporte un pullover afin que tu n'<u>aies</u> pas froid.
L10. Olivier aime faire du ski quoiqu'il <u>tombe</u> tout le temps.

Solutions for C4.

Dans un magasin de vêtements d'occasion, Nathalie discute avec sa mère.
L1. Nathalie: «*Je ne pense pas que* nous <u>trouvions</u> *(subjonctif)* des vêtements intéressants dans ce magasin. Les vieux trucs, c'est moche.»
L2. La mère: «Mais moi, *je suis sûre que* des trésors <u>se cachent</u> *(présent)* ici. Il suffit d'un coup de chance pour trouver la perle rare. Et puis, *je ne crois pas que* les vêtements <u>soient</u> *(subjonctif)* vraiment vieux et usés.»
L3. Nathalie: «*Je ne doute pas que* mes amies <u>se moqueront</u> *(futur simple)* de moi si je vais à l'école avec un pullover démodé.»
L4. La mère: «Ah, c'est donc ça. *Je ne trouve pas que* tu <u>doives</u> *(subjonctif)* faire comme toutes les autres. Et l'originalité, alors? Si tout le monde portait le même pullover...»
L5. Nathalie: «Tant pis pour l'originalité. *Mes amies n'admettent pas qu'*on <u>puisse</u> *(subjonctif)* porter ce qu'on veut. Elles rigolent quand elles voient une fille mal fagotée.»
L6. La mère: «*Je trouve que* <u>c'est</u> *(présent)* stupide. Chacun son goût. Et *je doute que* tes amies <u>aient</u> *(subjonctif)* assez d'argent pour s'acheter des vêtements neufs tous les six mois, juste parce que la mode change.»
L7. Nathalie: «Peut-être. *C'est vrai que* l'armoire de Nadja <u>est</u> *(présent)* pleine de fringues qu'elle ne porte plus. Pourtant, *je n'ai pas l'impression qu'*elle <u>mette</u> *(subjonctif)* toujours des vêtements neufs.»
L8. La mère: «Peu importe. *Je pense que* tu <u>devrais</u> *(conditionnel)* simplement choisir ce qui te va le mieux. Et tant pis pour la mode!»

Solutions for C5.

(a)

L1. Il est important que nous <u>allions</u> voir notre grand-mère à l'hôpital.

L2. C'est évident que Ginette n'<u>a</u> pas envie de venir.

L3. Cela l'embarrasse que grand-mère <u>ait</u> l'air aussi maigre et fatiguée.

L4. Pourtant, il faut que Ginette y <u>aille</u> aussi.

L5. Il est possible que ce <u>soit</u> la dernière fois que nous puissions lui parler avant l'opération.

L6. En tout cas, il est sûr que grand-mère <u>sera</u> *(futur simple)* contente de nous voir. *(Or: ... que grand-mère va être contente...; futur proche)*

(b)

L1. Il vaudrait mieux que nous <u>fassions</u> une pause. *(vaudrait = conditionnel)*

L2. Il est temps que tu <u>apprennes</u> à recoudre les boutons.

L3. C'est une chance que mon copain <u>sache</u> réparer les voitures.

L4. Il est (/C'est) exact que l'entrée du musée <u>est</u> *(présent)* gratuite aujourd'hui.

L5. Il faut que nos invités <u>puissent</u> se reposer dans un endroit calme.

Solutions for D1.

L1. Je ne veux pas que tu <u>mettes</u> *(subjonctif)* ce jean sale et troué.

L2. C'est nul que je ne <u>sache</u> *(subjonctif)* pas faire de ski.

L3. Le météorologue est sûr qu'il <u>fera</u> *(futur simple)* beau demain. *(Or: ... qu'il va faire beau...; futur proche)*

L4. Marcel est déçu que le prof lui <u>ait donné</u> *(subjonctif passé)* une mauvaise note au dernier contrôle de français.

L5. Ce type se promène en sandales et en t-shirt bien qu'il <u>fasse</u> *(subjonctif)* très froid.

L6. Aurélie est bonne en maths parce que son père <u>est</u> *(présent)* prof de maths.

L7. Je ne pense pas que cette robe extravagante m'<u>aille</u> *(subjonctif: doubt)* bien.

L8. Il faut que M. Trainard <u>prenne</u> *(subjonctif)* le train de 9 h.

L9. Mme Vernet regrette que son mari ne <u>vienne</u> *(subjonctif)* jamais à l'opéra avec elle. *(Or: ... ne soit jamais venu ... subjonctif passé)*

L10. Matthieu passe l'aspirateur pendant que sa sœur <u>fait</u> *(présent)* la vaisselle.

Solutions for D2.

L1. Rentrez avant qu'il <u>pleuve</u> *(subjonctif)*.

L2. Je ne crois pas que ce <u>soit</u> *(subjonctif)* une bonne idée.

L3. Je crois même que c'<u>est</u> *(présent)* une très mauvaise idée.

L4. La voisine dit que son chat <u>a disparu</u> *(passé composé)*.

L5. M. Marcellin épargne de l'argent pour que sa famille <u>puisse</u> *(subjonctif)* partir en vacances.

L6. J'exige que vous me <u>fassiez</u> *(subjonctif)* des excuses!

Solutions for D3.

L1. Ce chien se roule dans la boue jusqu'à ce que son maître lui <u>dise</u> *(subjonctif)* d'arrêter.

L2. C'est bizarre que tu <u>boives</u> *(subjonctif)* de la limonade au petit déjeuner.

L3. Heureusement que papa n'<u>a</u> pas <u>oublié</u> *(passé composé)* d'acheter du lait! => *Exception!*

L4. Marc est triste que son meilleur ami ne <u>veuille</u> *(subjonctif)* plus lui parler.

L5. Alexandre organise une fête sans que ses parents le <u>sachent</u> *(subjonctif)*.

L6. Ça ne fait rien parce que ses parents <u>seront</u> *(futur simple)* sûrement d'accord.

L7. Ils sont contents qu'Alexandre <u>ait</u> *(subjonctif)* beaucoup d'amis.

Solutions for D4.

Lire des livres? Une discussion.

L1. Raphaël: Mes parents veulent que je <u>lise</u> *(subjonctif)* plus de livres parce qu'ils <u>croient</u> *(présent)* que cela améliorerait mes notes à l'école. Mais moi, je n'aime pas <u>lire</u>. Je trouve que c'<u>est</u> *(présent)* ennuyeux.

L2. Laure: Ah bon? Moi, je <u>lis</u> *(présent)* beaucoup. Quelquefois, je <u>finis</u> *(présent)* un livre par jour! Il faut même que je <u>fasse</u> *(subjonctif)* attention à ne pas lire toute la nuit. Depuis que j'<u>ai</u> *(présent)* accès à la bibliothèque municipale, je dévore tous les romans historiques que je <u>trouve</u> *(présent)*. Et aussi les romans d'amour...

L3. Philippe: Je ne suis pas sûr que les romans d'amour <u>soient</u> *(subjonctif)* des livres indispensables à lire. C'est toujours pareil. Mon frère et moi, bien que nous <u>aimions</u> *(subjonctif)* assez les bouquins de science-fiction, nous <u>préférons</u> *(présent)* les documentaires. Les océans, les animaux préhistoriques, l'astronomie... J'adore qu'il y <u>ait</u> *(subjonctif)* des images fabuleuses dans ce genre de livre, ça fait rêver.

L4. Marie-Claire: Raphaël, c'est important que tu <u>saches</u> *(subjonctif)* lire sans problèmes. Il faut <u>pouvoir</u> s'informer. Tu ne vas pas signer un contrat sans le <u>lire</u> avant? Moi, je trouve nécessaire que les jeunes <u>se tiennent</u> *(subjonctif)* au courant des sujets de société, par les journaux, les histoires vécues... Et puis, c'est évident que tu ne <u>pourrais</u> *(conditionnel => conditional clause)* pas te servir d'Internet si tu ne savais pas lire.

L5. Raphaël: Hé! Je ne dis pas que je ne <u>lis</u> *(présent)* jamais! Et puis maintenant, vous <u>m'avez donné</u> *(passé composé)* un tas d'idées... Philippe, est-ce que tu <u>as</u> *(présent)* un livre de science-fiction intéressant que tu <u>pourrais (/peux)</u> *(conditionnel or présent)* me prêter?

15. Gérondif and participe présent

A. Basics

The gérondif and the participe présent shorten subordinate clauses. While the gérondif is commonly used in spoken language, the participe présent tends to be more often used in written language.

Caution:
You cannot translate every English gerund into a French gérondif or participe présent. Other constructions may be needed, for example, with an infinitive (chapter 13, 189):
Je frappe à la porte avant d'entrer. *(I knock on the door before entering.)*

A1. Forms

The gérondif and the participe présent have basically the same form, but the gérondif gets an additional "en" in front of it. These verb forms **do not get conjugated and are invariable**: they have only one ending. You derive the stem as you do for the imparfait.

Stem: 1st person pl. (présent)
+
Ending: -ant

Example: finir => nous finiss-ons
   gérondif:
   en finiss**ant** qc. *(by/while/if ... finishing s.th.)*
   participe présent:
   finiss**ant** qc. *(finishing s.th.; because (s.o.) finishes s.th.)*

These are the only three irregular forms:

être	avoir	savoir
(en) étant	(en) ayant	(en) sachant

Exercise A1.
Derive the gérondif and the participe présent of the following verbs. (solution p. 241)

1. faire	4. boire	7. manger	10. savoir
2. aller	5. écrire	8. être	
3. réussir	6. commencer	9. avoir	

A2. Position of negations and pronouns

The **negation** encloses the part with -ant:
> *Example gérondif:*
> en **n'**ayant **pas**

The **object, reflexive and adverbial pronouns** are placed before the part with -ant; the negation encloses them as well.
> *Example participe présent:* **me** levant (ne **me** levant pas)
> *Example gérondif:* en **y** allant (en n'**y** allant pas)

! Distinguish between the "en" of the gérondif and the adverbial pronoun "en".
> *Example:*
> en faisant **des exercices** => en **en** faisant
> en ne faisant pas **d'exercices** => en n'**en** faisant pas
> *(by doing exercises => by doing some (of them);*
> *by not doing exercises => by not doing some)*

Exercise A2.
Negate the following words with "ne... pas". (solution p. 241)

> 1. en buvant   4. en y pensant
> 2. en la cherchant   5. en leur téléphonant
> 3. en en prenant

A3. About the sequence of tenses

Gérondif and participe présent are neutral concerning tenses, that is, they **may be used with any tense**.
> *Examples:*
> Nous **apprenons** quelque chose **en lisant des livres**.
> Nous **apprendrons** quelque chose **en lisant des livres**.
> Nous **avons appris** quelque chose **en lisant des livres**.
> *(We learn s.th. by reading books.*
> *We will learn s.th. by reading books.*
> *We have learned s.th. by reading books.)*

Note:
Only the participe présent can have a compound form with "étant/ayant + participe passé" for "**earlier**" events (events in the past).
> *Example:*
> **N'étant pas allé** à la pharmacie hier, j'ai dû y aller aujourd'hui.
> *(Because I didn't go to the chemist's/to the pharmacy yesterday, I had to go there today.)*

B. Gérondif: usage

With gérondif you can shorten three kinds of subordinate clauses; **however, the subject of the main clause has to be the same as that of the subordinate clause.** Shortening the SC with the gérondif means that the subject of the SC is no longer mentioned, and the gérondif form does not indicate it either (as it is not a conjugated form). Consequently, the sense of the sentence could become unclear.

> *Example:*
>
> **Valérie** prend des notes **quand elle lit un livre**.
> => **Valérie** prend des notes **en lisant un livre**.
> *(Valérie takes notes when she reads a book.*
> *=> Valérie takes notes when reading a book.)*
>
> **Valérie** lit un livre pendant que **son frère** regarde la télé.
> *(Valérie reads a book while her brother watches TV.)*

=> Shortening with gérondif would cause the brother to "disappear", as the subject of the SC would be dropped. We would be left with Valérie reading a book and watching TV at the same time (Valérie lit un livre en regardant la télé.).

B1. Modal clauses (manner, means)

The gérondif is essential for building modal clauses. In this case the translation in English is "by + gerund".

> *Example:*
>
> ***Two main clauses:***
> Victor parle avec des amis francophones. **Comme ça**, il apprend le français.
> *(Victor talks with French-speaking friends. This way he learns French.)*
>
> ***Main clause with modal SC:***
> Victor apprend le français **en parlant** avec des amis francophones.
> *(Victor learns French by talking with French-speaking friends.)*

Exercise B1.
Build sensible sentences with the gérondif. (solution p. 241)

Hint: The following expressions have approximately the same meaning and are not needed anymore when using gérondif, as in the example above:
comme ça; de cette manière; de cette façon; ainsi *(this way)*

1. Zoé a travaillé énormément. Comme ça, elle a réussi son bac.
2. M. Arnaud fait une cure. De cette manière, il espère recouvrer la santé.
3. Mme Levallois prépare une tarte aux pommes. Elle se sert d'une recette de sa grand-mère.
4. Bastien répare des vieux ordinateurs. De cette façon, il gagne un peu d'argent.
5. Marcel se couche tôt. Ainsi, il sera en forme pour l'examen de demain.
6. Virginie entre dans un club de volley-ball. Comme ça, elle se fera beaucoup de nouvelles amies.
7. Luc fait son pain lui-même. Il utilise de la farine d'épeautre.
8. Patrick lave ses chaussettes à la main. Il emploie du savon de Marseille.

Vocabulary:
travailler énormément *(to work very much)*, réussir le bac *(to pass the school leaving certificate)*, faire une cure *(to get a treatment)*, recouvrer la santé *(to recover one's health)*, la pomme *(the apple)*, se servir de qc. *(to make use of s.th./to use s.th.)*, la recette *(the recipe)*, réparer qc. *(to repair s.th.)*, un ordinateur *(a computer)*, gagner qc. *(here: to earn s.th.)*, un peu de ... *(a bit of ..., a little ...)*, l'argent *(m.; the money)*, se coucher tôt *(to go to bed early)*, être en forme *(to be in form, to be in good condition)*, un examen *(a test)*, l'examen de demain *(tomorrow's test)*, se faire des amies *(to make friends, f.)*, faire du pain *(to bake bread)*, utiliser qc. *(to use s.th.)*, la farine *(the flour)*, l'épeautre *(m.; spelt = an old kind of wheat)*, la chaussette *(the sock)*, à la main *(by hand)*, employer qc. *(to use s.th.)*, le savon *(the soap;* le savon de Marseille = *household soap)*

B2. Temporal clauses of simultaneity

The gérondif can shorten subordinate clauses that express **simultaneity of two events.** Unshortened clauses of that kind have the conjunctions "**pendant que**" *(while)* or sometimes "**quand**" *(when)*. (Note that the gérondif sounds better than a clause with "pendant que" if the subject is the same.)

Examples:

Two main clauses:
Valérie lit un livre. Elle prend des notes **en même temps**.
(Valérie reads a book. She takes notes at the same time.)

With temporal clause:
Valérie prend des notes **pendant qu'**elle lit un livre.
Valérie prend des notes **quand** elle lit un livre.
(Valérie takes note while (/when) she reads a book.)

With gérondif:
Valérie prend des notes **en lisant** un livre.
(Valérie takes note while (/when) reading a book.)

Other example with "quand":
Quand Adrien a aperçu Émilie pour la première fois, il a eu le coup de foudre.
=> En apercevant Émilie pour la première fois, Adrien a eu le coup de foudre.
(Upon seeing Émilie the first time, Adrien fell head over heels in love.
la foudre = *the lightning)*

Note:
Adding "tout" before the gérondif puts further emphasis on the simultaneity of the two actions and may give the clause a concessive meaning ("although").
Example:
Je pose une question **tout en sachant** déjà la réponse.
= Je pose une question **bien que** je sache déjà la réponse.
(I ask a question although I already know the answer.)

Exercise B2.
Build sensible sentences with the gérondif. (solution p. 242)

Hint: The gérondif already expresses simultaneity. You do not need phrases such
as "en même temps" anymore. Just drop them.

1. Zoé va à l'école. Elle traîne les pieds.
2. M. Bayard s'endort toujours quand il regarde la télé.
3. La réceptionniste de l'hôtel donne des informations. Elle sourit en même
temps.
4. Pendant qu'il range sa chambre, Olivier retrouve les restes d'un sandwich sous
le lit.
5. Quand j'ai regardé par la fenêtre ce matin, j'ai vu un sanglier dans le jardin.
6. Mes copains et moi, nous jouons aux cartes. Nous rigolons beaucoup en même
temps.
7. Pendant que j'écoutais cette chanson, j'ai eu envie de chanter, moi aussi.
8. Le cuisinier fait chauffer de l'huile. Il fait attention.
9. Isabelle a eu une idée quand elle a lu un article dans le journal.
10. Jean-Pierre s'est cassé une jambe. Il a voulu faire du ski.

Vocabulary:
traîner les pieds *(to drag one's feet)*, s'endormir *(to fall asleep)*, la réceptionniste
(the receptionist, f.), sourire *(to smile)*, le lit *(the bed)*, un sanglier *(a wild boar)*,
le jardin *(the garden)*, rigoler *(coll; to laugh, here also: to jest, to joke)*, le
cuisinier /f. -ière *(the cook)*, faire chauffer qc. *(to heat s.th. up)*, l'huile *(f.; the
oil)*, se casser une jambe *(to break one's leg)*, faire du ski *(to ski)*

B3. Condition or possibility

Some clauses with the gérondif express a condition or a possibility – they are shortened conditional clauses.

Examples:

En prenant le train de 9 h, je ne serais pas arrivé en retard.
= **Si** j'avais pris le train de 9 h, je ne serais pas arrivé en retard.
(If I had taken the 9 o'clock train, I would not have been late. Additional meaning: means)

Viens me voir **en passant dans le coin**.
= Viens me voir **si** tu passes dans le coin.
(Come and see me if you are around here. Additional meaning: simultaneity)

En travaillant dur, nous réussirons.
= **Si** nous travaillons dur, nous réussirons.
(If we work hard, we will succeed. Additional meaning: means)

Note:
There is often a risk of being unclear or awkward when shortening conditional clauses. This is not the case if there is an additional meaning, like in the examples.

Exercise B3.
Change into sentences with the gérondif. (solution p. 242)

Hint: If necessary, transfer names to the main clause, as in 4.

1. Si tu manges trop de bonbons, tu auras mal aux dents.
2. Si je m'étais préparé une bouillotte, je n'aurais pas eu froid.
3. Si vous prenez les petites routes, vous verrez des paysages pittoresques.
4. Si Claudette s'était dépêchée, elle aurait pu venir avec nous.
5. Si les jeunes conduisaient prudemment, ils éviteraient les accidents.
6. Si vous faites la sieste pendant une demi-heure, vous aurez plus d'énergie pour continuer votre travail.
7. Si nous ne faisons pas attention, nous allons nous perdre dans les petites rues.

Vocabulary:
avoir mal aux dents *(to have toothache, to have sore teeth)*, une bouillotte *(a hot-water bottle)*, avoir froid *(to be (feeling) cold)*, la route *(the road)*, le paysage pittoresque *(the picturesque landscape)*, se dépêcher *(to hurry)*, conduire prudemment *(to drive cautiously)*, éviter qc. *(to avoid s.th.)*, la sieste *(the nap)*, continuer qc. *(to continue s.th., to carry on with s.th.)*, se perdre *(to get lost)*, la rue *(the street)*

B4. Mixed exercises

The following exercises contain the three kinds of sentences.

Exercise B4.
(a) Translate using the words in brackets and the gérondif. (solution p. 242)

Hint: The words in brackets are already in the correct order.

1. As I left the supermarket, I saw that my car had disappeared. (sortir, de, le supermarché, voir, ma voiture, disparaître)
2. The caretaker is panting up the stairs. (= The caretaker is climbing the stairs while panting.) (le concierge, monter, l'escalier (m.), souffler)
3. If you take this medicine, you will get better quickly. (prendre, ce médicament, guérir rapidement)
4. Denise earns some pocket money by delivering newspapers. (gagner de l'argent de poche, distribuer des journaux)
5. The workman sings while he works. (l'ouvrier, chanter, travailler)
6. Jérôme burnt his hand while cooking. (se brûler la main, faire la cuisine)
7. Build (pl.) sentences and use the gérondif. (faire des phrases, utiliser, le gérondif)

(b) Change the following sentences with the gérondif back into subordinate clauses with "pendant que", "quand" or "si" *(= while, when, if)*, or into two main clauses with "comme ça" *(= this way)*. (solution p. 242)

Hint: If necessary, look once more at the conditional clauses in chapter 3 D., 64.

1. En se réveillant ce matin, Luc avait une migraine épouvantable.
2. En prenant deux comprimés contre le mal de tête, il a pu se lever, mais il ne se sentait toujours pas bien.
3. Sa mère lui a dit: «Peut-être que tu iras mieux en buvant un café très fort.»
4. En essayant de prendre le petit déjeuner, Luc se demandait s'il devrait aller chez le médecin.
5. En allant chez le médecin, il raterait le cours de maths.
6. En entendant cela, sa mère a dit: «C'est hors de question!»
7. Mais elle a été rapidement convaincue: En devenant pâle comme un linge et en allant vomir son petit déjeuner dans les toilettes, Luc lui a fait comprendre que ça n'allait vraiment pas.

Vocabulary:
se réveiller *(to awake)*, épouvantable *(dreadful)*, le comprimé *(the tablet, the pill)*, le mal de tête *(the headache)*, se lever *(to get up)*, ne pas se sentir bien *(not to feel well, to feel unwell)*, aller mieux *(to feel better)*, boire qc. *(to drink s.th.)*,

essayer de faire qc. *(to attempt to do s.th.)*, prendre le petit déjeuner *(to have one's breakfast)*, le médecin *(the doctor)*, rater qc. *(here: to miss s.th.)*, c'est hors de question *(that's out of the question)*, convaincre qn. de qc. *(to convince s.o. of s.th.)*, devenir pâle comme un linge *(to become as pale as a sheet)*, vomir qc. *(to vomit s.th.)*, les toilettes *(f.pl.; the toilet, the bathroom)*, faire comprendre qc. à qn. *(to make s.o. understand s.th.)*, ça ne va pas *(here: s.o./s.th. is not all right /alright; s.o. is unwell)*

(c) Build compound sentences with the gérondif – if possible. Otherwise, with a subordinate clause. (solution p. 243)

Hint: Is the subject the same? Use the gérondif. With two different subjects, use a subordinate clause (pendant que, quand, si).

1. Je prépare le dîner. J'écoute la radio en même temps.
2. Je prépare le dîner. Tu mets la table en même temps.
3. M. Jeannot faisait la sieste. Il a entendu sonner à la porte.
4. M. Jeannot a ouvert la porte. Le facteur lui a donné un paquet.
5. Nous prenons l'avion. Nous arriverons plus vite.
6. Il fera *peut-être* beau demain. Nous irons faire un pique-nique.

Vocabulary:
le dîner *(dinner)*, en même temps *(at the same time)*, mettre la table *(to set the table)*, entendre sonner à la porte *(to hear the doorbell ring; literally: to hear (s.o.) ring at the door)*, prendre l'avion *(to take the plane, to fly)*, il fait beau *(the weather is good)*, le pique-nique *(the picnic)*

C. Participe présent: usage

With the participe présent you can shorten causal clauses and relative clauses with "qui" (usage with other clauses may occur). It is more often used in written language, unlike the gérondif, which is commonly used in spoken language.

Another important difference is that the participe présent can not stay alone – **it always has a complement**.

> *Examples:*
> Étant **malade**, M. le directeur n'a pas pu venir.
> *(Being sick/Because he is/was sick, the manager couldn't come.)*
> J'ai lu un article traitant **du réchauffement climatique**.
> *(I have read an article about/dealing with the global warming.)*

Furthermore, it can express "**earlier**" events (events in the past) with the compound form "**étant/ayant + participe passé**". This means that the events in the SC happen **before** the events in the MC.

Example:

Ayant loué une chambre assez loin de l'université, Isabelle envisage d'acheter un cyclomoteur. *(Because she has rented/Having rented a room quite far away from the university, Isabelle is considering buying a moped.)*
Étant arrivé en retard au rendez-vous, Patrick s'est fait enguirlander par sa copine. *(Because he had arrived late at their date, Patrick got told off by his girlfriend.)*

C1. Causal clauses

The subject of the main clause and the subject of the subordinate clause have to be the same if you want to shorten a causal clause with a participe présent (for an exception, see below). Unshortened causal clauses have the conjunctions "comme" *(as)* or "parce que" *(because)*; note that "comme" can be used at the beginning of the sentence only (the SC is first).

> *Examples:*
>
> **Comme** il aime le chocolat, Christian en mange beaucoup.
> => **Aimant le chocolat**, Christian en mange beaucoup.
> *(As he likes chocolat, Christian eats lots of it.)*

Je suis fatiguée **parce que** j'ai travaillé toute la journée.
=> **Ayant travaillé toute la journée**, je suis fatiguée.
(I'm tired because I worked all day long. Having worked all day long, I'm tired.)
=> Very often the SC with a participe présent comes first.

Note:
A shortened causal clause *can* have a subject different from that of the main clause as long as it is not a pronoun (= absolute participial construction).
Example:
La voiture étant en panne, je dois prendre le bus.
(The car being broken down, I have to take the bus.)

Exercise C1.
Connect the main sentences
(1) to a compound sentence with "comme" or "parce que";
(2) to a compound sentence with a participe présent. (solution p. 243)

Hint: Use "comme" only if the SC is first. With the participe présent, don't forget to transfer names to the main clause if they would get lost otherwise.

1. Les enfants ont faim. Ils n'ont rien mangé au petit déjeuner.
2. Simon lit un livre passionnant. Il ne veut pas être dérangé.
3. Mme Legrand ne trouve pas de pantalon à sa taille. Elle va voir dans un autre magasin.
4. Nicole claque la porte. Elle s'est disputée avec sa sœur.
5. M. Fabre cherche un nouvel emploi. Il passe de nombreux entretiens d'embauche.
6. Ce magasin est fermé. Il est en faillite.
7. Je n'aime pas le bruit. J'habite dans une petite rue tranquille.

Vocabulary:
avoir faim *(f.; to be hungry)*, lire qc. *(to read s.th.)*, passionnant *(gripping, fascinating)*, déranger qn. *(to disturb s.o.)*, le pantalon *(the trousers, the pants)*, la taille *(the size)*, aller voir ... *(here: to go and see ...)*, claquer la porte *(to slam the door shut)*, se disputer avec qn. *(to argue, to quarrel with s.o.)*, un emploi *(a job)*, nombreux/f. nombreuse *(numerous)*, un entretien d'embauche *(a job interview)*, fermé *(closed)*, être en faillite *(to be bankrupt)*, le bruit *(the noise)*, tranquille *(quiet, peaceful)*

C2. Relative clauses with "qui"

A relative clause with the relative pronoun "qui" can be shortened with a participe présent. (This does not concern combinations such as "à qui".)

Relative clauses (chapter 12, 173), shortened or not, refer to a part of the main clause, for example to the object. This means that **the MC and the SC do not necessarily have the same subject**.

> *Example:*

> Je cherche une personne **qui habite à Paris**.
> => Je cherche une personne **habitant à Paris**.
> *(I am looking for a person who lives in Paris/a person living in Paris. =>*
> *qui habite/habitant refers to "une personne", not to "je")*

Exercise C2.
(a) Shorten the relative clauses with a participe présent if possible. (sol. p. 243)

Hint: Use "ayant/étant + participe passé" if the events in the SC are "earlier" than those of the MC.

1. La personne qui a garé sa voiture devant l'entrée est priée de la déplacer.
2. Joséphine a trouvé un livre qui l'intéresse énormément.
3. J'ai mis la veste qui m'allait le mieux.
4. La maison de retraite cherche quelqu'un qui aimerait faire la lecture aux personnes âgées.
5. Les chaussures que je porte sont trop grandes pour moi.
6. Cette photo qui montre toute ma famille a été prise il y a dix ans.
7. Zoé se demande à qui elle pourrait parler de ses problèmes.
8. Xavier a un ami qui sait préparer le coq au vin mieux que personne.
9. L'avion qui vient de décoller est un modèle historique.
10. L'ami qui m'a aidé à repeindre ma chambre, c'est Philippe.

Vocabulary:
garer sa voiture *(to park one's car)*, une entrée *(an entrance)*, prier qn. de faire qc. *(here: to request s.o. to do s.th.)*, déplacer qc. *(to remove s.th.)*, énormément *(enormously, hugely)*, aller bien à qn. *(to suit s.o., to fit s.o.;* le mieux = best), la maison de retraite *(the old people's home)*, faire la lecture à qn. *(to read to s.o.)*, les personnes âgées *(the old people)*, mieux que personne *(better than anyone)*, un avion *(a plane)*, venir de faire qc. *(to have just done s.th.)*, décoller *(here: to take off)*, repeindre qc. *(to repaint s.th.)*

(b) Change into compound sentences with unshortened subordinate clauses and translate them. (solution p. 244)

Hint: "quand" or "qui"? And who is doing what?

1. J'ai rencontré mes amis en allant à la piscine.
2. J'ai rencontré mes amis allant à la piscine.
3. J'ai retrouvé mon chien en sortant du supermarché.
4. J'ai retrouvé mon chien sortant du supermarché.

Vocabulary:

rencontrer qn. *(to meet s.o.)*, la piscine *(the swimming pool)*, retrouver qn./qc. *(to find s.o./s.th. again or to meet again)*, sortir de + endroit *(to leave a place)*

C3. Mixed exercises

(a) Change into compound sentences with a gérondif or with a participe présent. (solution p. 244)

1. Dans la rue, les gens dansent et ils chantent à tue-tête.
2. Si nous mangeons avant midi, nous aurons faim l'après-midi.
3. Pour voyager, M. Henriot préfère les petits trains qui ne coûtent pas trop cher.
4. L'élève trace un trait dans son cahier. Il utilise une règle.
5. Comme elle a du mal à s'endormir le soir, Brigitte prend un somnifère.
6. Quand grand-mère fait une salade, elle prépare toujours la sauce elle-même.
7. L'homme qui a sauvé l'enfant de la noyade est un héros.
8. Si tu fais du sport régulièrement, tu tomberas malade moins souvent.
9. Laure met son réveil avant de se coucher. Comme ça, elle ne ratera pas son train.
10. Raphaël est heureux parce qu'il a gagné son pari.

Vocabulary:

chanter à tue-tête *(to sing at the top of one's voice/lungs)*, midi *(m.; noon)*, l'après-midi *(m.; here: in the afternoon)*, coûter cher *(to be expensive)*, tracer un trait *(to draw a line)*, le cahier *(the notebook, the exercise book)*, une règle *(here: a ruler)*, avoir du mal à faire qc. *(to have difficulty doing s.th.)*, s'endormir *(to fall asleep)*, le soir *(here: in the evening, at night)*, le somnifère *(the sleeping drug)*, sauver qn. de qc. *(to save s.o. from s.th.)*, la noyade *(the drowning)*, le héros *(the hero; f. l'héroïne)*, régulièrement *(regularly)*, tomber malade *(to fall ill)*, souvent *(often)*, se coucher *(to lie down, to go to bed)*, le réveil *(the alarm clock;* mettre le réveil = *to set the alarm clock)*, rater le train *(to miss the train)*, heureux/f. -euse *(happy)*, le pari *(the bet)*

(b) Change into sentences with unshortened subordinate clauses. (sol. p. 244)

Hint: Use comme/parce que, qui, quand, pendant que, si.

1. N'ayant pas bien compris l'exercice, Jérôme n'a pas donné les bonnes réponses.
2. En lisant attentivement le mode d'emploi, on doit pouvoir faire fonctionner cet appareil compliqué.
3. Cette boulangerie cherche une vendeuse acceptant de travailler le dimanche.
4. Ce mécanicien écoute de la musique en réparant les voitures.
5. Le chien aboie toujours en entendant le facteur.
6. Aurélie transporte une caisse pesant bien trente kilos.
7. Tu sentiras le parfum des fleurs en traversant cette roseraie.
8. *Au bord de la mer:* Ne sachant pas nager, cet homme ne va jamais dans l'eau.

Vocabulary:
la réponse *(the answer)*, attentivement *(attentively, carefully)*, le mode d'emploi *(the directions for use, the instructions leaflet)*, faire fonctionner qc. *(to operate s.th.)*, un appareil *(an apparatus, a device)*, une vendeuse *(a shop assistant, a salesperson, f.)*, accepter de faire qc. *(to agree to do s.th.)*, le dimanche *(here: on Sundays)*, le mécanicien *(the mechanic)*, réparer qc. *(to repair s.th.)*, aboyer *(to bark)*, le facteur *(the postman)*, une caisse *(here: a box)*, peser *(to weigh)*, la fleur *(the flower)*, la roseraie *(the rose garden)*, nager *(to swim)*

D. Distinguish: l'adjectif verbal

There are also some **adjectives** derived from verbs with the ending **-ant.** Do not confuse them with the participe présent: While the participe présent is invariable, adjectives agree in gender and number with the word they refer to.

> *Example:*
> intéresser => intéressant,e
> Grand-père raconte des histoires **intéressantes**.
> *(Grandfather tells interesting stories.)*

If you are not sure, this is how to distinguish them:
(1) the participe présent always has a complement and
(2) it is used in a shortened subordinate clause.

> *Example:*
> Grand-père raconte des histoires **intéressant les gens**.
> = ... des histoires qui intéressent les gens.
> *(Grandfather tells stories that interest people.)*

Note:
In addition, sometimes the adjectif verbal is spelled in a different way (*Example provoquer = to provoke or to cause:* participe présent: provoquant; adjectif verbal: provocant,e). Adjectives can be looked up in dictionaries if necessary.

Exercise D.
Make the agreement – or not. (solution p. 245)

1. M. Laguigne a eu un accident. Il doit se déplacer en chaise roulant____ pendant un mois.
2. M. Laguigne a été doublé par une camionnette roulant____ à droite.
3. Un camping-car ne sert à rien dans la vie courant____.
4. J'ai vu une petite fille courant____ à toute allure derrière un petit chat.
5. Les habitants protestent contre les avions volant____ à basse altitude.
6. Marc prétend qu'il a vu une soucoupe volant____.
7. C'est une question intéressant____ tout le monde.
8. Je trouve que c'est une question intéressant____.

Vocabulary:
se déplacer *(to move)*, la chaise *(the chair)*, rouler *(to roll; vehicle: to go, to run)*, doubler qn./qc. *(to overtake s.o./s.th., to pass s.o./s.th.)*, la camionnette *(the van)*, rouler à droite *(to drive on the right)*, le camping-car *(the camper, the motor home)*, ne servir à rien *(to be useless)*, courir *(to run)*, à toute allure *(at full speed)*, un avion *(a plane)*, à basse altitude *(at low altitude)*, prétendre qc. *(to claim s.th., to pretend s.th.)*, la soucoupe *(the saucer)*

Answer Keys

Solutions for A1.

gérondif / participe présent
L1. *faire:* en faisant / faisant
L2. *aller:* en allant / allant
L3. *réussir:* en réussissant / réussissant
L4. *boire:* en buvant / buvant
L5. *écrire:* en écrivant / écrivant
L6. *commencer:* en commençant / commençant
L7. *manger:* en mangeant / mangeant
L8. *être:* en étant / étant
L9. *avoir:* en ayant / ayant
L10. *savoir:* en sachant / sachant

Solutions for A2.

L1. en **ne** buvant **pas**
L2. en **ne** la cherchant **pas**
L3. en **n'**en prenant **pas**
L4. en **n'**y pensant **pas**
L5. en **ne** leur téléphonant **pas**

Solutions for B1.

Note: The orders of MCs and SCs shown in the solutions are the most sensible or pleasant. It is possible to turn them round, of course. If the SC comes first, use a comma (as in L5.).

L1. Zoé a réussi son bac en travaillant énormément.
L2. M. Arnaud espère recouvrer la santé en faisant une cure.
L3. Mme Levallois prépare une tarte aux pommes en se servant d'une recette de sa grand-mère.
L4. Bastien gagne un peu d'argent en réparant des vieux ordinateurs.
L5. En se couchant tôt, Marcel sera en forme pour l'examen de demain.
L6. En entrant dans un club de volley-ball, Virginie se fera beaucoup de nouvelles amies.
L7. Luc fait son pain lui-même en utilisant de la farine d'épeautre.
L8. Patrick lave ses chaussettes à la main en employant du savon de Marseille.

Solutions for B2.

L1. Zoé va à l'école <u>en traînant les pieds</u>. (*Or:* En allant à l'école, Zoé traîne les pieds.)

L2. M. Bayard s'endort toujours <u>en regardant la télé</u>.

L3. La réceptionniste de l'hôtel donne des informations <u>en souriant</u>.

L4. <u>En rangeant sa chambre</u>, Olivier retrouve les restes d'un sandwich sous le lit.

L5. <u>En regardant par la fenêtre ce matin</u>, j'ai vu un sanglier dans le jardin.

L6. Mes copains et moi, nous jouons aux cartes <u>en rigolant beaucoup</u>.

L7. <u>En écoutant cette chanson</u>, j'ai eu envie de chanter, moi aussi.

L8. Le cuisinier fait chauffer de l'huile <u>en faisant attention</u>. (*Or:* En faisant chauffer de l'huile, le cuisinier fait attention.)

L9. Isabelle a eu une idée <u>en lisant un article dans le journal</u>.

L10. Jean-Pierre s'est cassé une jambe <u>en voulant faire du ski</u>.

Solutions for B3.

L1. <u>En mangeant trop de bonbons</u>, tu auras mal aux dents.

L2. <u>En me préparant une bouillotte</u>, je n'aurais pas eu froid.

L3. <u>En prenant les petites routes</u>, vous verrez des paysages pittoresques.

L4. <u>En se dépêchant, Claudette</u> aurait pu venir avec nous.

L5. <u>En conduisant prudemment</u>, les jeunes éviteraient les accidents.

L6. <u>En faisant la sieste pendant une demi-heure</u>, vous aurez plus d'énergie pour continuer votre travail.

L7. <u>En ne faisant pas attention</u>, nous allons nous perdre dans les petites rues.

Solutions for B4.

(a)

L1. En sortant du supermarché, j'ai vu que ma voiture avait disparu.

L2. Le concierge monte l'escalier en soufflant.

L3. En prenant ce médicament, tu guériras rapidement.

L4. Denise gagne de l'argent de poche en distribuant des journaux.

L5. L'ouvrier chante en travaillant.

L6. Jérôme s'est brûlé la main en faisant la cuisine.

L7. Faites des phrases en utilisant le gérondif.

(b)

L1. <u>Quand il s'est réveillé ce matin</u>, Luc avait une migraine épouvantable.

L2. <u>Il a pris</u> deux comprimés contre le mal de tête. <u>Comme ça</u>, il a pu se lever, mais il ne se sentait toujours pas bien.

L3. Sa mère lui a dit: «Peut-être que tu iras mieux <u>si tu bois un café très fort</u>.»

L4. <u>Pendant qu'il essayait de prendre le petit déjeuner</u>, Luc se demandait s'il devrait aller chez le médecin.

L5. <u>S'il allait chez le médecin,</u> il raterait le cours de maths.

L6. <u>Quand elle a entendu cela,</u> sa mère a dit: «C'est hors de question!»

L7. Mais elle a été rapidement convaincue: <u>Luc est devenu</u> pâle comme un linge et <u>il est allé vomir</u> son petit déjeuner dans les toilettes. <u>Comme ça, il</u> lui a fait comprendre que ça n'allait vraiment pas.

(c)

L1. Je prépare le dîner <u>en écoutant la radio.</u>

L2. Je prépare le dîner <u>pendant que tu mets la table.</u>

L3. <u>En faisant la sieste,</u> M. Jeannot a entendu sonner à la porte.

L4. <u>Quand M. Jeannot a ouvert la porte,</u> le facteur lui a donné un paquet.

L5. <u>En prenant l'avion,</u> nous arriverons plus vite.

L6. <u>S'il fait beau demain,</u> nous irons faire un pique-nique.

Solutions for C1.

L1. (1) Les enfants ont faim parce qu'ils n'ont rien mangé au petit déjeuner. (2) Les enfants ont faim, n'ayant rien mangé au petit déjeuner. (*More pleasant:* N'ayant rien mangé au petit déjeuner, les enfants ont faim.)

L2. (1) Comme Simon lit un livre passionnant, il ne veut pas être dérangé. (2) Lisant un livre passionnant, Simon ne veut pas être dérangé.

L3. (1) Comme elle ne trouve pas de pantalon à sa taille, Mme Legrand va voir dans un autre magasin. (2) Ne trouvant pas de pantalon à sa taille, Mme Legrand va voir dans un autre magasin.

L4. (1) Nicole claque la porte parce qu'elle s'est disputée avec sa sœur. (2) Nicole claque la porte, s'étant disputée avec sa sœur. (*More pleasant:* S'étant disputée avec sa sœur, Nicole claque la porte.)

L5. (1) Comme M. Fabre cherche un nouvel emploi, il passe de nombreux entretiens d'embauche. (2) Cherchant un nouvel emploi, M. Fabre passe de nombreux entretiens d'embauche.

L6. (1) Ce magasin est fermé parce qu'il est en faillite. (2) Ce magasin est fermé, étant en faillite. (*More pleasant:* Étant en faillite, ce magasin est fermé.)

L7. (1) Comme je n'aime pas le bruit, j'habite dans une petite rue tranquille. (2) N'aimant pas le bruit, j'habite dans une petite rue tranquille.

Solutions for C2.

a)

L1. La personne <u>ayant garé sa voiture devant l'entrée</u> est priée de la déplacer.

L2. Joséphine a trouvé un livre <u>l'intéressant énormément.</u>

L3. J'ai mis la veste <u>m'allant le mieux.</u>

L4. La maison de retraite cherche quelqu'un <u>aimant faire la lecture aux personnes âgées.</u>

L5. *not possible with "que"*
L6. Cette photo <u>montrant toute ma famille</u> a été prise il y a dix ans.
L7. *not possible with "à qui"*
L8. Xavier a un ami <u>sachant préparer le coq au vin mieux que personne</u>.
L9. L'avion <u>venant de décoller</u> est un modèle historique.
L10. L'ami <u>m'ayant aidé à repeindre ma chambre</u>, c'est Philippe.

(b)
L1. J'ai rencontré mes amis <u>quand je suis allé(e) à la piscine</u>.
=> I met my friends when I went to the swimming pool.
L2. J'ai rencontré mes amis <u>qui allaient à la piscine</u>.
=> I met my friends who were going to the swimming pool. *(imparfait /p.c. see 1 C3., 25)*
L3. J'ai retrouvé mon chien <u>quand je suis sorti(e) du supermarché.</u>
=> I found my dog as I left the supermarket. (He waited for me at the door.)
L4. J'ai retrouvé mon chien <u>qui sortait du supermarché</u>.
=> I found my dog who was just leaving the supermarket. (I caught him doing it.)

Solutions for C3.

(a)
L1. Dans la rue, les gens dansent <u>en chantant à tue-tête</u>.
L2. <u>En mangeant avant midi</u>, nous aurons faim l'après-midi.
L3. Pour voyager, M. Henriot préfère les petits trains <u>ne coûtant pas trop cher</u>.
L4. L'élève trace un trait dans son cahier <u>en utilisant une règle</u>.
L5. <u>Ayant du mal à s'endormir le soir</u>, Brigitte prend un somnifère.
L6. <u>En faisant une salade</u>, grand-mère prépare toujours la sauce elle-même.
L7. L'homme <u>ayant sauvé l'enfant de la noyade</u> est un héros.
L8. <u>En faisant du sport régulièrement</u>, tu tomberas malade moins souvent.
L9. <u>En mettant son réveil avant de se coucher</u>, Laure ne ratera pas son train.
L10. Raphaël est heureux, <u>ayant gagné son pari</u>. (*More pleasant:* Ayant gagné son pari, Raphaël est heureux.)

(b)
L1. <u>Comme Jérôme n'a pas bien compris l'exercice</u>, il n'a pas donné les bonnes réponses. (*Or:* Jérôme n'a pas donné les bonnes réponses parce qu'il n'a pas bien compris l'exercice.)
L2. <u>Si on lit attentivement le mode d'emploi</u>, on doit pouvoir faire fonctionner cet appareil compliqué.
L3. Cette boulangerie cherche une vendeuse <u>qui accepte de travailler le dimanche</u>.
L4. Ce mécanicien écoute de la musique <u>pendant qu'il répare les voitures</u>.
L5. Le chien aboie toujours <u>quand il entend le facteur</u>.

L6. Aurélie transporte une caisse <u>qui pèse bien trente kilos</u>.

L7. Tu sentiras le parfum des fleurs <u>si tu traverses cette roseraie</u>. (*Or with a temporal meaning:* <u>Quand tu traverseras cette roseraie</u>, tu sentiras le parfum des fleurs.)

L8. *Au bord de la mer:* <u>Comme cet homme ne sait pas nager</u>, il ne va jamais dans l'eau. (*Or:* Cet homme ne va jamais dans l'eau parce qu'il ne sait pas nager.)

Solutions for D.

L1. M. Laguigne a eu un accident. Il doit se déplacer <u>en chaise roulante</u> *(= wheelchair)* pendant un mois.

L2. M. Laguigne a été doublé par une camionnette <u>roulant à droite</u>. (= ... qui roulait à droite.)

L3. Un camping-car ne sert à rien dans <u>la vie courante</u> *(= in everyday life)*.

L4. J'ai vu une petite fille <u>courant à toute allure derrière un petit chat</u>. (= ... qui courait à toute allure derrière un petit chat.)

L5. Les habitants protestent contre les avions <u>volant à basse altitude</u>. (= ... qui volent à basse altitude.)

L6. Marc prétend qu'il a vu <u>une soucoupe volante</u> *(= a flying saucer)*.

L7. C'est une question <u>intéressant tout le monde</u>. (= ... qui intéresse tout le monde.)

L8. Je trouve que c'est <u>une question intéressante</u> *(= an interesting question)*.

Appendix

Questions: complex inversion

In chapter 10 A1. (141) you brushed up on the different ways to ask questions (intonation, "est-ce que" and inversion).

You learned to use inversion when the subject is a personal pronoun (je, tu, il, elle, nous, vous, ils, elles) or the "ce" of c'est, c'était etc. and to attach that pronoun to the conjugated verb with a hyphen.

> *Examples:*
> Est-ce une bonne idée? *(Is it a good idea?)*
> Es-tu content? *(Are you happy/satisfied?)*
> Avez-vous faim? *(Are you hungry?)*
> A-t-il raison? *(Is he right?)*

Here are two additional pieces of information for advanced learners:

(1) A noun as a subject

If the question has a question word, the subject can be a noun as well. A hyphen is not needed.

> *Example:*
> Comment va ton frère? *(How is your brother?)*

Note: This "simple" inversion is not possible if there is a direct object or if the question word is "pourquoi". In this case only (2) is possible.

(2) Complex inversion

The subject is a noun or the pronoun "cela". It keeps its place before the verb but gets repeated after it with the corresponding subject pronoun and a hyphen.

> *Examples:*
> **Marc** vient-il? *(Is Marc coming?)*
> **Cela** sera-t-il possible? *(Will it be possible?)*

That kind of inversion is only possible if there isn't a question word, if the question word is "pourquoi" or if there is a question word and a direct object as well.

Example with a direct object:
Comment Mme Passet a-t-elle supporté l'opération?
(How did Mrs Passet handle the operation?)
Example with pourquoi:
Pourquoi maman ne mange-t-elle rien?
(Why isn't mummy eating anything?)

Note: The question word "que" as a direct object is not concerned; it always requires the simple inversion as explained in (1).
(*Example:* Que fait ton frère? *What is your brother doing?*)

Passé simple

The passé simple is a form used instead of the passé composé in written language, for example in novels, short stories, history books, etc.

Regular forms:

	verbs in -er	verbs in -dre and -ir
je/j'	parl**ai**	attend**is**
tu	parl**as**	attend**is**
il	parl**a**	attend**it**
nous	parl**âmes**	attend**îmes**
vous	parl**âtes**	attend**îtes**
ils	parl**èrent**	attend**irent**

Some irregular verbs form the passé simple with **endings in -u**, e.g., connaître: je conn**us**, tu conn**us**, il conn**ut**, nous conn**ûmes**, vous conn**ûtes**, ils conn**urent**

Most important irregular forms:

	avoir	**être**	**faire**
je/j'	eus	fus	fis
tu	eus	fus	fis
il	eut	fut	fit
nous	eûmes	fûmes	fîmes
vous	eûtes	fûtes	fîtes
ils	eurent	furent	firent

Note:
There is also the passé antérieur, another literary form that may replace the plus-que-parfait if certain requirements are met. It is a compound tense with the auxiliary in the passé simple (*Example:* il eut fini, elles furent sorties).

Some verbs and their complements

Note: These lists are far from complete. Add new verbs to the list as you learn them!

Important: Some verbs may have different complements. *Example:* apprendre qc. *(to learn s.th.)*, apprendre qc. à qn. *(to teach s.o. s.th.)*, apprendre à faire qc. *(to learn to do s.th.)*, apprendre à qn. à faire qc. *(to teach s.o. (how) to do s.th.)*.

Verbs and their objects

(1) Verbs with direct objects
écouter qn./qc. *(to listen to s.o./s.th.)*
regarder qn./qc. *(to look at/watch s.o./s.th.)*
rencontrer qn./qc. *(to meet s.o./s.th.)*
aider qn. *(to help s.o.)*
oublier qn./qc. *(to forget s.o./s.th.)*
préparer qc. *(to prepare s.th.)*
aimer qn./qc. *(to like or to love s.o./s.th.)*
réparer qc. *(to repair s.th.)*
chercher qn./qc. *(to look/search for s.o./s.th.)*
trouver qn./qc. *(to find s.o./s.th.)*
entendre qn./qc. *(to hear s.o./s.th.)*
attendre qn./qc. *(to wait for s.o./s.th.)*
comprendre qn./qc. *(to understand s.o./s.th.)*
lire qc. *(to read s.th.)*
voir qn./qc. *(so see s.o./s.th.)*
apercevoir qn./qc. *(to catch sight of s.o./s.th.)*
suivre qn./qc. *(to follow s.o./s.th.)*
croire qn. *(to believe s.o.)*
contredire qn. *(to contradict s.o.)*

(2) Verbs with à (indirect)
téléphoner à qn. *(to phone s.o.)*
participer à qc. *(to participate in s.th.)*
jouer à qc. *(to play a game)*
répondre à qn. *(to reply to s.o., to answer)*
mentir à qn. *(to lie to s.o.)*
réfléchir à qc. *(to think s.th. over.)*
réagir à qc. *(to react to s.th.)*
appartenir à qn./qc. *(to belong to s.o./s.th.)*
plaire à qn. *(to please s.o.; ça me plaît = I like it/this)*
renoncer à qc. *(to renounce/give up s.th.)*

(3) Verbs with de
rêver de qn./qc. *(to dream of s.o./s.th.)*
jouer de qc. *(to play a musical instrument)*
profiter de qc. *(to profit from s.th.)*
douter de qc. *(to doubt s.th.)*
souffrir de qc. *(to suffer from s.th.)*
mourir de qc. *(to die of s.th.)*
rire de qc. *(to laugh at s.th.)*
avoir besoin de qn./qc. *(to need s.o./s.th.)*
avoir peur de qn./qc. *(to be afraid of s.o./s.th.)*
avoir pitié de qn. *(to have pity on s.o.)*

être + adj. + de qc., e.g.,
être content de qc. *(to be pleased/satisfied/happy with s.th.)*
être déçu de qc. *(to be disappointed with s.th.)*
être responsable de qc. *(to be responsible for s.th.)*

(4) Verbs with two objects
apporter qc. à qn. *(to bring s.o. s.th.)*
raconter qc. à qn. *(to tell s.o. s.th.)*
montrer qc. à qn. *(to show s.o. s.th.)*
expliquer qc. à qn. *(to explain s.th. to s.o.)*
donner qc. à qn. *(to give s.o. s.th./s.th. to s.o.)*
demander qc. à qn. *(to ask s.o. for s.th./to ask s.o. s.th.)*
présenter qn./qc. à qn.*(to introduce s.o. to s.o./to present s.th. to s.o.)*
poser une question à qn. *(to ask s.o. a question)*
parler de qc. à qn. *(to talk to s.o. about s.th.; also: parler à qn. de qc.)*
écrire qc. à qn. *(to write so. s.th.)*
dire qc. à qn. *(to say s.th. to s.o.)*
ouvrir qc. à qn. *(to open s.th. for s.o.)*
sauver qn. de qc. *(to save s.o. from s.th.)*
accuser qn. de qc. *(to accuse s.o. of s.th.)*
remercier qn. de qc. *(to thank s.o. for s.th.)*
menacer qn. de qc. *(to threaten s.o. with s.th.)*

(5) Verbs with other prepositions
danser avec qn. *(to dance with s.o.)*
s'asseoir sur/dans qc. *(to sit down on s.th.)*
se protéger contre qn./qc. *(to protect oneself from s.o./s.th.)*
se défendre contre qc. *(to defend oneself from s.th.)*
être bon/fort en qc. *(to be good at s.th.)*
commencer qc. par qc. *(to start s.th. with s.th.)*
se fiancer avec qn. *(to become engaged to s.o.)*
se marier avec qn. *(to get married to s.o.)*

insister sur qc. *(to insist on s.th.)*
compter sur qn./qc. *(to rely/to count on s.o./s.th.)*
protester contre qc. *(to protest against s.th.)*
finir par qc. *(to end with s.th.; also* finir qc. *= to finish s.th.)*

Verbs with infinitives as complements

(1) Without preposition

devoir faire qc. *(must do s.th./to have to do s.th.)*
pouvoir faire qc. *(can do s.th./to be able to do s.th.; also: may /to be allowed to do s.th.)*
vouloir faire qc. *(to want to do s.th.)*
savoir faire qc. *(to know how to do s.th.)*
venir faire qc. *(to come and do s.th.)*

écouter qn. faire qc. *(to listen to s.o. doing s.th.)*
entendre qn. faire qc. *(to hear s.o. doing s.th.)*
regarder qn. faire qc. *(to watch s.o. doing s.th.)*
voir qn. faire qc. *(to see s.o. doing s.th.)*

désirer faire qc. *(to wish to do s.th./to want to do s.th.)*
préférer faire qc. *(to prefer to do/doing s.th.)*
aimer faire qc. *(to like to do/doing s.th.)*
adorer faire qc. *(to adore/to love doing s.th.)*
détester faire qc. *(to hate doing s.th.)*
il faut faire qc. *(it is necessary to do s.th.)*

faire faire qc. *(to have s.o. do s.th.)*
laisser faire qc. *(to let s.o. do s.th.)*

(2) Infinitives with à

aider qn. à faire qc. *(to help s.o. do s.th.)*
commencer à faire qc. *(to start to do s.th.)*
(BUT: commencer qc.; to start s.th.)
continuer à faire qc. *(to carry on doing s.th.)*
(BUT: continuer qc.; to continue s.th.)
apprendre à faire qc. *(to learn to do s.th.)*
(BUT: apprendre qc.; to learn s.th.)
réussir à faire qc. *(to succeed in doing s.th.)*
(BUT: réussir qc.; to succed in s.th.)
hésiter à faire qc. *(to hesitate to do s.th.)*
inviter qn. à faire qc. *(to invite s.o. to do s.th.)*

(3) Infinitives with de

oublier de faire qc. *(to forget to do s.th.)*
(BUT: oublier qc.)
essayer de faire qc. *(to attempt to do s.th.)*
(BUT: essayer qc.)
arrêter de faire qc. *(to stop doing s.th.)*
(BUT: arrêter qc.)

demander à qn. de faire qc. *(to ask/to request s.o. to do s.th.)*
(BUT: demander qc.; to ask for s.th.)
dire à qn. de faire qc. *(to tell s.o. to do s.th.)*
(BUT: dire qc. à qn.)
proposer à qn. de faire qc. *(to suggest doing s.th. to s.o.)*
(BUT: proposer qc. à qn.)
permettre à qn. de faire qc. *(to allow s.o. to do s.th.)*
(BUT: permettre qc. à qn.)
interdire à qn. de faire qc. *(to forbid s.o. to do s.th.)*
(BUT: interdire qc. à qn.)

être en train de faire qc. *(to be (just/in the middle of) doing s.th.)*
avoir besoin de faire qc. *(to need to do s.th.)*
avoir envie de faire qc. *(to feel like doing s.th.)*
avoir peur de faire qc. *(to fear doing s.th.)*
avoir le courage de faire qc. *(to have the courage to do s.th.)*
avoir raison de faire qc. *(to be right to do s.th.)*
venir de faire qc. *(to have just done s.th.; but:* venir faire qc. *= to come and do s.th.)*

être + adjective + de + infinitive, e.g.
être capable de faire qc. *(to be able to do s.th.)*
être content de faire qc. *(to be pleased to do s.th.)*
être heureux de faire qc. *(to be happy to do s.th.)*

Some reflexive verbs

s'habiller *(to dress, to get dressed)*
s'adresser à qn. *(to address s.o.)*
il s'agit de qn./qc. *(it is a matter of s.th./it concerns s.o./it is about s.o./s.th)*
s'aimer *(to love oneself/to love each other)*
s'appeler *(to be called .../to call oneself ...)*
s'arrêter *(to stop)*
se coucher; s'allonger; s'étendre *(to lie down)*
se dépêcher *(to hurry)*
se détester *(to hate oneself/each other)*
s'en aller *(to go away)*
s'envoler *(to fly away)*
s'étonner de qn./qc. *(to be surprised at s.o./s.th.)*
se fiancer avec (/à) qn. *(to become engaged to s.o.)*
se marier avec qn. *(to marry s.o.)*
s'habituer à qn./qc. *(to get accustomed to s.o./s.th.)*
s'intéresser à qn./qc. *(to be interested in s.o./s.th.)*
se laver *(to wash oneself)*
se lever *(to get up)*
se moquer de qn./qc. *(to laugh at s.o./s.th.)*
s'occuper de qn./qc. *(to deal with s.o./s.th. or to look after s.o.; also: s'occuper = to keep oneself busy)*
se promener *(to go for a stroll /walk)*
se retourner *(to turn around)*
se réveiller *(to wake up, to awake)*
se revoir *(to see again, oneself or each other)*
se saluer *(to greet each other)*
se servir de qc. *(to make use of s.th./to use s.th.)*
se souvenir de qn./qc. *(to remember s.o./s.th.)*
se rappeler qn./qc. *(to remember s.o./s.th.)*
se terminer *(to end)*
se tromper *(to be mistaken/wrong)*
se moucher *(to clean/to blow one's nose)*
se téléphoner *(to phone each other)*
se parler *(to talk to each other)*

Table of verbs

A. How to derive verb forms

Using the forms of the **présent** you can derive the regular forms of the other tenses or moods as follows:

	Stem	Ending
Imparfait (chapter 1, p. 9)	**1st person pl.** (présent)	**-ais, -ais, -ait, -ions, -iez, -aient**
Futur simple (chapter 2, p. 42)	**Infinitive** (+1st p.sg. prés.)	**-ai, -as, -a, -ons, -ez, -ont**
Conditionnel prés. (chapter 3, p. 53)	**Infinitive** (+1st p.sg. prés.)	**-ais, -ais, -ait, -ions, -iez, -aient**
Subjonctif prés. (chapter 14, p. 198)	**3rd person pl.** (présent)	**-e, -es, -e, -ions, -iez, -ent**
Participe prés. (chapter 15, p. 226)	**1st person pl.** (présent)	**-ant**
Participe passé (chapter 1 B., p. 13)	verbs in **-er** verbs in **-dre** verbs in **-ir**	**-é** **-u** **-i**

Explanations and particularities in the corresponding chapters.

Compound tenses:
To derive them you only need to know avoir and être in every simple tense.

avoir/être (corresp. tense) + participe passé

passé composé = avoir/être in the **présent** + p.p. (chapter 1 B., 13)
plus-que-parfait = avoir/être in the **imparfait** + p.p. (chapter 1 D., 29)
futur antérieur = avoir/être in the **futur simple** + p.p. (chapter 2 B., 47)
conditionnel passé = avoir/être in the **conditionnel prés.** + p.p. (chap. 3 A2., 54)
subjonctif passé = avoir/être in the **subjonctif prés.** + p.p. (chapter 14 B2., 205)

B. Table of most commonly used verbs

1. Verbs in -er: parler (*to speak*; p.p.: parlé)

	présent	imparfait	futur simple	subj.
je	parle	parlais	parlerai	parle
tu	parles	parlais	parleras	parles
il	parle	parlait	parlera	parle
ns	parlons	parlions	parlerons	parlions
vs	parlez	parliez	parlerez	parliez
ils	parlent	parlaient	parleront	parlent

Likewise: regarder *(to watch, to look at)*, porter *(to carry)*, tomber *(to fall)*, arriver *(to arrive)*, penser *(to think)*, entrer *(to enter)*, rester *(to stay)*, ...
=> With the impératif of the 2nd p.sg. the -s is dropped (Parle. Parlons. Parlez.)

(a) Particularities with -ger and -cer: manger (*to eat*), lancer (*to throw*)
before e and i: g, c – before a and o: ge, ç

	présent	imparfait	futur simple	subj.
je	mange	**mangeais**	mangerai	mange
tu	manges	**mangeais**	mangeras	manges
il	mange	**mangeait**	mangera	mange
ns	**mangeons**	mangions	mangerons	mangions
vs	mangez	mangiez	mangerez	mangiez
ils	mangent	**mangeaient**	mangeront	mangent

Likewise: nager *(to swim)*, partager *(to share)*, plonger *(to dive)*, changer *(to change)*, ranger *(to tidy up)*, ...

	présent	imparfait	futur simple	subj.
je	lance	**lançais**	lancerai	lance
tu	lances	**lançais**	lanceras	lances
il	lance	**lançait**	lancera	lance
ns	**lançons**	lancions	lancerons	lancions
vs	lancez	lanciez	lancerez	lanciez
ils	lancent	**lançaient**	lanceront	lancent

Likewise: commencer *(to start)*, forcer *(to force)*, placer *(to place)*, prononcer *(to pronounce)*, annoncer *(to announce)*, menacer *(to threaten)*, ...

(b) Verbs with a second stem: acheter *(to buy)*, jeter *(to throw)*, espérer *(to hope)*

	présent	imparfait	futur simple	subj.
je/j'	**achète**	achetais	**achèterai**	**achète**
tu	**achètes**	achetais	**achèteras**	**achètes**
il	**achète**	achetait	**achètera**	**achète**
ns	achetons	achetions	**achèterons**	achetions
vs	achetez	achetiez	**achèterez**	achetiez
ils	**achètent**	achetaient	**achèteront**	**achètent**

Likewise: emmener *(to take along)*, mener *(to lead)*, peser *(to weigh)*, se lever *(to get up)*, ...

	présent	imparfait	futur simple	subj.
je	**jette**	jetais	**jetterai**	**jette**
tu	**jettes**	jetais	**jetteras**	**jettes**
il	**jette**	jetait	**jettera**	**jette**
ns	jetons	jetions	**jetterons**	jetions
vs	jetez	jetiez	**jetterez**	jetiez
ils	**jettent**	jetaient	**jetteront**	**jettent**

Likewise: projeter *(to plan)*, rejeter *(to reject, to throw back)*
Likewise, but with l/ll: appeler (j'appelle, etc.; *to call*), se rappeler *(*je me rappelle, etc.; *to remember)*

	présent	imparfait	futur simple	subj.
j'	**espère**	espérais	espérerai*	**espère**
tu	**espères**	espérais	espéreras	**espères**
il	**espère**	espérait	espérera	**espère**
ns	espérons	espérions	espérerons	espérions
vs	espérez	espériez	espérerez	espériez
ils	**espèrent**	espéraient	espéreront	**espèrent**

Likewise: préférer *(to prefer)*, s'inquiéter *(to worry)*, répéter *(to repeat)*, posséder *(to own)*, ...
* *accepted as well (N.O.):* j'espèrerai, tu espèreras, *etc.*

(c) Particularities with -yer: essayer *(to try)*

	présent	imparfait	futur simple	subj.
j'	essaie	essayais	essaierai	essaie
tu	essaies	essayais	essaieras	essaies
il	essaie	essayait	essaiera	essaie
ns	essayons	essayions	essaierons	essayions
vs	essayez	essayiez	essaierez	essayiez
ils	essaient	essayaient	essaieront	essaient

Likewise: payer *(to pay)*, s'ennuyer *(to be bored)*, employer *(to use, to employ)*, aboyer *(to bark)*, se noyer *(to drown)*, ...
=> With -ayer, the older form "j'essaye", etc., is also possible.

2. Verbs in -dre: rendre *(to give back*; p.p.: rendu)

	présent	imparfait	futur simple	subj.
je	rends	rendais	rendrai	rende
tu	rends	rendais	rendras	rendes
il	rend	rendait	rendra	rende
ns	rendons	rendions	rendrons	rendions
vs	rendez	rendiez	rendrez	rendiez
ils	rendent	rendaient	rendront	rendent

Likewise: attendre *(to wait)*, descendre *(to go down)*, entendre *(to hear)*, perdre *(to lose)*, répondre *(to reply, to answer)*, vendre *(to sell)*, ...

3. Verbs in –ir
(a) sortir *(to go out*; p.p. sorti)

	présent	imparfait	futur simple	subj.
je	sors	sortais	sortirai	sorte
tu	sors	sortais	sortiras	sortes
il	sort	sortait	sortira	sorte
ns	sortons	sortions	sortirons	sortions
vs	sortez	sortiez	sortirez	sortiez
ils	sortent	sortaient	sortiront	sortent

Likewise: partir (je pars; *to leave*), dormir (je dors; *to sleep*), servir (je sers; *to serve*), sentir (je sens; *to feel, to smell*), mentir (je mens; *to lie*)

(b) finir (*to finish*; p.p. fini)

	présent	imparfait	futur simple	subj.
je	finis	finissais	finirai	finisse
tu	finis	finissais	finiras	finisses
il	finit	finissait	finira	finisse
ns	finissons	finissions	finirons	finissions
vs	finissez	finissiez	finirez	finissiez
ils	finissent	finissaient	finiront	finissent

Likewise: choisir *(to choose)*, réagir *(to react)*, réussir *(to succeed)*, réfléchir *(to think, to reflect)*

4. Irregular verbs

aller (*to go*; p.p. allé)

	présent	imparfait	futur simple	subj.
je	vais	allais	irai	aille
tu	vas	allais	iras	ailles
il	va	allait	ira	aille
ns	allons	allions	irons	allions
vs	allez	alliez	irez	alliez
ils	vont	allaient	iront	aillent

impératif: va, allons, allez

(s')asseoir* (*to sit down*; p.p. assis)
=> two forms are possible

	présent	imparfait	futur simple	subj.
j'	assieds	asseyais	assiérai	asseye
tu	assieds	asseyais	assiéras	asseyes
il	assied	asseyait	assiéra	asseye
ns	asseyons	asseyions	assiérons	asseyions
vs	asseyez	asseyiez	assiérez	asseyiez
ils	asseyent	asseyaient	assiéront	asseyent

Or:

	présent	imparfait	futur simple	subj.
j'	assois	assoyais	assoirai	assoie
tu	assois	assoyais	assoiras	assoies
il	assoit	assoyait	assoira	assoie
ns	assoyons	assoyions	assoirons	assoyions
vs	assoyez	assoyiez	assoirez	assoyiez
ils	assoient	assoyaient	assoiront	assoient

Likewise: se rasseoir *(to sit down again)*
* The 1990 spelling reform permits dropping the e in the infinitive: assoir.

avoir *(to have*; p.p. eu)

	présent	imparfait	futur simple	subj.
j'	ai	avais	aurai	aie
tu	as	avais	auras	aies
il	a	avait	aura	ait
ns	avons	avions	aurons	ayons
vs	avez	aviez	aurez	ayez
ils	ont	avaient	auront	aient

impératif: **aie, ayons, ayez**

battre *(to beat*; p.p. battu)

	présent	imparfait	futur simple	subj.
je	bats	battais	battrai	batte
tu	bats	battais	battras	battes
il	bat	battait	battra	batte
ns	battons	battions	battrons	battions
vs	battez	battiez	battrez	battiez
ils	battent	battaient	battront	battent

Likewise: combattre *(to fight)*, débattre *(to debate)*, ...

boire (*to drink*; p.p. bu)

	présent	imparfait	futur simple	subj.
je	bois	buvais	boirai	boive
tu	bois	buvais	boiras	boives
il	boit	buvait	boira	boive
ns	buvons	buvions	boirons	buvions
vs	buvez	buviez	boirez	buviez
ils	boivent	buvaient	boiront	boivent

-

connaître *(to know, to get to know)* => see paraître

courir (*to run*; p.p. couru)

	présent	imparfait	futur simple	subj.
je	cours	courais	courrai	coure
tu	cours	courais	courras	coures
il	court	courait	courra	coure
ns	courons	courions	courrons	courions
vs	courez	couriez	courrez	couriez
ils	courent	couraient	courront	courent

Likewise: secourir *(to rescue, to help)*, accourir *(to come running)*, ...

craindre (*to fear*; p.p. craint)

	présent	imparfait	futur simple	subj.
je	crains	craignais	craindrai	craigne
tu	crains	craignais	craindras	craignes
il	craint	craignait	craindra	craigne
ns	craignons	craignions	craindrons	craignions
vs	craignez	craigniez	craindrez	craigniez
ils	craignent	craignaient	craindront	craignent

Likewise: plaindre *(to pity)*, se plaindre *(to complain)*, ...
Likewise, but with e instead of a: peindre (je peins; *to paint*), atteindre *(to reach)*, éteindre *(to put out, to switch off)*
Likewise, but with o instead of a: joindre (je joins; *to join*), ...

croire (*to believe*; p.p. cru)

	présent	imparfait	futur simple	subj.
je	crois	croyais	croirai	croie
tu	crois	croyais	croiras	croies
il	croit	croyait	croira	croie
ns	croyons	croyions	croirons	croyions
vs	croyez	croyiez	croirez	croyiez
ils	croient	croyaient	croiront	croient

-

cueillir (*to pick*; p.p. cueilli)

	présent	imparfait	futur simple	subj.
je	cueille	cueillais	cueillerai	cueille
tu	cueilles	cueillais	cueilleras	cueilles
il	cueille	cueillait	cueillera	cueille
ns	cueillons	cueillions	cueillerons	cueillions
vs	cueillez	cueilliez	cueillerez	cueilliez
ils	cueillent	cueillaient	cueilleront	cueillent

Likewise: accueillir *(to welcome, to greet)*, recueillir *(to collect)*

cuire (*to cook*; p.p. cuit)

	présent	imparfait	futur simple	subj.
je	cuis	cuisais	cuirai	cuise
tu	cuis	cuisais	cuiras	cuises
il	cuit	cuisait	cuira	cuise
ns	cuisons	cuisions	cuirons	cuisions
vs	cuisez	cuisiez	cuirez	cuisiez
ils	cuisent	cuisaient	cuiront	cuisent

Likewise: construire *(to build)*, détruire *(to destroy)*, conduire *(to drive)*, traduire *(to translate)*, ...
=> every verb ending in -duire and -(s)truire

261

devoir (*must, to have to*; p.p. dû)

	présent	imparfait	futur simple	subj.
je	dois	devais	devrai	doive
tu	dois	devais	devras	doives
il	doit	devait	devra	doive
ns	devons	devions	devrons	devions
vs	devez	deviez	devrez	deviez
ils	doivent	devaient	devront	doivent

-

dire (*to say*; p.p. dit)

	présent	imparfait	futur simple	subj.
je	dis	disais	dirai	dise
tu	dis	disais	diras	dises
il	dit	disait	dira	dise
ns	disons	disions	dirons	disions
vs	**dites**	disiez	direz	disiez
ils	disent	disaient	diront	disent

Likewise: redire *(to say again, to repeat)*
Caution: interdire *(to forbid)*, contredire *(to contradict)*, prédire *(to predict)*, 2nd p.pl. présent: vous interdisez, vous contredisez, vous prédisez

écrire (*to write*; p.p. écrit)

	présent	imparfait	futur simple	subj.
j'	écris	écrivais	écrirai	écrive
tu	écris	écrivais	écriras	écrives
il	écrit	écrivait	écrira	écrive
ns	écrivons	écrivions	écrirons	écrivions
vs	écrivez	écriviez	écrirez	écriviez
ils	écrivent	écrivaient	écriront	écrivent

Likewise: décrire *(to describe)*, inscrire *(to register, to put down)*, prescrire *(to prescribe)*, ...

envoyer (*to send*; p.p. envoyé)

	présent	imparfait	futur simple	subj.
j'	envoie	envoyais	**enverrai**	envoie
tu	envoies	envoyais	**enverras**	envoies
il	envoie	envoyait	**enverra**	envoie
ns	envoyons	envoyions	**enverrons**	envoyions
vs	envoyez	envoyiez	**enverrez**	envoyiez
ils	envoient	envoyaient	**enverront**	envoient

Likewise: renvoyer *(to send back, to dismiss)*

être (*to be*; p.p. été => j'ai été)

	présent	imparfait	futur simple	subj.
je	suis	étais	serai	sois
tu	es	étais	seras	sois
il	est	était	sera	soit
ns	sommes	étions	serons	soyons
vs	êtes	étiez	serez	soyez
ils	sont	étaient	seront	soient

impératif: **sois, soyons, soyez**

faire (*to do*; p.p. fait)

	présent	imparfait	futur simple	subj.
je	fais	faisais	ferai	fasse
tu	fais	faisais	feras	fasses
il	fait	faisait	fera	fasse
ns	faisons	faisions	ferons	fassions
vs	**faites**	faisiez	ferez	fassiez
ils	font	faisaient	feront	fassent

Likewise: refaire *(to do again, to make again)*, satisfaire *(to satisfy)*, ...

falloir (*to be necessary*; p.p. fallu)

	présent	imparfait	futur simple	subj.
il	faut	fallait	faudra	faille

-

lire (*to read*; p.p. lu)

	présent	imparfait	futur simple	subj.
je	lis	lisais	lirai	lise
tu	lis	lisais	liras	lises
il	lit	lisait	lira	lise
ns	lisons	lisions	lirons	lisions
vs	lisez	lisiez	lirez	lisiez
ils	lisent	lisaient	liront	lisent

Likewise: relire *(to read again)*, élire *(to elect)*, réélire *(to re-elect)*

mettre (*to put*; p.p. mis)

	présent	imparfait	futur simple	subj.
je	mets	mettais	mettrai	mette
tu	mets	mettais	mettras	mettes
il	met	mettait	mettra	mette
ns	mettons	mettions	mettrons	mettions
vs	mettez	mettiez	mettrez	mettiez
ils	mettent	mettaient	mettront	mettent

Likewise: permettre *(to allow)*, promettre *(to promise)*, ...

mourir (*to die*; p.p. mort)

	présent	imparfait	futur simple	subj.
je	**meurs**	mourais	mourrai	**meure**
tu	**meurs**	mourais	mourras	**meures**
il	**meurt**	mourait	mourra	**meure**
ns	mourons	mourions	mourrons	mourions
vs	mourez	mouriez	mourrez	mouriez
ils	**meurent**	mouraient	mourront	**meurent**

-

naître *(to be born)* => see paraître

offrir (*to offer*; p.p. offert)

	présent	imparfait	futur simple	subj.
j'	offre	offrais	offrirai	offre
tu	offres	offrais	offriras	offres
il	offre	offrait	offrira	offre
ns	offrons	offrions	offrirons	offrions
vs	offrez	offriez	offrirez	offriez
ils	offrent	offraient	offriront	offrent

Likewise: **ouvrir** *(to open)*, couvrir *(to cover)*, souffrir *(to suffer)*, découvrir *(to discover)*

paraître* (*to seem*; p.p. paru)

	présent	imparfait	futur simple	subj.
je	parais	paraissais	**paraîtrai***	paraisse
tu	parais	paraissais	**paraîtras**	paraisses
il	**paraît***	paraissait	**paraîtra**	paraisse
ns	paraissons	paraissions	**paraîtrons**	paraissions
vs	paraissez	paraissiez	**paraîtrez**	paraissiez
ils	paraissent	paraissaient	**paraîtront**	paraissent

Likewise: connaître (*to know, to get to know*; p.p. connu), disparaître *(to disappear)*, apparaître *(to appear)*; **naître** *(to be born*; but **p.p.: né**; passé simple: je naquis)

* The 1990 spelling reform permits dropping the ^ before the t (paraitre, il parait, je paraitrai, etc.); this does not apply to the passé simple (nous parûmes, vous parûtes).

plaire (*to please*; p.p. plu)

	présent	imparfait	futur simple	subj.
je	plais	plaisais	plairai	plaise
tu	plais	plaisais	plairas	plaises
il	**plaît***	plaisait	plaira	plaise
ns	plaisons	plaisions	plairons	plaisions
vs	plaisez	plaisiez	plairez	plaisiez
ils	plaisent	plaisaient	plairont	plaisent

Likewise: déplaire *(to displease)*; also: se taire *(to be silent*; but 3rd p.sg. prés.: il se **tait**)
*The 1990 spelling reform permits dropping the ^ before the t for plaire (il/elle plait) etc.

pleuvoir (*to rain*; p.p. plu)

	présent	imparfait	futur simple	subj.
il	pleut	pleuvait	pleuvra	pleuve

-

pouvoir (*can, to be able*; p.p. pu)

	présent	imparfait	futur simple	subj.
je	peux	pouvais	pourrai	puisse
tu	peux	pouvais	pourras	puisses
il	peut	pouvait	pourra	puisse
ns	pouvons	pouvions	pourrons	puissions
vs	pouvez	pouviez	pourrez	puissiez
ils	peuvent	pouvaient	pourront	puissent

-

prendre (*to take*; p.p. pris)

	présent	imparfait	futur simple	subj.
je	prends	prenais	prendrai	prenne
tu	prends	prenais	prendras	prennes
il	prend	prenait	prendra	prenne
ns	prenons	prenions	prendrons	prenions
vs	prenez	preniez	prendrez	preniez
ils	prennent	prenaient	prendront	prennent

Likewise: apprendre *(to learn)*, comprendre *(to understand)*, surprendre *(to surprise)*

recevoir (*to receive*; p.p. reçu)

	présent	imparfait	futur simple	subj.
je	reçois	recevais	recevrai	reçoive
tu	reçois	recevais	recevras	reçoives
il	reçoit	recevait	recevra	reçoive
ns	recevons	recevions	recevrons	recevions
vs	recevez	receviez	recevrez	receviez
ils	reçoivent	recevaient	recevront	reçoivent

Likewise: apercevoir *(to see, to catch sight)*, décevoir *(to disappoint)*, ...

résoudre (*to solve*; p.p. résolu)

	présent	imparfait	futur simple	subj.
je	résous	résolvais	résoudrai	résolve
tu	résous	résolvais	résoudras	résolves
il	résout	résolvait	résoudra	résolve
ns	résolvons	résolvions	résoudrons	résolvions
vs	résolvez	résolviez	résoudrez	résolviez
ils	résolvent	résolvaient	résoudront	résolvent

Likewise: dissoudre (*to dissolve*; p.p. dissous (N.O.: dissout), f. dissoute)

rire (*to laugh*; p.p. ri)

	présent	imparfait	futur simple	subj.
je	ris	riais	rirai	rie
tu	ris	riais	riras	ries
il	rit	riait	rira	rie
ns	rions	riions	rirons	riions
vs	riez	riiez	rirez	riiez
ils	rient	riaient	riront	rient

ikewise: sourire *(to smile)*

savoir (*to know*; p.p. su)

	présent	imparfait	futur simple	subj.
je	sais	savais	saurai	sache
tu	sais	savais	sauras	saches
il	sait	savait	saura	sache
ns	savons	savions	saurons	sachions
vs	savez	saviez	saurez	sachiez
ils	savent	savaient	sauront	sachent

impératif: **sache, sachons, sachez**

suivre (*to follow*; p.p. suivi)

	présent	imparfait	futur simple	subj.
je	suis	suivais	suivrai	suive
tu	suis	suivais	suivras	suives
il	suit	suivait	suivra	suive
ns	suivons	suivions	suivrons	suivions
vs	suivez	suiviez	suivrez	suiviez
ils	suivent	suivaient	suivront	suivent

Likewise: poursuivre *(to pursue)*

venir (*to come*; p.p. venu)

	présent	imparfait	futur simple	subj.
je	viens	venais	viendrai	vienne
tu	viens	venais	viendras	viennes
il	vient	venait	viendra	vienne
ns	venons	venions	viendrons	venions
vs	venez	veniez	viendrez	veniez
ils	viennent	venaient	viendront	viennent

Likewise: devenir *(to become)*, prévenir *(to warn, etc.)*, revenir *(to come back/again)*, tenir *(to hold)*, retenir *(to hold back)*, contenir *(to contain)*

vivre (*to live*; p.p. vécu)

	présent	imparfait	futur simple	subj.
je	vis	vivais	vivrai	vive
tu	vis	vivais	vivras	vives
il	vit	vivait	vivra	vive
ns	vivons	vivions	vivrons	vivions
vs	vivez	viviez	vivrez	viviez
ils	vivent	vivaient	vivront	vivent

Likewise: revivre *(to live again, to relive)*, survivre *(to survive)*

voir (*to see*; p.p. vu)

	présent	imparfait	futur simple	subj.
je	vois	voyais	verrai	voie
tu	vois	voyais	verras	voies
il	voit	voyait	verra	voie
ns	voyons	voyions	verrons	voyions
vs	voyez	voyiez	verrez	voyiez
ils	voient	voyaient	verront	voient

Likewise: revoir *(to see again)*, entrevoir *(to glimpse)*

vouloir (*to want*; p.p. voulu)

	présent	imparfait	futur simple	subj.
je	veux	voulais	voudrai	veuille
tu	veux	voulais	voudras	veuilles
il	veut	voulait	voudra	veuille
ns	voulons	voulions	voudrons	voulions
vs	voulez	vouliez	voudrez	vouliez
ils	veulent	voulaient	voudront	veuillent

impératif: **veuille** (/veux), **veuillons** (/voulons), **veuillez** (/voulez) => "veuillez" for politeness; the forms in brackets appear mostly in set phrases

Abbreviations

coll.	colloquial
cond.	conditionnel
f.	feminine
m.	masculine
MC	main clause
N.O.	nouvelle orthographe*
p.	person
p.c.	passé composé
p.p.	participe passé
p.-q.-p.	plus-que-parfait
pl.	plural
qc.	quelque chose *(something)*
qn.	quelqu'un *(someone)*
s.o.	someone
s.th.	something
SC	subordinate clause
sg.	singular
subj.	subjonctif

* This refers to the 1990 spelling reform, which allows/recommends a different spelling for a very limited number of words. Until recently, adoption of the new spelling of words was variable across the French-speaking world, but its usage is likely to become more widespread.

Impressum: Details

Miriam Rodary
Wiesbadenerstr. 112
D - 61462 Königstein
Germany

Make suggestions or report errors by e-mail (via the following website):
https://ambitiouslearners.jimdo.com

About the author:
I am a translator and a teacher with a degree in Romance languages and literature (French). French and German are my native languages. I will be producing other books in this series, so please take a look at the website.

Lightning Source UK Ltd.
Milton Keynes UK
UKHW020908100822
407113UK00006BB/1337